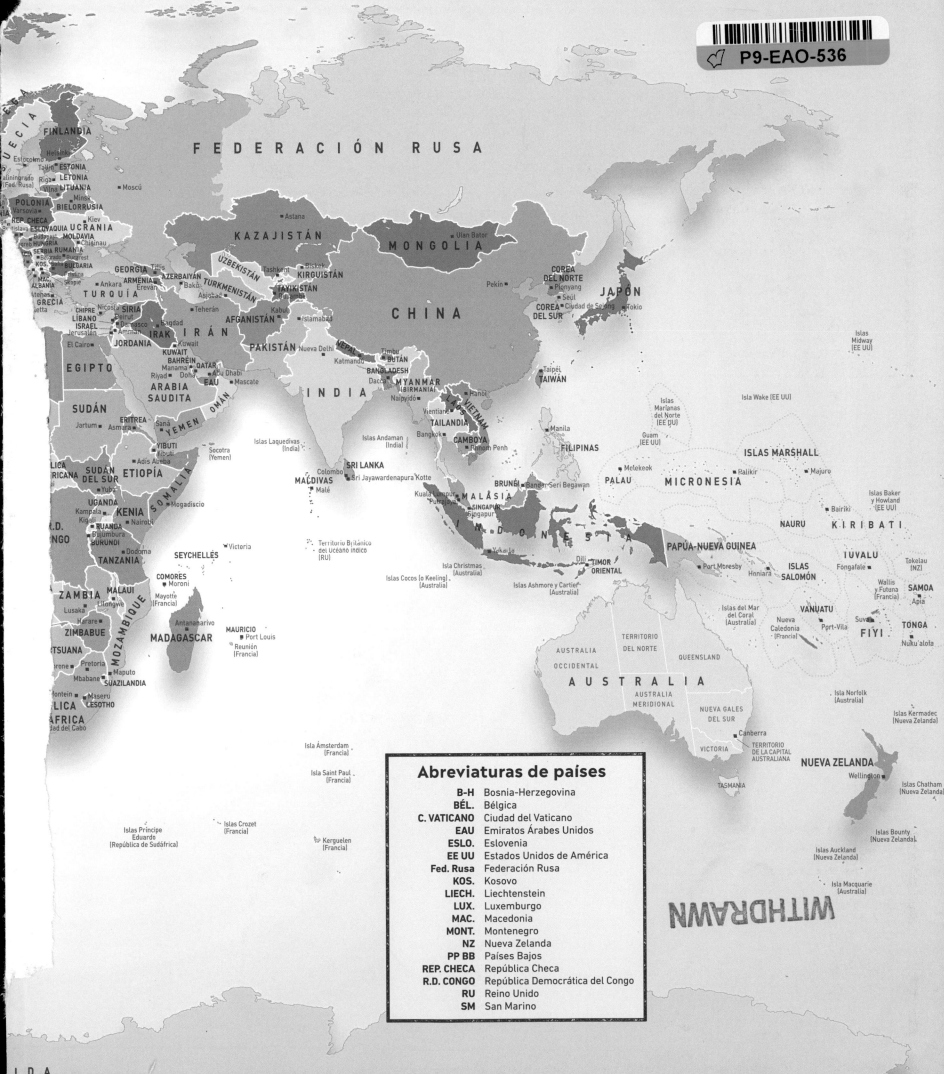

FEDERACIÓN RUSA

SUECIA
FINLANDIA
Helsinki
Estocolmo
Tallin ESTONIA
Kaliningrado Riga LETONIA
(Fed. Rusa) Vilna LITUANIA
Minsk
POLONIA BIELORRUSIA
Varsovia
REP. CHECA Kiev
Praga ESLOVAQUIA UCRANIA
Budapest MOLDAVIA
HUNGRÍA Chisinau
SERBIA RUMANIA
Belgrado Bucarest
KOS. BULGARIA
MAC. Skopie
ALBANIA Sofía
Atenas GRECIA
Valletta

Moscú

Astana

KAZAJISTÁN

MONGOLIA
Ulan Bator

GEORGIA Tiflis
Ankara AZERBAIYÁN
TURQUÍA ARMENIA Bakú
Nicosia Erevan
CHIPRE SIRIA Teherán
LÍBANO Beirut
Damasco Bagdad
ISRAEL
Jerusalén Amman
El Cairo JORDANIA IRAK IRÁN
KUWAIT
Kuwait
EGIPTO BAHRÉIN
Manama QATAR
Riyad Doha Abu Dhabi
ARABIA EAU Mascate
SAUDITA OMAN
SUDÁN
ERITREA YEMEN
Jartum Asmara Sana
Socotra
(Yemen)
YIBUTI
Adís Abeba Yibuti
ETIOPÍA
SUDÁN
DEL SUR
Yubá
UGANDA
Kampala SOMALIA
RUANDA Kigali Nairobi
R.D. Bujumbura KENIA Mogadiscio
CONGO BURUNDI
Dodoma
TANZANIA

UZBEKISTÁN
Tashkent Biskek
KIRGUISTÁN
Asjabad TAYIKISTÁN
TURKMENISTÁN Dushambé
Kabul
AFGANISTÁN
Islamabad
Teherán
PAKISTÁN
Nueva Delhi
NEPAL
Katmandú Timbu
BUTÁN
BANGLADESH
Dacca

Pekín
CHINA

COREA
DEL NORTE
Pionyang
Seúl
COREA Ciudad de Sejong
DEL SUR

JAPÓN
Tokio

MYANMAR
(BIRMANIA)
Naipyidó
INDIA
Hanói
LAOS
VIETNAM
Vientiane
TAILANDIA
Bangkok CAMBOYA
Phnom Penh

Taipéi
TAIWÁN

Islas
Midway
[EE UU]

Isla Wake [EE UU]

Islas
Marianas
del Norte
[EE UU]

Guam
[EE UU]

Manila
FILIPINAS

ISLAS MARSHALL

Melekeok
Palikir
Majuro

Islas Baker
y Howland
[EE UU]

Islas Laquedivas
(India)

Islas Andaman
(India)

SRI LANKA
Colombo
Sri Jayawardenapura Kotte
MALDIVAS
Malé

BRUNÉI
Bander Seri Begawan
PALAU MICRONESIA

Kuala Lumpur MALASIA
Putrajaya
SINGAPUR
Singapur
INDONESIA

Yakarta
Isla Christmas
(Australia)
Islas Cocos (o Keeling)
(Australia)
Islas Ashmore y Cartier
(Australia)

Dili
TIMOR
ORIENTAL

PAPÚA-NUEVA GUINEA
Port Moresby

NAURU KIRIBATI
Bairiki

TUVALU
Fongafale
Tokelau
(NZ)

ISLAS
SALOMÓN
Honiara

Wallis
y Futuna
(Francia)

SAMOA
Apia

SEYCHELLES
Victoria

COMORES
Moroni
Mayotte
(Francia)

Territorio Británico
del Océano Índico
(RU)

ZAMBIA MALAUI
Lusaka Llongwe
Harare
ZIMBABUE
Antananarivo
MADAGASCAR
Pretoria
BOTSUANA Maputo
Mbabane
Gaborone SUAZILANDIA
Maseru
REPÚBLICA LESOTHO
DE ÁFRICA
Ciudad del Cabo

MOZAMBIQUE

MAURICIO
Port Louis
Reunión
(Francia)

Islas del Mar
del Coral
(Australia)
Nueva
Caledonia
(Francia)
Port-Vila
VANUATU

Suva
FIYI
Nuku'alofa
TONGA

Isla Ámsterdam
(Francia)

Isla Saint Paul
(Francia)

Islas Príncipe
Eduardo
(República de Sudáfrica)

Islas Crozet
(Francia)

Kerguelen
(Francia)

TERRITORIO
DEL NORTE
AUSTRALIA
OCCIDENTAL
QUEENSLAND
AUSTRALIA
AUSTRALIA
MERIDIONAL
NUEVA GALES
DEL SUR
Canberra
TERRITORIO
DE LA CAPITAL
AUSTRALIANA
VICTORIA
TASMANIA

Isla Norfolk
(Australia)

NUEVA ZELANDA
Wellington

Islas Kermadec
(Nueva Zelanda)

Islas Chatham
(Nueva Zelanda)

Islas Bounty
(Nueva Zelanda)

Islas Auckland
(Nueva Zelanda)

Isla Macquarie
(Australia)

Abreviaturas de países

B-H	Bosnia-Herzegovina
BÉL.	Bélgica
C. VATICANO	Ciudad del Vaticano
EAU	Emiratos Árabes Unidos
ESLO.	Eslovenia
EE UU	Estados Unidos de América
Fed. Rusa	Federación Rusa
KOS.	Kosovo
LIECH.	Liechtenstein
LUX.	Luxemburgo
MAC.	Macedonia
MONT.	Montenegro
NZ	Nueva Zelanda
PP BB	Países Bajos
REP. CHECA	República Checa
R.D. CONGO	República Democrática del Congo
RU	Reino Unido
SM	San Marino

IDA

ATLAS DE
CURIOSIDADES

Penguin Random House

SEGUNDA EDICIÓN
Edición sénior Rachel Thompson
Edición de arte sénior Rachael Grady
Edición cartográfica sénior Simon Mumford
Diseño Chrissy Barnard, Kit Lane
Edición ejecutiva Francesca Baines
Edición ejecutiva de arte Philip Letsu
Edición de producción Gillian Reid
Control de producción Samantha Cross
Diseño de cubierta Juthi Seth

PRIMERA EDICIÓN
Edición sénior Rob Houston
Edición de arte sénior Philip Letsu
Edición cartográfica sénior Simon Mumford
Edición Helen Abramson, Steve Setford, Rona Skene
Diseño David Ball, Carol Davis, Mik Gates
Documentación Helen Saunders, Suneha Dutta, Kaiya Shang
Cartografía Encompass Graphics, Ed Merritt
Ilustración Adam Benton, Stuart Jackson-Carter
Retoque creativo Steve Willis

Documentación iconográfica Taiyaba Khatoon, Ashwin Adimari, Martin Copeland
Diseño de cubierta Laura Brim, Natasha Rees
Dirección de desarrollo de diseño de cubierta Sophia M Tampakopoulos Turner
Preproducción Rebekah Parsons-King
Coordinación de producción Mandy Innes
Dirección editorial Andrew Macintyre
Dirección de arte Phil Ormerod
Subdirección de publicaciones Liz Wheeler
Dirección de publicaciones Jonathan Metcalf

EDICIÓN EN ESPAÑOL
Coordinación editorial Cristina Gómez de las Cortinas
Asistencia editorial y producción Malwina Zagawa

Servicios editoriales Tinta Simpàtica
Traducción Antón Corriente y José Luis López

Publicado originalmente en Gran Bretaña en 2013, 2021 por Dorling Kindersley Limited
DK, One Embassy Gardens, 8 Viaduct Garden, London, SW11 7BW
Parte de Penguin Random House

CONTENIDOS

Tierra, mar y aire

Introducción	6
Corteza terrestre	8
Terremotos	10
Montañas	12
Volcanes	14
Lecho marino	16
Corrientes oceánicas	18
Ríos	20
Cráteres y meteoritos	22
Calor y frío	24
Lluvia y nieve	26
Huracanes	28
Biomas	30
Bosques	32
Desiertos	34
Hielo	36
Zonas horarias	38

Seres vivos

Introducción	42
Fósiles de dinosaurios	44
Depredadores	46
Animales letales	48
Especies invasoras	50
Aves migratorias	52
Ballenas	54
Tiburones	56
Monstruos de río	58
Insectos	60
Mundo vegetal	62
Biodiversidad	64
Flora y fauna únicas	66
Animales amenazados	68
Animales extintos	70

Planeta humano

Ingeniería y tecnología

Historia

Cultura

Introducción	74
Dónde vivimos	76
Nómadas	78
Jóvenes y viejos	80
Salud	82
Pandemias	84
Pobreza	86
El oro del mundo	88
Millonarios	90
Producción alimentaria	92
Nutrición	94
Educación	96
Residuos y polución	98
Basura y desechos	100
Agua potable	102
Energía fósil	104
Energías alternativas	106
Cambio climático	108
Tierras silvestres	110

Introducción	114
Tráfico aéreo	116
Transporte marítimo	118
Trenes	120
Red viaria	122
Rascacielos	124
Conexiones de Internet	126
Satélites y basura espacial	128
Fuerzas armadas	130

Introducción	134
Fósiles humanos	136
Culturas prehistóricas	138
Imperios antiguos	140
Maravillas antiguas	142
Momias	144
Maravillas medievales	146
Imperios medievales	148
Castillos	150
Campos de batalla	152
Los últimos imperios	154
Revoluciones	156
Naufragios	158
Avances industriales	160

Introducción	164
Lenguas	166
Lugares sagrados	168
Turismo	170
Arte	172
Estatuas	174
Fiestas	176
Televisión	178
Estadios	180
Carreras de coches	182
Montañas rusas	184
Banderas nacionales	186
Índice	188
Agradecimientos	192

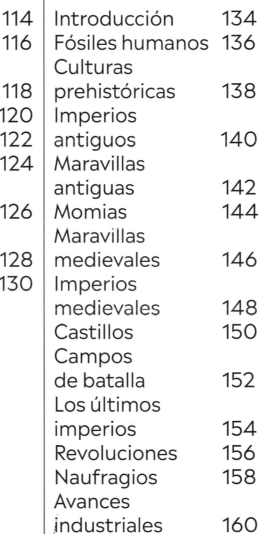

Tierra, mar y aire

Costa de los Esqueletos (Namibia)
El Atlántico se encuentra con el desierto del Namib africano en la costa de los Esqueletos. La pluviosidad aquí raramente supera los 10 mm por año.

Introducción

La Tierra gira sobre su eje mientras se desplaza por el espacio en torno al Sol, cuyos rayos provocan el movimiento de la atmósfera y los océanos. A la vez, el calor del núcleo del planeta mantiene la roca caliente del interior en constante agitación. Todo esto permite que la superficie de la Tierra rebose de vida.

Interior turbulento

Las rocas del manto fluyen en corrientes que ascienden, se mueven lateralmente y se hunden. Estas corrientes hacen que las placas de la corteza se separen o que empujen secciones de esta por debajo del manto.

El lecho marino se agrieta al ascender la roca del manto y crea nueva corteza en el hueco.

El continente es arrastrado por el manto que se mueve debajo.

El manto se mueve en círculos lentos impulsado por el calor del núcleo.

La corteza se destruye a medida que la corriente descendente la arrastra al interior del manto.

El ciclo del agua

El calor del Sol evapora el agua del mar convirtiéndola en vapor de agua en el aire. Al ascender y enfriarse, el vapor se condensa en nubes, formadas por gotas o cristales de hielo que, al crecer, se precipitan en forma de lluvia o nieve. Si caen sobre la tierra, una parte forma lagos y ríos que devuelven el agua al mar. Pero gran cantidad de agua se filtra a través de grietas en el suelo y la roca: es la llamada agua subterránea, que puede permanecer bajo el suelo o fluir lentamente hasta el mar. Esta circulación constante es conocida como ciclo del agua.

Plantas
Pierden agua desde sus hojas por evaporación.

Lluvia y nieve
Caen especialmente cuando el aire asciende por terrenos altos y fríos, formando más gotas.

Nubes
Se forman cuando el vapor de agua se condensa en gotas.

Evaporación
El Sol calienta el agua marina, y la convierte en vapor.

Ríos y arroyos
Devuelven agua al mar.

Agua subterránea
Puede desplazarse a través de la roca y volver al mar.

Estructura de la Tierra

Si cortáramos el planeta en gajos, veríamos que está formado por capas. En su interior hay un núcleo interno sólido rodeado por otro externo líquido, ambos compuestos principalmente por hierro. El núcleo externo está encerrado en una gran capa de roca, muy caliente pero sólida, llamada manto. El calor del núcleo produce corrientes ascendentes a través del manto que mantienen la roca en un lento movimiento continuo. La corteza –la cáscara dura y fría del manto– está formada por varias placas de roca.

Atmósfera
Es la capa de gases que rodea la Tierra.

Montañas
Se forman por compresión y plegamiento de la corteza.

Nubes y gotas de agua
Forman grandes sistemas climáticos giratorios en la atmósfera inferior.

UNA MOLÉCULA DE AGUA PASA UNOS 3200 AÑOS EN EL OCÉANO

La energía solar

En los trópicos, cerca del ecuador, la radiación solar incide sobre la Tierra con poca inclinación y la energía llega muy concentrada. No obstante, cerca de los polos este ángulo es cerrado: la energía llega más dispersa y el calentamiento es menor. Como resultado, las regiones polares son mucho más frías que las tropicales, y ello permite la formación de hielo en el Ártico y la Antártida. La diferencia de calentamiento en distintas latitudes pone en movimiento masas de aire y de agua que impulsan las corrientes atmosféricas y oceánicas.

Latitudes altas (cerca de los polos)
Reciben luz solar en ángulo agudo; la energía calorífica se extiende sobre un área mayor que en los trópicos.

Los trópicos (cerca del ecuador)
Reciben luz solar más directa; el calor se concentra en un área menor que en los polos.

Ángulo de inclinación
23,5° respecto al Sol

Círculo polar ártico

Trópico de Cáncer

Ecuador

Rotación de la Tierra
Un giro cada 24 horas

Trópico de Capricornio

Círculo polar antártico

Eje de rotación

Manto
Su temperatura oscila entre 1000 y 3500 °C.

Corteza
Formada por placas de roca continental, gruesa y ligera; y de lecho oceánico, delgada pero más pesada.

Corrientes de convección
Circulan a través del manto. Su movimiento desplaza las placas rocosas de la corteza sobre la superficie del planeta.

Océanos
Cubren el 71 % del planeta, con una profundidad media de 3,8 km.

Núcleo interno sólido
A unos 7000 °C de temperatura.

Biosfera
Formada por plantas, animales y otras formas de vida.

Núcleo externo fundido
Con una temperatura de unos 4000 °C.

LÍMITES DE PLACAS

Allí donde se encuentran, las colisiones entre placas pueden formar nuevas fosas oceánicas o cordilleras, o provocar erupciones volcánicas y terremotos.

▬▬▬ **Límite divergente o transformante**

▬▬▬ **Límite convergente**

▬▬▬ **Creación de fosa oceánica en límite convergente**

Placa euroasiática

Límite de placas del Caribe/norteamericana
Este límite divergente es región de frecuentes terremotos, tsunamis y erupciones volcánicas.

Placa africana

Placa india

Placa arábiga

Valle del Rift
Esta serie de grandes valles bordeados por volcanes es la zona donde la placa africana se está dividiendo en dos nuevas placas.

Himalaya
La cordillera del Himalaya se formó por la colisión de dos placas de corteza continental. Las masas de tierra se plegaron y formaron inmensos picos dentados.

Placa sudamericana

Dorsal del Atlántico central
La placa africana se desplaza al noreste unos 2,15 cm por año, creando esta cadena de montañas volcánicas.

Placa de Scotia

Tipos de límites

Las enormes losas de roca que cubren la Tierra se llaman placas tectónicas. Allí donde se encuentran forman diferentes tipos de límites, según la clase de corteza que las forma y las direcciones en que se mueven.

Límite convergente
Donde colisionan dos placas. En algunos casos, una es empujada bajo la otra: esto se llama subducción.

Límite divergente
Donde se separan dos placas, el magma asciende desde el manto para llenar el hueco, creando una dorsal oceánica.

Límite transformante
Estos límites se forman donde dos placas se rozan entre sí con un movimiento lateral.

Corteza terrestre

La capa más exterior de la Tierra es la corteza. No es una cubierta continua, sino grandes placas de roca que se deslizan sobre una gran capa de roca semisólida llamada manto.

LAS PARTES **MÁS ANTIGUAS** DE LA **CORTEZA** TIENEN UNOS **4000 MILLONES** DE AÑOS

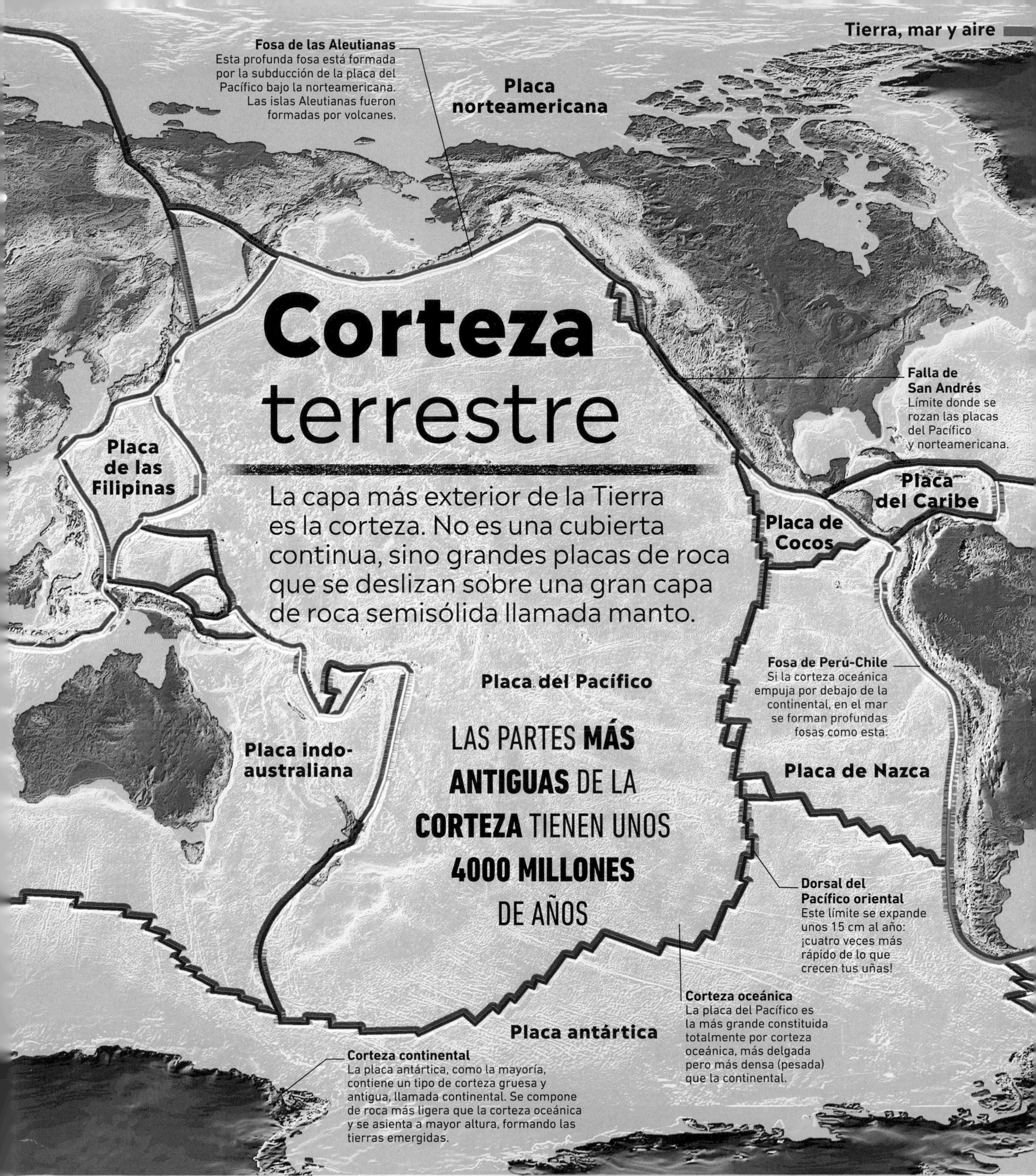

Fosa de las Aleutianas
Esta profunda fosa está formada por la subducción de la placa del Pacífico bajo la norteamericana. Las islas Aleutianas fueron formadas por volcanes.
Placa norteamericana
Falla de San Andrés
Límite donde se rozan las placas del Pacífico y norteamericana.
Placa de las Filipinas
Placa del Caribe
Placa de Cocos
Placa del Pacífico
Fosa de Perú-Chile
Si la corteza oceánica empuja por debajo de la continental, en el mar se forman profundas fosas como esta.
Placa indo-australiana
Placa de Nazca
Dorsal del Pacífico oriental
Este límite se expande unos 15 cm al año: ¡cuatro veces más rápido de lo que crecen tus uñas!
Corteza oceánica
La placa del Pacífico es la más grande constituida totalmente por corteza oceánica, más delgada pero más densa (pesada) que la continental.
Placa antártica
Corteza continental
La placa antártica, como la mayoría, contiene un tipo de corteza gruesa y antigua, llamada continental. Se compone de roca más ligera que la corteza oceánica y se asienta a mayor altura, formando las tierras emergidas.

DE UNA MANZANA. EN ALGUNAS ZONAS TIENE SOLO 8 KM DE GROSOR.

Terremotos más potentes desde 1900

(1) Valdivia (Chile): 22 de mayo de 1960
Este terremoto de magnitud 9,5 mató a 1665 personas y provocó un tsunami que golpeó Japón, las Filipinas y Estados Unidos.

(2) Estrecho del Príncipe Guillermo (Alaska): 27 de marzo de 1964
Con una magnitud 9,2, solo mató a 13 personas, pero causó un tsunami que dejó 113 víctimas.

(3) Océano Índico: 26 de diciembre de 2004
Maremoto de magnitud 9,1 cuyo tsunami causó 227 898 víctimas y afectó a 1 700 000 personas.

(4) Kamchatka (Rusia): 4 de noviembre de 1952
Terremoto de magnitud 9,0; provocó un tsunami que cruzó el Pacífico. En Hawái no causó víctimas humanas, pero mató seis vacas.

(5) Tohoku (Japón): 11 de marzo de 2011
Terremoto de magnitud 9,0 y tsunami; más de 15 000 víctimas y la destrucción de la central nuclear de Fukushima.

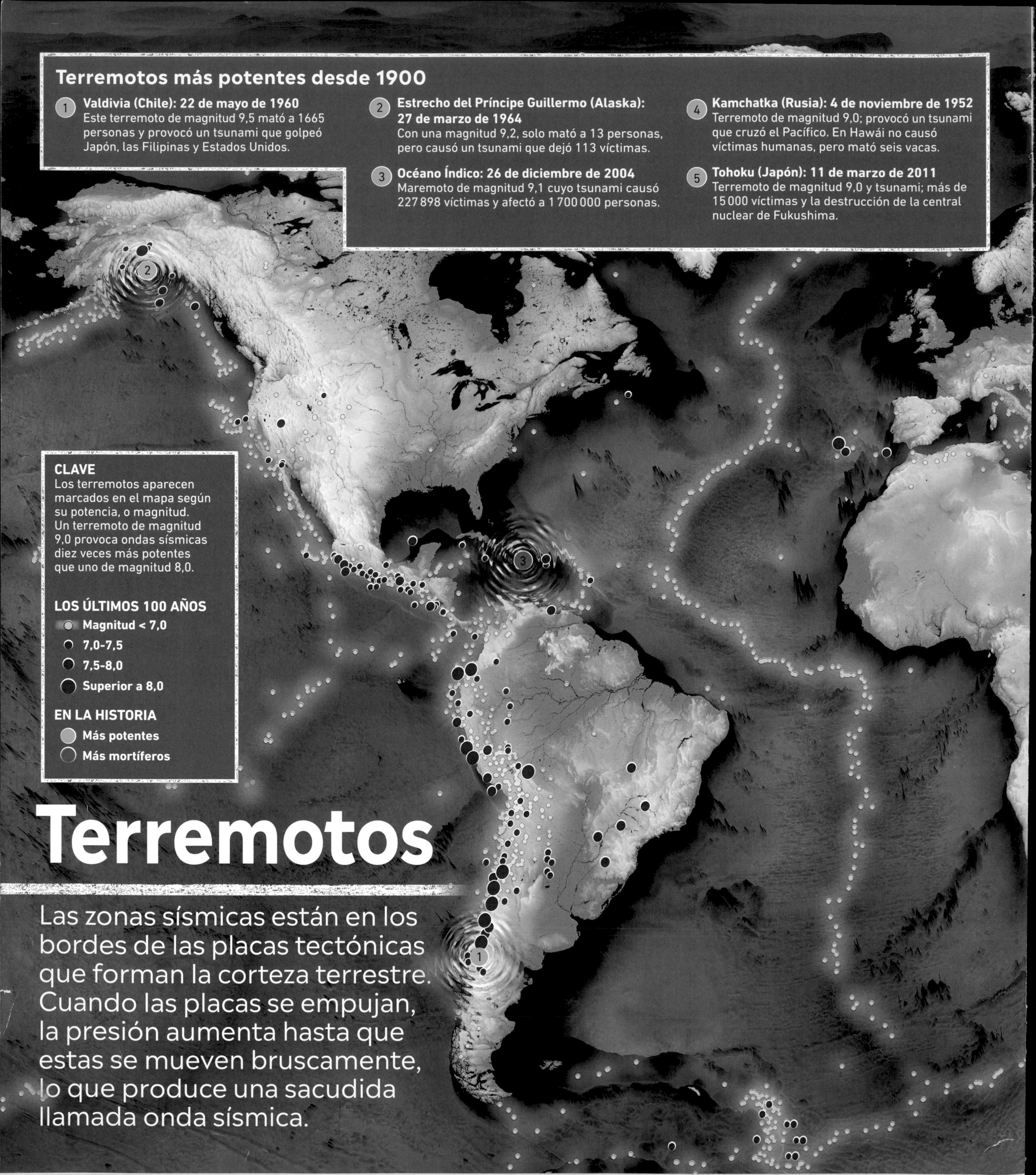

CLAVE
Los terremotos aparecen marcados en el mapa según su potencia, o magnitud. Un terremoto de magnitud 9,0 provoca ondas sísmicas diez veces más potentes que uno de magnitud 8,0.

LOS ÚLTIMOS 100 AÑOS
- Magnitud < 7,0
- 7,0-7,5
- 7,5-8,0
- Superior a 8,0

EN LA HISTORIA
- Más potentes
- Más mortíferos

Terremotos

Las zonas sísmicas están en los bordes de las placas tectónicas que forman la corteza terrestre. Cuando las placas se empujan, la presión aumenta hasta que estas se mueven bruscamente, lo que produce una sacudida llamada onda sísmica.

EL ASTEROIDE QUE EXTERMINÓ A LOS DINOSAURIOS HACE 65 MILLONES

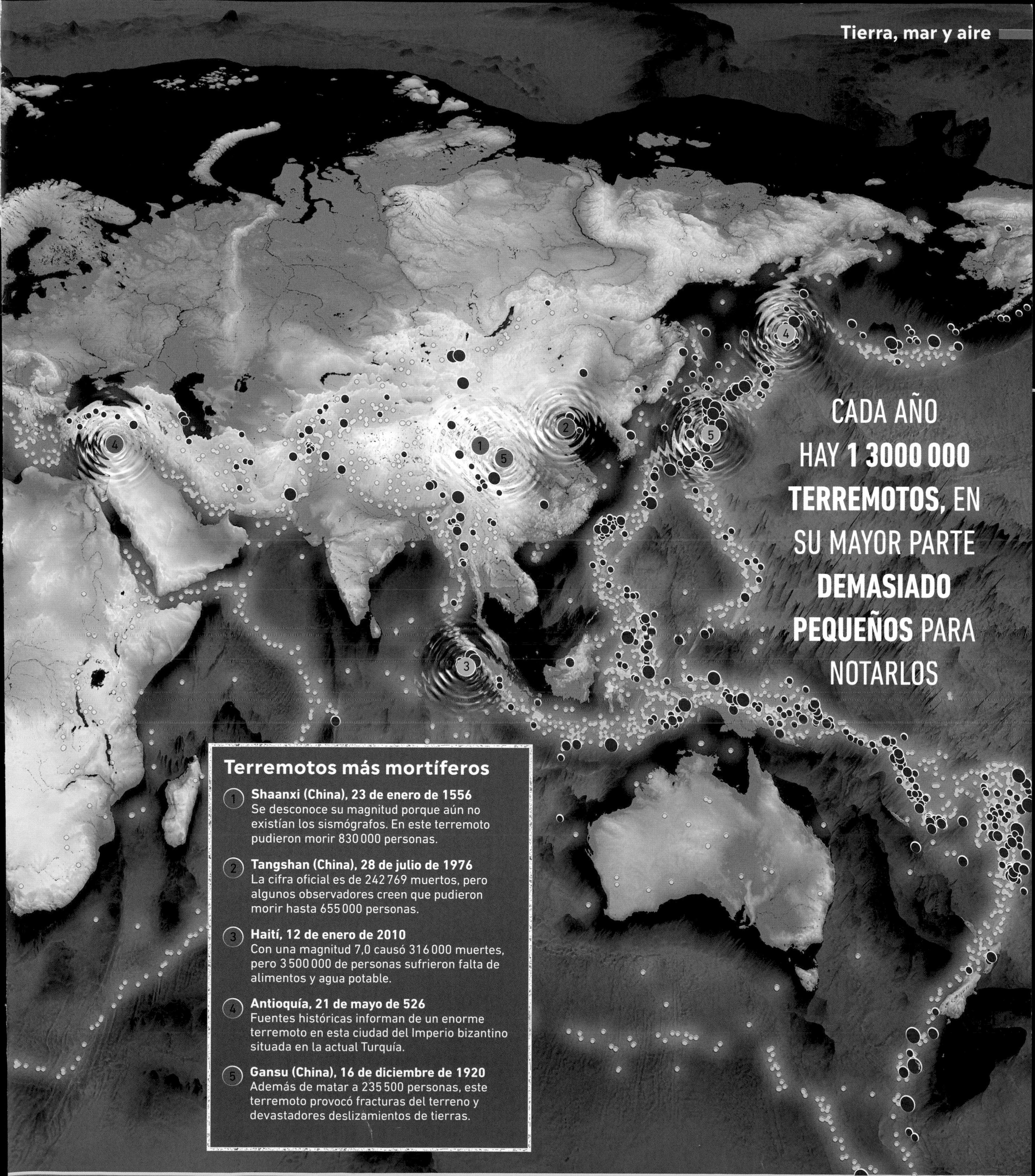

CADA AÑO HAY **1 3000 000 TERREMOTOS,** EN SU MAYOR PARTE **DEMASIADO PEQUEÑOS** PARA NOTARLOS

Terremotos más mortíferos

1. **Shaanxi (China), 23 de enero de 1556**
Se desconoce su magnitud porque aún no existían los sismógrafos. En este terremoto pudieron morir 830 000 personas.

2. **Tangshan (China), 28 de julio de 1976**
La cifra oficial es de 242 769 muertos, pero algunos observadores creen que pudieron morir hasta 655 000 personas.

3. **Haití, 12 de enero de 2010**
Con una magnitud 7,0 causó 316 000 muertes, pero 3 500 000 de personas sufrieron falta de alimentos y agua potable.

4. **Antioquía, 21 de mayo de 526**
Fuentes históricas informan de un enorme terremoto en esta ciudad del Imperio bizantino situada en la actual Turquía.

5. **Gansu (China), 16 de diciembre de 1920**
Además de matar a 235 500 personas, este terremoto provocó fracturas del terreno y devastadores deslizamientos de tierras.

DE AÑOS PUDO PROVOCAR UN TERREMOTO DE MAGNITUD MAYOR DE 10.

Denali (Monte McKinley)
6194 m
Alaska (EE UU)

Montes Brooks

Montes Mackenzie

Cordillera de Alaska

Montañas Costeras

Montañas Rocosas

Montañas Rocosas
Cordillera creada por el movimiento de las placas norteamericana y del Pacífico; se extiende desde Canadá hasta Nuevo México (EE UU).

Montes Laurentinos

Mont Blanc
4808 m
Francia/Italia

Alpes

Pirineos

Escudo

Monte Whitney
4421 m
California (EE UU)

Monte Rushmore
Dakota del Sur (EE UU)

Montes Apalaches

Atlas

Sierra Nevada

Sierra Madre Occidental

Sierra Madre Oriental

Baja California

Ahaggar

Más lejos del centro

La Tierra está ligeramente abultada en torno al ecuador. El Chimborazo (Ecuador) se halla en este abultamiento; no está tan alto sobre el nivel del mar como el Everest, pero su cima está unos 2 km más lejos del centro de la Tierra.

Chimborazo
6263 m
Ecuador

Andes
Cordillera de plegamiento formada por la colisión de la placa sudamericana y la de Nazca; va de Venezuela a Chile, coronada por una cadena de volcanes.

Meseta de Adamawa

Pico de Orizaba
5636 m
México

Cordillera Occidental

Cordillera Oriental

Macizo de las Guayanas

Monte Everest
6382 km
sobre el centro de la Tierra

Tierra

Centro de la Tierra

Chimborazo
6384 km
sobre el centro de la Tierra

Abultamiento ecuatorial

Andes

Meseta del Mato Grosso

Meseta de Brasil

Montañas más altas de plegamiento

Estas montañas se forman por la colisión de dos placas tectónicas, cuyos bordes son estrujados y empujados hacia arriba lentamente.

1 Monte Everest
8849 m; Nepal/China: montaña más alta sobre la Tierra, escalada por primera vez en 1953.

2 K2
8611 m; Pakistán/China: segunda cima más alta, escalada por primera vez en 1954.

3 Kanchenjunga
8586 m; Nepal/India: tercera cima más alta; escalada por primera vez en 1955.

4 Lhotse
8516 m; Nepal/China: cuarta cima más alta; escalada por primera vez en 1956.

5 Makalu
8485 m; Nepal/China: quinta cima más alta; escalada por primera vez en 1955.

Aconcagua
6961 m
Argentina

Montañas

Las montañas se forman a lo largo de millones de años, a medida que la roca es empujada hacia arriba por los movimientos de las placas tectónicas. Estos movimientos pueden provocar también la erupción de magma bajo la corteza, formando volcanes.

Monte Everest

Macizo Vinson 4892 m
La cumbre más alta de la Antártida, que forma el Macizo de Vinson junto con otras cinco montañas.

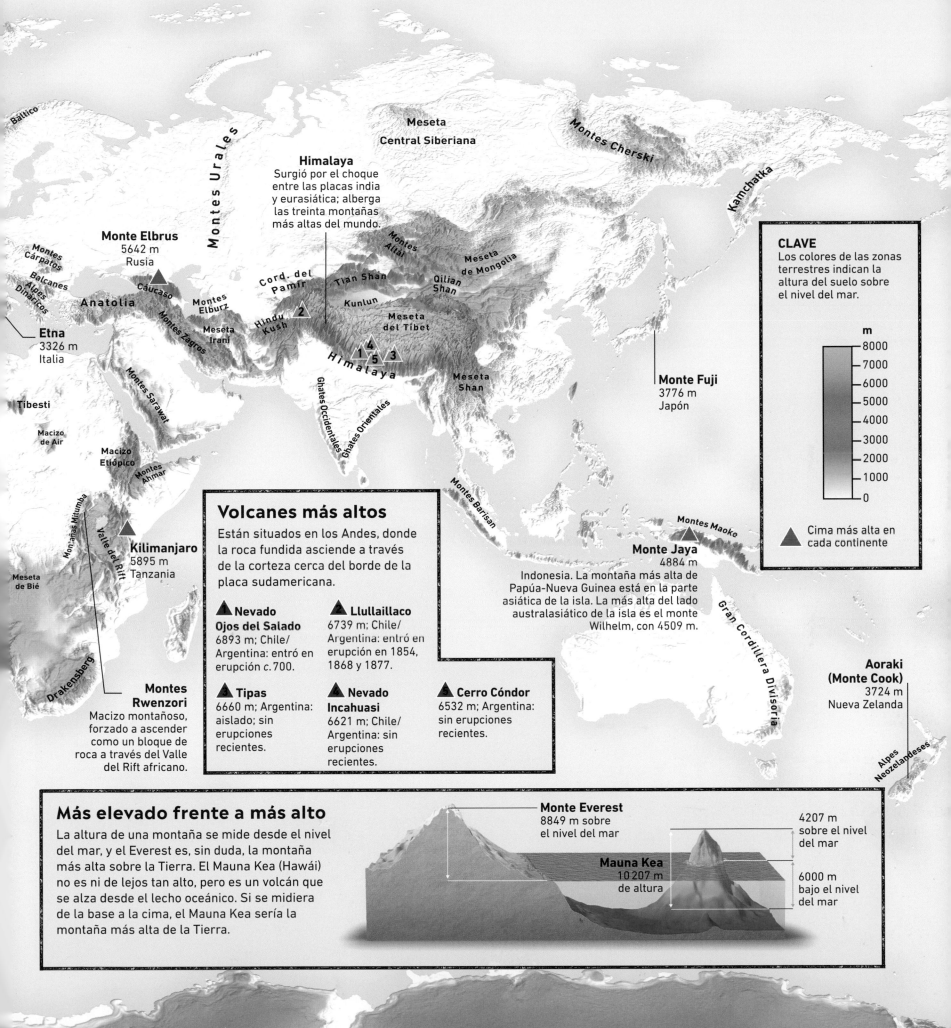

Báltico

Montes Cárpatos

Balcanes

Alpes Dináricos

Anatolia

Monte Elbrus
5642 m
Rusia

Cáucaso

Montes Urales

Meseta Central Siberiana

Montes Cherski

Kamchatka

Himalaya
Surgió por el choque entre las placas india y eurasiática; alberga las treinta montañas más altas del mundo.

Montes Altái

Meseta de Mongolia

Cord. del Pamir

Tian Shan

Qilian Shan

Kunlun

Hindu Kush

2

Montes Elburz

Meseta Irani

Montes Zagros

Etna
3326 m
Italia

Meseta del Tíbet

1 4
5 3

Himalaya

Meseta Shan

Ghates Occidentales

Ghates Orientales

Tibesti

Macizo de Air

Macizo Etiópico

Montes Ahmar

Montes Sarawat

Montañas Mitumba

Valle del Rift

Kilimanjaro
5895 m
Tanzania

Meseta de Bié

Drakensberg

Montes Rwenzori
Macizo montañoso, forzado a ascender como un bloque de roca a través del Valle del Rift africano.

Montes Barisan

Montes Maoke

Monte Jaya
4884 m
Indonesia. La montaña más alta de Papúa-Nueva Guinea está en la parte asiática de la isla. La más alta del lado australasiático de la isla es el monte Wilhelm, con 4509 m.

Monte Fuji
3776 m
Japón

Gran Cordillera Divisoria

CLAVE
Los colores de las zonas terrestres indican la altura del suelo sobre el nivel del mar.

m
8000
7000
6000
5000
4000
3000
2000
1000
0

▲ Cima más alta en cada continente

Aoraki (Monte Cook)
3724 m
Nueva Zelanda

Alpes Neozelandeses

Volcanes más altos

Están situados en los Andes, donde la roca fundida asciende a través de la corteza cerca del borde de la placa sudamericana.

1 Nevado Ojos del Salado
6893 m; Chile/Argentina: entró en erupción c. 700.

2 Llullaillaco
6739 m; Chile/Argentina: entró en erupción en 1854, 1868 y 1877.

3 Tipas
6660 m; Argentina: aislado; sin erupciones recientes.

4 Nevado Incahuasi
6621 m; Chile/Argentina: sin erupciones recientes.

5 Cerro Cóndor
6532 m; Argentina: sin erupciones recientes.

Más elevado frente a más alto

La altura de una montaña se mide desde el nivel del mar, y el Everest es, sin duda, la montaña más alta sobre la Tierra. El Mauna Kea (Hawái) no es ni de lejos tan alto, pero es un volcán que se alza desde el lecho oceánico. Si se midiera de la base a la cima, el Mauna Kea sería la montaña más alta de la Tierra.

Monte Everest
8849 m sobre el nivel del mar

Mauna Kea
10 207 m de altura

4207 m sobre el nivel del mar

6000 m bajo el nivel del mar

(OLYMPUS MONS), UN VOLCÁN DE MARTE DE CASI 25 KM DE ALTURA.

Islandia activa
Islandia tiene muchos volcanes activos, pues está sobre la dorsal central del Atlántico, donde brota el magma al separarse el lecho marino.

Alaska
Alaska y las islas Aleutianas se ubican en el Cinturón de Fuego del Pacífico.

Hawái
Esta cadena de islas volcánicas se formó cuando la corteza pasó sobre un punto caliente del manto inferior.

Cómo se forma un volcán
La roca fundida (magma) del interior de la Tierra puede brotar al separarse dos placas, o abrirse paso hasta la superficie, donde chocan.

Las placas chocan y una de ellas se hunde bajo la otra.

El magma se forma y empuja hacia arriba.

Dorsal central del Atlántico
El lecho del centro del océano Atlántico, donde dos placas se están separando, está salpicado de volcanes.

Volcanes

La corteza terrestre está formada por placas que encajan como un puzle. Casi todos los volcanes están en los límites entre las placas, pero algunos entran en erupción en el centro de una placa.

Erupciones más potentes desde 1800

1 Tambora (Indonesia), 1815
Arrojó tanta ceniza a la atmósfera que perturbó el clima global y descendieron las temperaturas.

2 Krakatoa (Indonesia), 1883
La explosión se oyó a 4600 km de distancia y destruyó dos tercios de la isla de Krakatoa.

3 Novarupta (Alaska), 1912
La mayor explosión volcánica del siglo xx formó este volcán en el Cinturón de Fuego del Pacífico.

4 Pinatubo (Filipinas), 1991
Un penacho de ceniza de 400 km de amplitud se alzó a 34 km de altura, bloqueando la luz solar durante días.

5 Santa María (Guatemala), 1902
La explosión formó un cráter de 1 km de diámetro. Cayó ceniza en San Francisco (California), a 4000 km de allí.

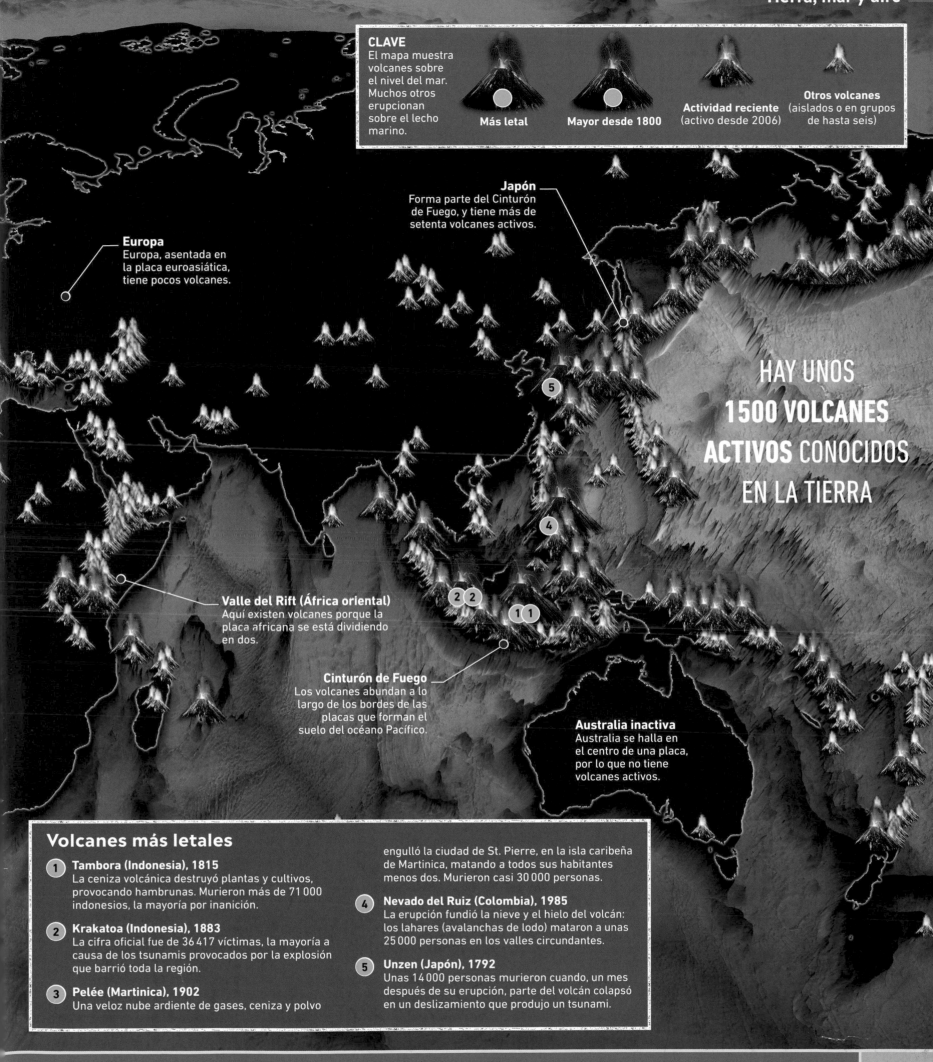

CLAVE
El mapa muestra volcanes sobre el nivel del mar. Muchos otros erupcionan sobre el lecho marino.

Más letal

Mayor desde 1800

Actividad reciente (activo desde 2006)

Otros volcanes (aislados o en grupos de hasta seis)

Japón
Forma parte del Cinturón de Fuego, y tiene más de setenta volcanes activos.

Europa
Europa, asentada en la placa euroasiática, tiene pocos volcanes.

HAY UNOS
1500 VOLCANES ACTIVOS CONOCIDOS EN LA TIERRA

Valle del Rift (África oriental)
Aquí existen volcanes porque la placa africana se está dividiendo en dos.

Cinturón de Fuego
Los volcanes abundan a lo largo de los bordes de las placas que forman el suelo del océano Pacífico.

Australia inactiva
Australia se halla en el centro de una placa, por lo que no tiene volcanes activos.

Volcanes más letales

1 Tambora (Indonesia), 1815
La ceniza volcánica destruyó plantas y cultivos, provocando hambrunas. Murieron más de 71 000 indonesios, la mayoría por inanición.

2 Krakatoa (Indonesia), 1883
La cifra oficial fue de 36 417 víctimas, la mayoría a causa de los tsunamis provocados por la explosión que barrió toda la región.

3 Pelée (Martinica), 1902
Una veloz nube ardiente de gases, ceniza y polvo engulló la ciudad de St. Pierre, en la isla caribeña de Martinica, matando a todos sus habitantes menos dos. Murieron casi 30 000 personas.

4 Nevado del Ruiz (Colombia), 1985
La erupción fundió la nieve y el hielo del volcán: los lahares (avalanchas de lodo) mataron a unas 25 000 personas en los valles circundantes.

5 Unzen (Japón), 1792
Unas 14 000 personas murieron cuando, un mes después de su erupción, parte del volcán colapsó en un deslizamiento que produjo un tsunami.

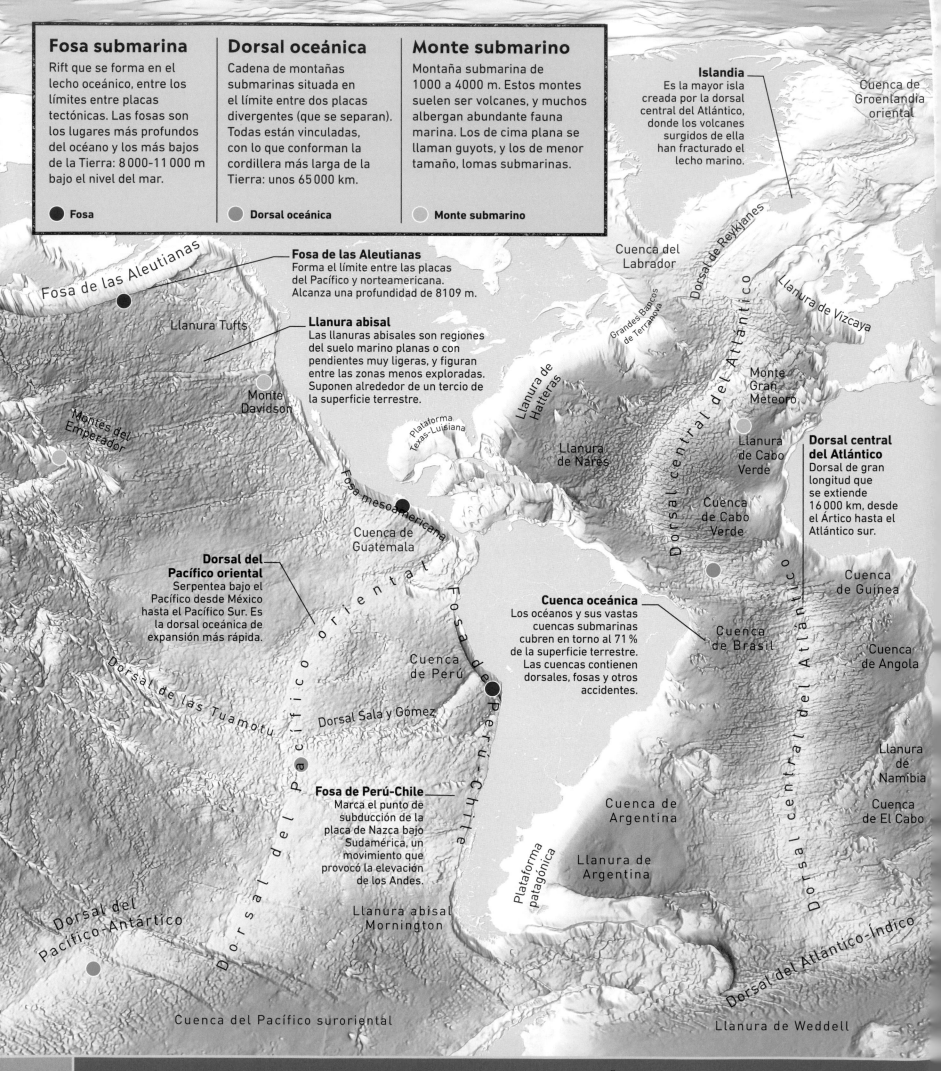

Fosa submarina

Rift que se forma en el lecho oceánico, entre los límites entre placas tectónicas. Las fosas son los lugares más profundos del océano y los más bajos de la Tierra: 8 000-11 000 m bajo el nivel del mar.

● **Fosa**

Dorsal oceánica

Cadena de montañas submarinas situada en el límite entre dos placas divergentes (que se separan). Todas están vinculadas, con lo que conforman la cordillera más larga de la Tierra: unos 65 000 km.

● **Dorsal oceánica**

Monte submarino

Montaña submarina de 1000 a 4000 m. Estos montes suelen ser volcanes, y muchos albergan abundante fauna marina. Los de cima plana se llaman guyots, y los de menor tamaño, lomas submarinas.

○ **Monte submarino**

Islandia
Es la mayor isla creada por la dorsal central del Atlántico, donde los volcanes surgidos de ella han fracturado el lecho marino.

Cuenca de Groenlandia oriental

Cuenca del Labrador

Dorsal de Reykjanes

Llanura de Vizcaya

Fosa de las Aleutianas
Forma el límite entre las placas del Pacífico y norteamericana. Alcanza una profundidad de 8109 m.

Fosa de las Aleutianas

Llanura Tufts

Grandes Bancos de Terranova

Dorsal central del Atlántico

Llanura abisal
Las llanuras abisales son regiones del suelo marino planas o con pendientes muy ligeras, y figuran entre las zonas menos exploradas. Suponen alrededor de un tercio de la superficie terrestre.

Monte Davidson

Llanura de Hatteras

Monte Gran Meteoro

Montes del Emperador

Plataforma Texas-Luisiana

Llanura de Narés

Llanura de Cabo Verde

Dorsal central del Atlántico
Dorsal de gran longitud que se extiende 16 000 km, desde el Ártico hasta el Atlántico sur.

Fosa mesoamericana

Cuenca de Guatemala

Cuenca de Cabo Verde

Dorsal del Pacífico oriental
Serpentea bajo el Pacífico desde México hasta el Pacífico Sur. Es la dorsal oceánica de expansión más rápida.

Dorsal del Pacífico oriental

Cuenca oceánica
Los océanos y sus vastas cuencas submarinas cubren en torno al 71 % de la superficie terrestre. Las cuencas contienen dorsales, fosas y otros accidentes.

Cuenca de Guinea

Fosa de Perú-Chile

Cuenca de Brasil

Cuenca de Angola

Dorsal de las Tuamotu

Cuenca de Perú

Dorsal Sala y Gómez

Llanura de Namibia

Fosa de Perú-Chile
Marca el punto de subducción de la placa de Nazca bajo Sudamérica, un movimiento que provocó la elevación de los Andes.

Cuenca de El Cabo

Cuenca de Argentina

Dorsal del Pacífico-Antártico

Dorsal central del Atlántico

Llanura de Argentina

Plataforma patagónica

Llanura abisal Mornington

Dorsal del Atlántico-Índico

Cuenca del Pacífico suroriental

Llanura de Weddell

SI EL EVEREST SE UBICARA EN LA PARTE MÁS PROFUNDA DEL OCÉANO,

Cuenca del Fram

D o r s a l   d e   G a k k e l

Cuenca de Nansen

Plataforma continental
Es la porción de una masa continental
que se halla bajo el océano. Desciende
suavemente desde la orilla hacia el
talud continental, donde empieza
realmente el océano profundo.

Plataforma de Kara

Plataforma
de Barents

Plataforma de Laptev

Plataforma de
Siberia oriental

Plataforma
de Chukchi

Dorsal de Mendeléiev

Cuenca
de Canadá

Lecho marino

Las inmensas cordilleras, vastas llanuras
y profundas fosas del suelo oceánico
surgieron del desplazamiento y la
colisión constantes de las placas
que forman la corteza terrestre.

Cuenca de las
Aleutianas

Montes del Emperador
Cadena de volcanes
submarinos que se
extiende desde los
montes del extremo
de la dorsal hawaiana
hasta las islas Aleutianas.

Fosa de las Kuriles

Cuenca
del Pacífico
noroccidental

Gran
Banco del
Yangtsé

Monte
Makarov

Dorsal hawaiana

Cuenca
de Filipinas

Montes del Pacífico central

Cuenca
arábiga

D o r s a l   c e n t r a l   d e l   Í n d i c o

Dorsal Noventa Este

Fosa de
las Marianas

Cuenca
del Pacífico
central

Cuenca
de Somalia

Cuenca
central
del Índico

Monte
Muirfield

Montes
de la isla
de Navidad

Plataforma
de Arafura

Cuenca
central
del Índico

Fosa de las Marianas
La zona oceánica más
profunda del mundo. Su
punto más bajo, el abismo
Challenger, tiene 10 994 m
de profundidad.

Fosa de las Tonga

D o r s a l   s u r o r i e n t a l   d e l   Í n d i c o

Cuenca
de Crozet

Dorsal suroccidental del Índico

Meseta de las Kerguelen

Meseta de
Campbell

Llanura de Enderby

Cuenca del
Índico meridional

Atlántico Norte
El hielo del Ártico enfría el agua cálida, que empieza a hundirse.

Giro oceánico
Las corrientes de superficie, impulsadas por el viento y por la rotación del planeta, forman a menudo patrones circulares denominados giros. Al norte del ecuador se mueven en el sentido de las agujas del reloj; al sur, en sentido contrario.

Corrientes oceánicas

Las corrientes impulsadas por el viento y la rotación de la Tierra desplazan las aguas marinas continuamente. Además, la temperatura, la salinidad del agua y la profundidad también afectan a estas corrientes.

TRANSPORTADOR OCEÁNICO
Las corrientes superficiales y profundas se vinculan en una cinta transportadora que rodea la Tierra cruzando las cuencas oceánicas para ascender a la superficie antes de hundirse de nuevo hasta el lecho marino.

Cálido — **Frío**

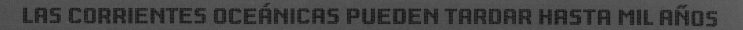

Corriente del Golfo
Las aguas cálidas de esta corriente hacen el clima del norte de Europa más suave que si circulara al contrario.

Cómo se hunden las corrientes

Cuando una corriente llega a los fríos océanos polares, parte del agua marina se congela. Al hacerlo, deja atrás la sal, que se mezcla con el agua restante y la hace más salina y pesada. Esta agua se hunde hacia el lecho marino e impulsa las corrientes que circulan lentamente por el fondo; allí donde estas corrientes profundas retornan a la superficie, los científicos hablan de «afloramiento».

Llegada de agua cálida superficial

La sal abandona el agua congelada y añade salinidad y densidad al resto

El agua fría y salina se hunde bajo la cálida y se desplaza lentamente

Gran Mancha de Basura del Pacífico
Plásticos y otros desechos llevados por las corrientes se acumulan en esta zona de movimiento lento en el centro del giro del Pacífico Norte.

Corriente profunda
La corriente profunda que fluye a través de la cuenca del Pacífico empieza a subir y se va calentando a medida que lo hace.

Patos viajeros
Una carga de patitos de goma perdida en el Pacífico en 1992 ha ayudado a los científicos a conocer mejor la velocidad y la dirección de las corrientes oceánicas. Algunos patitos han viajado más de 27 500 km.

Océanos australes
El agua fría y densa fluye al este por el lecho profundo del océano Antártico, y luego se dirige al norte.

Ríos

Los ríos ayudan a conformar la Tierra: erosionan montañas, esculpen valles y depositan tierra y rocas para formar nuevos terrenos. Los lagos contienen 44 veces más agua dulce que los ríos.

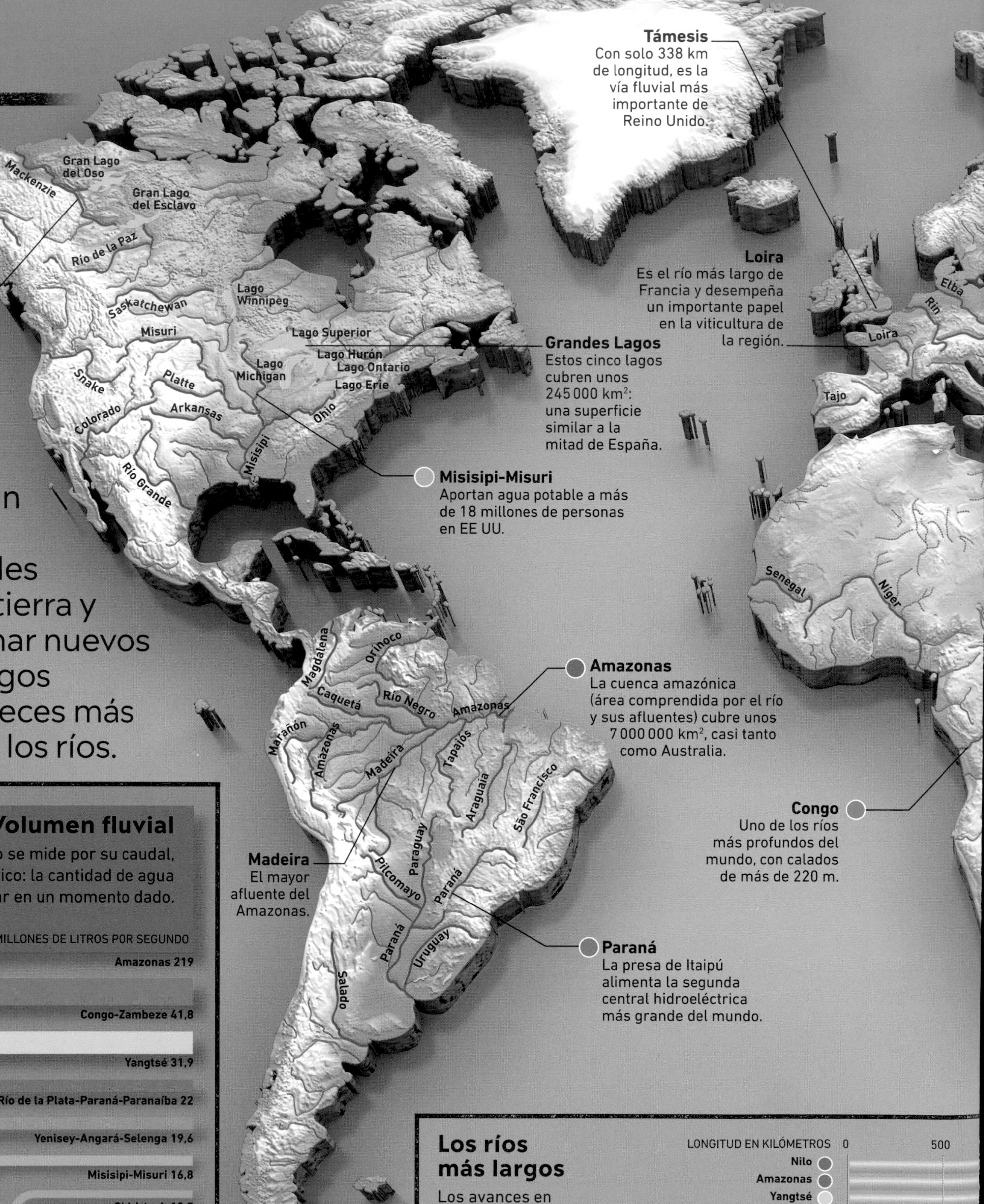

Yukón
Mackenzie
Gran Lago del Oso
Gran Lago del Esclavo
Río de la Paz
Saskatchewan
Lago Winnipeg
Misuri
Lago Superior
Lago Hurón
Lago Ontario
Lago Michigan
Lago Erie
Snake
Platte
Colorado
Arkansas
Ohio
Misisipi
Río Grande
Elba
Rin
Loira
Tajo
Senegal
Níger
Magdalena
Orinoco
Caquetá
Río Negro
Amazonas
Marañón
Amazonas
Madeira
Tapajós
Araguaia
São Francisco
Paraguay
Pilcomayo
Paraná
Paraná
Uruguay
Salado

Támesis
Con solo 338 km de longitud, es la vía fluvial más importante de Reino Unido.

Loira
Es el río más largo de Francia y desempeña un importante papel en la viticultura de la región.

Mackenzie
Es el río más largo de Canadá; se hiela unos siete meses al año.

Grandes Lagos
Estos cinco lagos cubren unos 245 000 km^2: una superficie similar a la mitad de España.

Misisipi-Misuri
Aportan agua potable a más de 18 millones de personas en EE UU.

Amazonas
La cuenca amazónica (área comprendida por el río y sus afluentes) cubre unos 7 000 000 km^2, casi tanto como Australia.

Congo
Uno de los ríos más profundos del mundo, con calados de más de 220 m.

Madeira
El mayor afluente del Amazonas.

Paraná
La presa de Itaipú alimenta la segunda central hidroeléctrica más grande del mundo.

Volumen fluvial

El tamaño de un río se mide por su caudal, o flujo volumétrico: la cantidad de agua que vierte al mar en un momento dado.

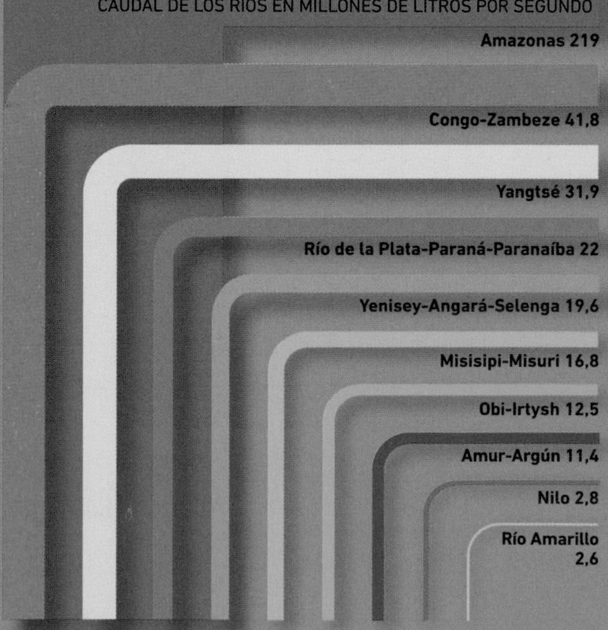

CAUDAL DE LOS RÍOS EN MILLONES DE LITROS POR SEGUNDO
Amazonas 219
Congo-Zambeze 41,8
Yangtsé 31,9
Río de la Plata-Paraná-Paranaíba 22
Yenisey-Angará-Selenga 19,6
Misisipi-Misuri 16,8
Obi-Irtysh 12,5
Amur-Argún 11,4
Nilo 2,8
Río Amarillo 2,6

Los ríos más largos

Los avances en la tecnología GPS han permitido a los científicos medir la longitud de los ríos con una exactitud sin precedentes.

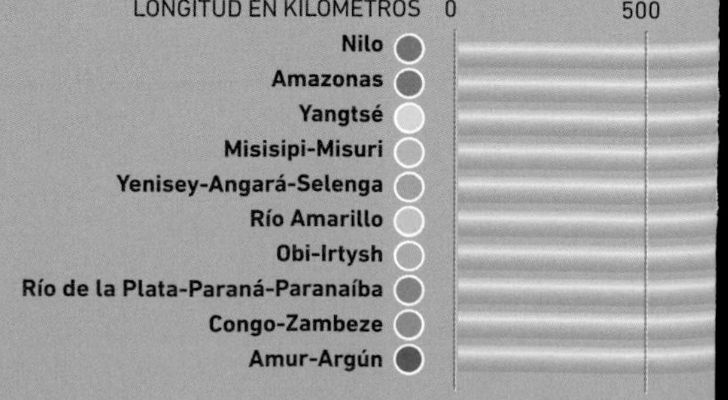

LONGITUD EN KILÓMETROS
0
500
Nilo
Amazonas
Yangtsé
Misisipi-Misuri
Yenisey-Angará-Selenga
Río Amarillo
Obi-Irtysh
Río de la Plata-Paraná-Paranaíba
Congo-Zambeze
Amur-Argún

LOS RÍOS SON LA FUERZA EROSIVA MÁS POTENTE: CADA AÑO ARRASTRAN

Obi Desemboca en el océano Ártico.

Yenisey
Cada año, a mediados de noviembre, se congela en toda su longitud.

Danubio
Hasta desembocar en el mar Negro discurre por diez países.

Pechora

Dvina Sept.

Lago Onega

Lago Ladoga

Óder

Dniéper

Don

Volga

Volga

Danubio

Mar de Aral

Sir Daria

Amu Daria

Irtysh

Lago Baljash

Obi

Obi

Yenisey

Tunguska Inferior

Angará

Olenëk

Vilyuy

Lena

Lena

Aldan

Kolymá

Amur

Lago Baikal

Lago Baikal
El lago más profundo y antiguo de la Tierra, datado en unos 25 millones de años.

Tigris

Éufrates

Indo

Brahmaputra

Ganges

Irawadi

Salween

Mekong

Yangtsé

Río Amarillo

Amur
Una parte del Amur marca la frontera entre Rusia y China.

Río Amarillo (Huang He)
Llamado así por las inmensas cantidades de lodo rico en minerales que arrastra su corriente.

Yangtsé (Chang Jiang)
Es uno de los ríos más transitados del mundo; pasa por las grandes ciudades chinas de Shanghái, Nankín y Chengdú.

Ríos estacionales
Algunos ríos (en marrón) solo fluyen en la estación húmeda; y algunos de ellos, solo en años especialmente lluviosos.

Nilo

Nilo

Nilo

Ubangi

Congo

Kasai

Lago Victoria

Lago Tanganica

Lago Malaui

Zambeze

Orange

Nilo
Cerca del 90 % de la población de Egipto vive cerca de las riberas del Nilo.

Lago Victoria
El segundo lago de agua dulce más grande del mundo por extensión (después del lago Superior); aporta agua al Nilo.

Ganges
Río sagrado para los 1200 millones de hindúes del mundo.

EL AMAZONAS
APORTA LA QUINTA PARTE
DEL AGUA DULCE QUE SE VIERTE
EN LOS OCÉANOS

Darling

Murray

Murray-Darling
Cruzan el sudeste de Australia, desde la Gran Cadena Divisoria hasta el Índico.

1000	1500	2000	2500	3000	3500	4000	4500	5000	5500	6000	6500

AL MAR 20 000 MILLONES DE TONELADAS DE SUPERFICIE TERRESTRE.

Avak
EE UU
Descubierto en una prospección petrolífera, estuvo cubierto por una delgada capa de roca durante los últimos tres millones de años.

Haughton
Nunavut (Canadá)

METEORITOS
Son los fragmentos que quedan cuando un pequeño cuerpo estelar (meteoroide) impacta en el suelo. A veces, estos objetos son visibles mientras caen, en forma de estrellas fugaces o meteoros. Si el meteorito se halla tras ver su descenso, se registra como «caída». Desde 1950 se han producido más de mil caídas.

Principales caídas de meteoritos desde 2003

Nicholson
Canadá

Steen River
Canadá

Clearwater East y West
Canadá

Deep Bay
Canadá

Carswell
Canadá

Saint Martin
Canadá

Mistastin
Canadá

Eagle Butte
Canadá

Beaverhead
EE UU

Manicouagan
Canadá
El interior de este cráter de 215 millones de años forma hoy día un asombroso lago en forma de anillo de 70 km de diámetro.

Charlevoix
Canadá

Nördlinger
Alemania

Rochechouart
Francia

CRÁTERES DE IMPACTO
Los objetos de mayor tamaño que golpean el planeta Tierra –asteroides y cometas– impactan con tanta fuerza que son destruidos. Aunque dejan un cráter, a lo largo de millones de años este puede ser enterrado, desgastado o deformado por el movimiento de la corteza terrestre. El mapa muestra los mayores de los que se tiene conocimiento.

Manson
EE UU

Montagnais
Canadá

②

Guarda
Portugal

Ames
EE UU

④

Cuenca de Sudbury
Canadá

Sierra Madera
EE UU

Bahía de Chesapeake
EE UU

③

8-10   10-20   20-50   50-100   100-300

Diámetro de los mayores cráteres de impacto conocidos (en km)

Chicxulub
México

Bosumtwi
Ghana

Cráteres y meteoritos

Si el viento, el agua y el movimiento de la corteza no los cubrieran o desgastaran, la Tierra estaría salpicada de cráteres, como la Luna. Muchos pueden verse aún en zonas antiguas y estables de la corteza terrestre, como Canadá y Australia.

Serra de Cangalha
Brasil

Domo de Araguainha
Brasil

Vista Alegre
Brasil

Domo de Vargeão
Brasil

La Gran Mortandad

Puede que un asteroide exterminara a los dinosaurios, pero un impacto aún mayor pudo barrer la vida casi por completo hace 250 millones de años. El suceso, conocido como «Gran Mortandad», pudo deberse al impacto de un asteroide que algunos científicos creen haber hallado en el hielo de la Antártida.

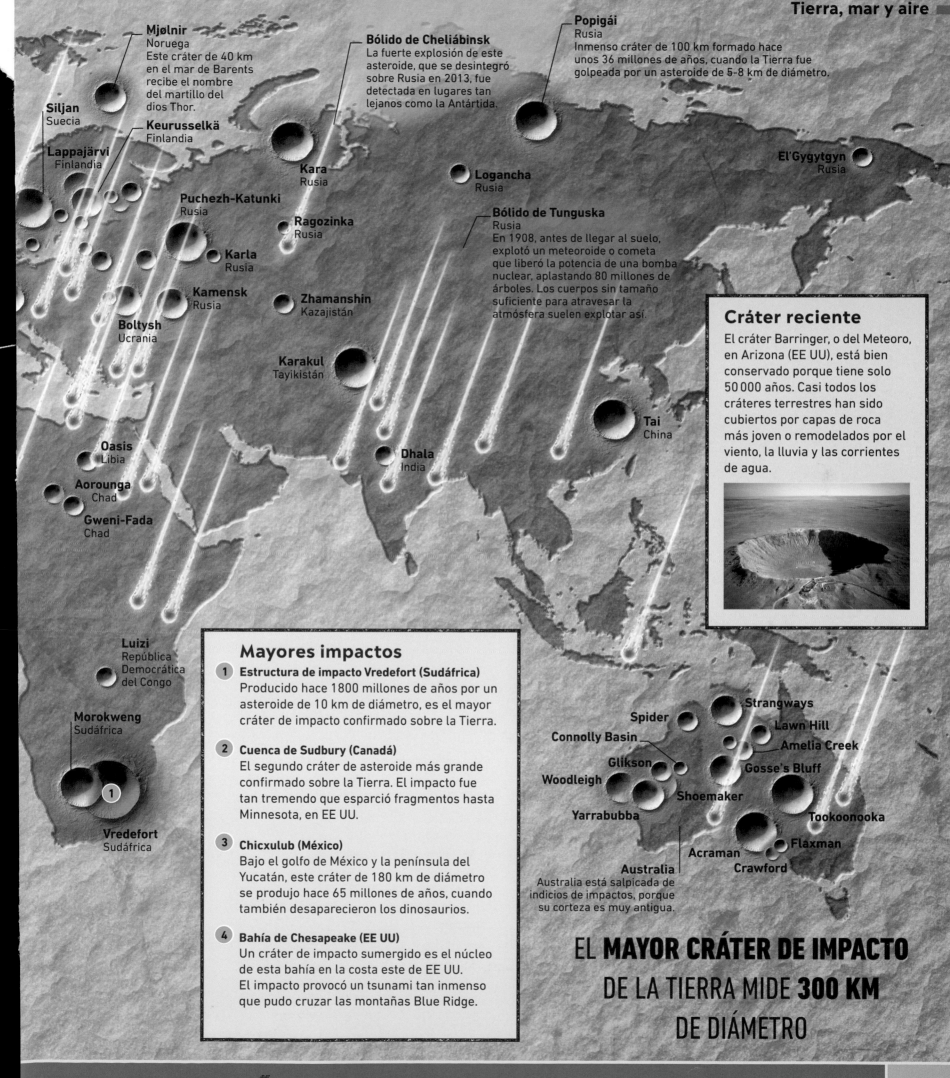

Mjølnir
Noruega
Este cráter de 40 km
en el mar de Barents
recibe el nombre
del martillo del
dios Thor.

Bólido de Cheliábinsk
La fuerte explosión de este
asteroide, que se desintegró
sobre Rusia en 2013, fue
detectada en lugares tan
lejanos como la Antártida.

Popigái
Rusia
Inmenso cráter de 100 km formado hace
unos 36 millones de años, cuando la Tierra fue
golpeada por un asteroide de 5-8 km de diámetro.

Siljan
Suecia

Keurusselkä
Finlandia

Lappajärvi
Finlandia

Kara
Rusia

Logancha
Rusia

El'Gygytgyn
Rusia

Puchezh-Katunki
Rusia

Ragozinka
Rusia

Bólido de Tunguska
Rusia
En 1908, antes de llegar al suelo,
explotó un meteoroide o cometa
que liberó la potencia de una bomba
nuclear, aplastando 80 millones de
árboles. Los cuerpos sin tamaño
suficiente para atravesar la
atmósfera suelen explotar así.

Karla
Rusia

Kamensk
Rusia

Zhamanshin
Kazajistán

Boltysh
Ucrania

Karakul
Tayikistán

Cráter reciente

El cráter Barringer, o del Meteoro,
en Arizona (EE UU), está bien
conservado porque tiene solo
50 000 años. Casi todos los
cráteres terrestres han sido
cubiertos por capas de roca
más joven o remodelados por el
viento, la lluvia y las corrientes
de agua.

Tai
China

Oasis
Libia

Dhala
India

Aorounga
Chad

Gweni-Fada
Chad

Luizi
República
Democrática
del Congo

Mayores impactos

① **Estructura de impacto Vredefort (Sudáfrica)**
Producido hace 1800 millones de años por un
asteroide de 10 km de diámetro, es el mayor
cráter de impacto confirmado sobre la Tierra.

② **Cuenca de Sudbury (Canadá)**
El segundo cráter de asteroide más grande
confirmado sobre la Tierra. El impacto fue
tan tremendo que esparció fragmentos hasta
Minnesota, en EE UU.

③ **Chicxulub (México)**
Bajo el golfo de México y la península del
Yucatán, este cráter de 180 km de diámetro
se produjo hace 65 millones de años, cuando
también desaparecieron los dinosaurios.

④ **Bahía de Chesapeake (EE UU)**
Un cráter de impacto sumergido es el núcleo
de esta bahía en la costa este de EE UU.
El impacto provocó un tsunami tan inmenso
que pudo cruzar las montañas Blue Ridge.

Morokweng
Sudáfrica

Vredefort
Sudáfrica

Strangways

Spider

Lawn Hill

Connolly Basin

Amelia Creek

Glikson

Gosse's Bluff

Woodleigh

Shoemaker

Yarrabubba

Tookoonooka

Flaxman

Acraman

Crawford

Australia
Australia está salpicada de
indicios de impactos, porque
su corteza es muy antigua.

EL **MAYOR CRÁTER DE IMPACTO**
DE LA TIERRA MIDE **300 KM**
DE DIÁMETRO

Prospect Creek (EE UU)
Con –62 °C, es el séptimo lugar más frío del planeta.

Malgovik (Suecia)
El lugar más frío de Suecia, con un registro de –53°C .

Snag (Canadá)
El punto más frío de Norteamérica, con una temperatura registrada de -63 °C.

Estación Meteorológica Automatizada de Klinck (Groenlandia)
El cuarto lugar más frío de la Tierra, con –69,6°C.

Kebili (Túnez)
En 1931 se registraron 55 °C: es el tercer lugar más cálido del mundo.

Furnace Creek (EE UU)
La temperatura del aire más alta registrada en el mundo se dio aquí en 1913: 56,7 °C.

Área de Mexicali, México
Con un registro en 1995 de 52,0 °C.

Diferencias diarias

Muchos desiertos son ardientes de día y gélidos por la noche. Sin nubes o nieblas que intercepten el Sol, el terreno se calienta muy deprisa durante el día; y sin un manto de nubes nocturno, el calor escapa con igual rapidez. En los climas húmedos, las temperaturas diarias varían mucho menos.

1 Luxor (Egipto)
Tiene un clima seco y desértico. En junio, la temperatura diaria varía enormemente: la media máxima diurna de 41 °C cae a 22 °C por la noche.

2 Singapur
El clima de este país asiático es cálido y húmedo todo el año. En junio, la temperatura diaria varía de 31,3 °C de máxima a unos 24,7 °C de mínima.

Veranos ardientes, inviernos helados

En el centro de un gran continente, el verano suele ser caluroso y el invierno frío. En las zonas costeras, los vientos y las corrientes marinas moderan las temperaturas. Sin este equilibrio, las tierras del interior serían extremadamente cálidas o frías.

1 Verjoiánsk (Rusia)
En esta localidad se dan las mayores diferencias estacionales de temperatura del mundo. La más elevada registrada fue de 39,9 °C; la más baja, de –67,8 °C.

2 Regina (Canadá)
La temperatura más alta registrada en esta ciudad fue de 43,3 °C, y la más baja fue de -50 °C.

Montañas frías
Al ascender, bajan la presión atmosférica y la temperatura. La cordillera de los Andes es mucho más fría que las tierras que la rodean.

Al'Aziziya (Libia)
Perdió su título de lugar más caliente del globo en 2012, cuando los científicos averiguaron que su registro de 1922 era probablemente erróneo.

EN **1924**, LA CIUDAD AUSTRALIANA DE **MARBLE BAR** ALCANZÓ O SUPERÓ LOS 37,8 °C DURANTE **160 DÍAS CONSECUTIVOS**

Base Amundsen-Scott (Polo Sur)
El segundo lugar más frío de la Tierra, con -82,5 °C.

Ust-Shchugor, (Rusia)
El lugar más frío de Europa, con −58,1°C.

Verjoiánsk (Rusia)
Comparte la temperatura más fría registrada fuera de la Antártida con el cercano poblado de Oymyakón. Con −67,8 °C, son los lugares con población permanente más fríos del mundo.

Cordillera de Verjoiánsk
Estas montañas son probablemente más frías aún que la ciudad de Verjoiánsk, pero en estas remotas cordilleras no existe un control estricto de las temperaturas.

Tirat Zvi (Israel)
Este registro, de 54 °C, se alcanzó en 1942.

Básora (Irak)
El sexto lugar más cálido de la Tierra, con 53,8 °C.

Aeropuerto de Ahvaz (Irán)
El punto de Asia en el que se ha registrado la temperatura más alta, con 54,0 °C.

Mohenjo-Daro (Pakistán)
Empata en el séptimo puesto de lugares ardientes, con 53,5 °C.

Genhe (Mongolia interior, China)
El lugar más frío de China, con −58 °C.

CLAVE
Este mapa se ha elaborado calculando las temperaturas medias diurnas y nocturnas a lo largo de un año, para compensar las enormes diferencias que pueden darse en algunos lugares, ya sea en un día o entre estaciones. Podrás ver que las zonas más cálidas, en general, son las que rodean el ecuador, y que van siendo más frías cuanto más se acercan a las regiones polares.

32 °C

0 °C

−45 °C

Paso fronterizo Al Jazeera, (EAU)
El décimo registro, de 52,1 °C, es de 2002.

Mitribah (Kuwait)
El quinto lugar más cálido de la Tierra, con 53,9 °C.

Jeddah (Arabia Saudita)
Empatado en el décimo lugar de temperatura más alta, con 52,0 °C.

Calor y frío

Que un lugar sea cálido o frío tiene que ver sobre todo con su cercanía al ecuador; pero hay otros factores importantes, como las corrientes marinas y la altitud.

Domo Argus (Antártida Oriental)
El tercer lugar más frío de la Tierra, con −82,5 °C.

Base Vostok (Antártida)
Aquí se registró la temperatura más baja conocida: −89,2 °C.

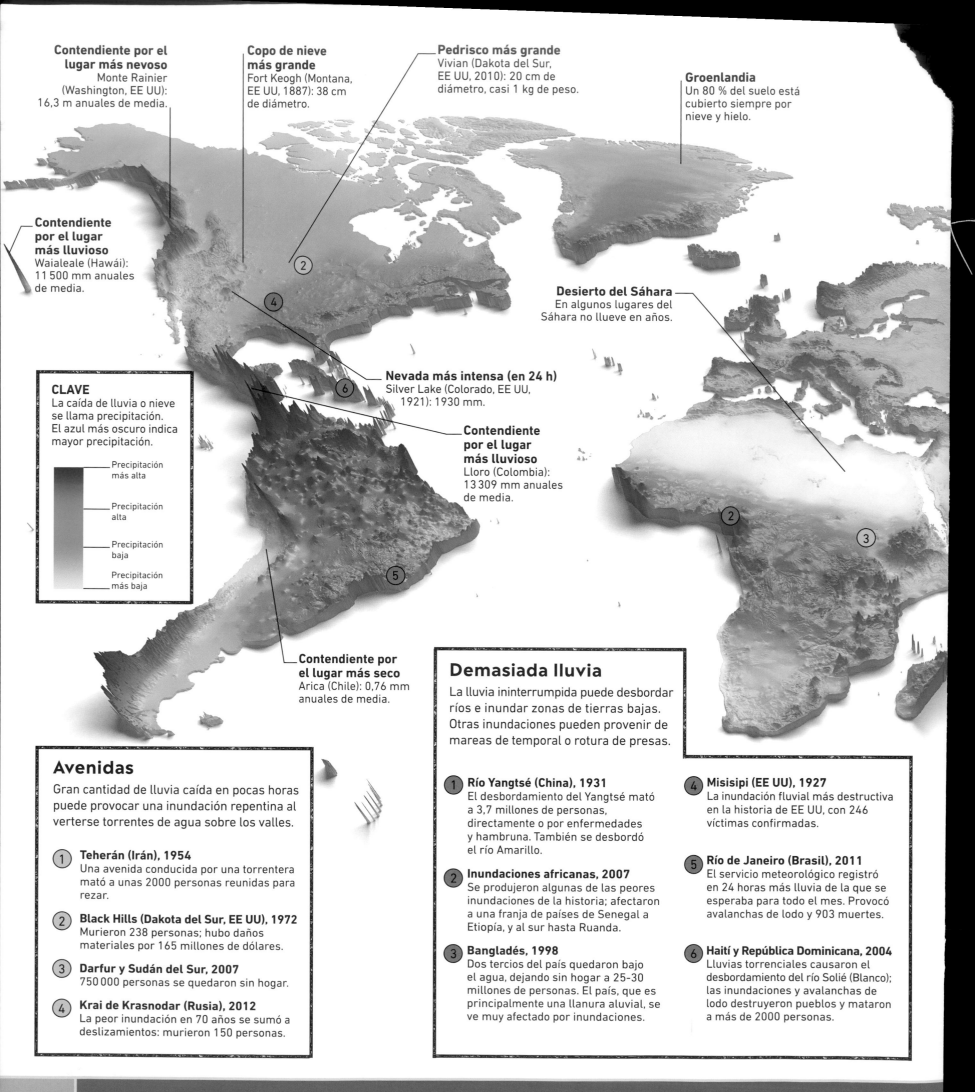

Contendiente por el lugar más nevoso
Monte Rainier (Washington, EE UU): 16,3 m anuales de media.

Copo de nieve más grande
Fort Keogh (Montana, EE UU, 1887): 38 cm de diámetro.

Pedrisco más grande
Vivian (Dakota del Sur, EE UU, 2010): 20 cm de diámetro, casi 1 kg de peso.

Groenlandia
Un 80 % del suelo está cubierto siempre por nieve y hielo.

Contendiente por el lugar más lluvioso
Waialeale (Hawái): 11 500 mm anuales de media.

Desierto del Sáhara
En algunos lugares del Sáhara no llueve en años.

CLAVE
La caída de lluvia o nieve se llama precipitación. El azul más oscuro indica mayor precipitación.

Precipitación más alta

Precipitación alta

Precipitación baja

Precipitación más baja

Nevada más intensa (en 24 h)
Silver Lake (Colorado, EE UU, 1921): 1930 mm.

Contendiente por el lugar más lluvioso
Lloro (Colombia): 13 309 mm anuales de media.

Contendiente por el lugar más seco
Arica (Chile): 0,76 mm anuales de media.

Demasiada lluvia

La lluvia ininterrumpida puede desbordar ríos e inundar zonas de tierras bajas. Otras inundaciones pueden provenir de mareas de temporal o rotura de presas.

1 **Río Yangtsé (China), 1931**
El desbordamiento del Yangtsé mató a 3,7 millones de personas, directamente o por enfermedades y hambruna. También se desbordó el río Amarillo.

2 **Inundaciones africanas, 2007**
Se produjeron algunas de las peores inundaciones de la historia; afectaron a una franja de países de Senegal a Etiopía, y al sur hasta Ruanda.

3 **Bangladés, 1998**
Dos tercios del país quedaron bajo el agua, dejando sin hogar a 25-30 millones de personas. El país, que es principalmente una llanura aluvial, se ve muy afectado por inundaciones.

4 **Misisipi (EE UU), 1927**
La inundación fluvial más destructiva en la historia de EE UU, con 246 víctimas confirmadas.

5 **Río de Janeiro (Brasil), 2011**
El servicio meteorológico registró en 24 horas más lluvia de la que se esperaba para todo el mes. Provocó avalanchas de lodo y 903 muertes.

6 **Haití y República Dominicana, 2004**
Lluvias torrenciales causaron el desbordamiento del río Solié (Blanco); las inundaciones y avalanchas de lodo destruyeron pueblos y mataron a más de 2000 personas.

Avenidas

Gran cantidad de lluvia caída en pocas horas puede provocar una inundación repentina al verterse torrentes de agua sobre los valles.

1 **Teherán (Irán), 1954**
Una avenida conducida por una torrentera mató a unas 2000 personas reunidas para rezar.

2 **Black Hills (Dakota del Sur, EE UU), 1972**
Murieron 238 personas; hubo daños materiales por 165 millones de dólares.

3 **Darfur y Sudán del Sur, 2007**
750 000 personas se quedaron sin hogar.

4 **Krai de Krasnodar (Rusia), 2012**
La peor inundación en 70 años se sumó a deslizamientos: murieron 150 personas.

Lluvia y nieve

EN LUGARES DE INDIA PUEDEN CAER 5000 MM DE LLUVIA DURANTE EL MONZÓN

La variación de precipitaciones es enorme de un lugar a otro: las lluvias torrenciales anegan el sur de Asia en el monzón, mientras que en regiones desérticas la lluvia prácticamente no existe. Cerca de los polos apenas nieva, pero la nieve no se funde y la tierra está bajo una capa permanente de hielo.

Lluvia más intensa (en un mes y en un año)
Cherrapunji (India, 1860-1861): 9300 mm y 22 987 mm.

Península Arábiga
Como en el Sáhara, en esta región casi desértica apenas llueve.

Contendiente por el lugar más nevoso
Niseko (Japón): 15 m anuales de medla.

Borneo
Muchas selvas tropicales, como las de Borneo, no tienen estación seca: llueve todos los días.

Lluvia más intensa (en 24 h)
Foc-Foc (Reunión, 1966): 1825 mm durante el ciclón tropical Denise.

Extremos del monzón

En Chittagong (Bangladés) casi no llueve en la estación seca, pero las lluvias monzónicas son torrenciales. En París (Francia) la lluvia es más uniforme.

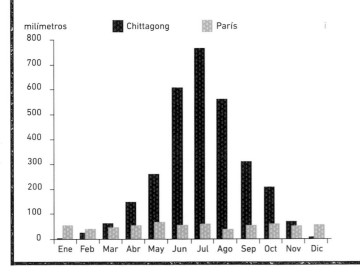

milímetros ■ Chittagong ▨ París

800	
700	
600	
500	
400	
300	
200	
100	
0	Ene Feb Mar Abr May Jun Jul Ago Sep Oct Nov Dic

Australia
Es el continente habitado más seco.

Nueva Zelanda
Lluvia moderadamente alta y uniforme a lo largo del año.

Lugar más seco de la Tierra
Valles Secos (Antártida): 0 mm anuales de media; están libres de hielo y nieve.

Huracán Iniki, 1992
El ciclón tropical más potente que ha golpeado Hawái, donde causó seis muertes y daños por 1800 millones de dólares; alcanzó la categoría 4.

Huracán Katrina, 2005
Este ciclón de categoría 5 causó unas 1800 víctimas y daños por valor de 106000 millones de dólares tras su paso por la costa este de EE UU.

Huracán Patricia, 2015
Con vientos de unos 240 km/h, Patricia fue una tormenta de categoría 5. Golpeó Cuixmala (México), matando a dos personas directamente y causando graves daños generalizados.

Huracán Harvey, 2017
Esta devastadora tormenta de categoría 4 golpeó Texas a finales de agosto y duró un récord de 117 horas.

INTENSIDAD DE UN CICLÓN TROPICAL

Las grandes tormentas que rotan en torno a un núcleo de baja presión y superan los 119 km/h reciben el nombre de ciclones tropicales, huracanes o tifones, según la zona del mundo en que se producen. Su categoría se vincula a su fuerza, o intensidad.

Categoría	Velocidad viento	Efectos
5	Más de 252 km/h	Edificios destruidos; grandes inundaciones
4	209-252 km/h	Daños en edificios; inundaciones costeras
3	178-209 km/h	Árboles derribados; casas móviles destruidas
2	154-178 km/h	Daños graves en tejados, puertas y ventanas
1	119-154 km/h	Daños leves en edificios; daños en árboles
Tormenta tropical	63-119 km/h	Sin daños significativos; riesgo de inundación
Depresión tropical	Menos de 63 km/h	Sin daños significativos; riesgo de inundación
Intensidad desconocida	Sin datos registrados	Diversos, en ocasiones catastróficos

TRAYECTORIAS DE TORMENTAS

Este mapa muestra las rutas de algunos ciclones. Se les llama ciclones extratropicales cuando se alejan de las regiones tropicales. En esos momentos ya son mucho más débiles.

●●● Ciclón tropical

▲▲▲ Ciclón extratropical/resto de ciclón

Huracanes

Estructura de un huracán

El viento gira en espiral en torno a un centro de baja presión en calma, el «ojo», rodeado por un denso banco de nubes –la pared del ojo– donde los vientos son más potentes.

Imagen de satélite del huracán Katrina
El ojo es claramente visible, rodeado por una vasta masa espiral de nubes.

Tifón Tip, 1979
El mayor y más intenso ciclón registrado nunca: alcanzó 305 km/h y se le atribuyeron 86 muertes. Se había debilitado cuando atravesó Japón.

Ciclón Bhola, 1970
Esta tormenta de intensidad desconocida provocó 500 000 víctimas en el actual Bangladés.

Ciclón Idai, 2019
Esta tormenta de categoría 2 tocó tierra cerca de Beira (Mozambique), causando graves inundaciones y un millar de muertos.

Ciclón Marcus, 2018
Marcus fue el ciclón tropical más fuerte que azotó Darwin (Australia) desde 1974. Se calcula que causó daños por valor de unos 75 millones de dólares.

Ciclón Winston, 2016
Winston, de categoría 5, fue la tormenta tropical más intensa jamás registrada en el hemisferio sur. Dejó 44 muertos y decenas de miles de personas sin hogar.

Los ciclones tropicales, huracanes o tifones son tormentas espirales que se forman en mares tropicales. Su característica más letal, que causa el 90 % de las muertes, es la marejada ciclónica: olas inmensas que baten e inundan las tierras costeras.

Bosque húmedo tropical latifoliado
Cálido y húmedo, sustenta una inmensa variedad de vida animal y vegetal. También conocido como pluvisilva.

Bosque seco tropical latifoliado
Son regiones cálidas todo el año, pero con una larga estación seca, y muchos árboles pierden la hoja.

Bosque tropical de coníferas
Muchas aves y mariposas migratorias pasan el invierno en estos densos y cálidos bosques.

Bosque templado latifoliado
El hábitat más común de Europa septentrional, y hogar de árboles que pierden la hoja en invierno.

Bosque templado de coníferas
En estas regiones de verano cálido e invierno frío medran árboles gigantes, como la secuoya.

Bosque boreal
También llamado taiga, es el mayor bioma terrestre de nuestro planeta. Está dominado por unos pocos tipos de coníferas.

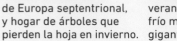

Sabana
Una larga estación seca y cortos ciclos de lluvia forjan un herbazal salpicado por árboles y manadas de animales de pasto.

Sabana inundable
Herbazales el resto del año, en la estación húmeda se convierten en humedales pantanosos que atraen a las aves.

Herbazal templado
También llamado pradera, estepa o pampa, muchas de estas vastas y fértiles llanuras son hoy tierras de cultivo.

Herbazal de montaña
O pradera de altura. Los pobladores de este hábitat remoto deben adaptarse al frío y a la intensa luz solar.

Arrecife de coral
En sus aguas cálidas y someras vive una gran diversidad, desde tiburones hasta hipocampos.

Biomas marinos

Son tan variados como los terrestres. Desde la playa hasta la profundidad del océano, los seres vivos hallan formas de sobrevivir y prosperar.

Manglar
Las espesas raíces de los manglares reducen el flujo de agua en la costa y crean un pantano.

EL BOSQUE TROPICAL CUBRE ALREDEDOR DEL 6 % DE LA TIERRA FIRME,

Matorral mediterráneo
Los incendios de los veranos secos y calurosos ayudan a brotar a las plantas arbustivas típicas de este bioma.

Desierto y matorral seco
Los habitantes del desierto deben ser capaces de sobrevivir con menos de 250 mm de lluvia al año.

Tundra ártica
Un bioma frío y seco con una profunda capa de suelo helado. Este permafrost impide el crecimiento de árboles.

Desierto polar
Demasiado frío y seco para las plantas, aquí solo habitan animales que dependen del mar, como los pingüinos.

LAS **PLANTAS** Y **ANIMALES DE UN BIOMA** FORMAN UNA COMUNIDAD **COMPLEJA** E **INTERCONECTADA**

Biomas

Un bioma es una región que definimos según las plantas y animales que viven en ella, que deben estar adaptados a sus condiciones específicas, como temperatura, tipo de suelo y disponibilidad de luz y agua.

Bosque húmedo templado de la costa del Pacífico

Este bosque de coníferas, que se extiende desde Alaska hasta California, es húmedo y relativamente frío todo el año.

Bosque de Białowieża

Entre Polonia y Bielorrusia, es una de las mayores áreas existentes de un antiguo bosque templado de latifolios que cubría gran parte de Europa.

Deforestación en Europa

Hace siglos que Europa perdió muchos de sus bosques para crear cultivos y pastos. Entre 1100 y 1500 se talaron gran cantidad de árboles para madera de barcos.

Bosque húmedo amazónico

Solo las remotas partes central y norte de la selva amazónica son bosque antiguo (intacto). Gran parte del resto ha sido talado y replantado o convertido en plantaciones de palma aceitera o árbol del caucho.

Bosque húmedo de Congo

Es el segundo bosque húmedo tropical más grande, y hogar de gorilas, chimpancés y bonobos.

CLAVE

Bosque boreal
Regiones frías septentrionales (boreales)

Bosque húmedo tropical
Climas cálidos y húmedos

Bosque templado de latifolios
Climas benignos (templados)

Bosque templado de coníferas
Climas benignos (templados a fríos)

Cobertura forestal original
Las zonas rojas muestran la extensión total de la masa forestal en el pasado, antes de la intervención humana

Bosque húmedo atlántico

Solo queda un 7 % de este bosque húmedo tropical brasileño, y casi todo en pequeños fragmentos.

Bosques

Son vitales para la vida. Hacen el aire respirable, protegen el suelo y preservan las existencias de agua dulce. Pero están desapareciendo y, pese a los esfuerzos por reducir la deforestación, cada año se pierden unos 10 millones de hectáreas.

Tipos de bosque

Los bosques varían con el clima. Cada tipo tiene su propia colección distintiva de árboles, sotobosque y vida animal. Los bosques húmedos tropicales son los más diversos: solo en el Amazonas viven el 30 % de todas las especies animales y vegetales. Algunos bosques tropicales son perennes, pero en otros los árboles pierden la hoja durante la estación seca.

Templado de latifolios
Árboles caducifolios como hayas y robles. Arbustos, hierbas y helechos.

Taiga
Este vasto cinturón de bosque boreal se extiende por el norte de Europa y Asia. Su parte oriental es más salvaje, pero gran parte del oeste es bosque explotado, dedicado a la producción de madera y papel.

Desaparición de bosques

La creciente población y su demanda de madera y suelo para asentamientos y cultivos ha acelerado el ritmo de tala de bosques. Aquí vemos la disminución de los bosques en Borneo entre 1950 y 2010.

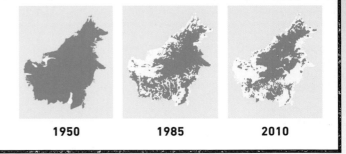

1950 **1985** **2010**

Japón
Conserva gran parte de su bosque original, y es el país industrializado más densamente arbolado.

Borneo
Hogar de la mayor parte de los orangutanes del mundo, su bosque húmedo se ha reducido en más del 50 % desde mediados del siglo xx (cuadro superior).

Nueva Guinea
Dos tercios de Nueva Guinea son bosque húmedo antiguo, con abundantes especies únicas. Está amenazado por la tala, la minería y la agricultura.

AL RITMO ACTUAL DE **TALA,** EN **CIEN AÑOS** NO QUEDARÁ **NINGÚN** BOSQUE HÚMEDO

Nueva Zelanda
El remoto suroeste neozelandés alberga bosques templados húmedos llenos de exuberantes helechos arborescentes.

Australia
Desde la llegada de los colonos europeos hace dos siglos, se han perdido en torno al 38 % de los bosques de Australia.

Bosque húmedo tropical
Alberga hasta 300 especies por hectárea. Suele ser rico en plantas de sotobosque.

Bosque boreal
Coníferas como abetos, pinos, alerces y píceas. El suelo está dominado por musgos.

Tortuga del desierto
Sus patas en forma de pala le permiten cavar madrigueras para protegerse del calor diurno y del frío nocturno.

Mezquite
Árbol cuya larga raíz principal puede profundizar hasta 60 m en busca de agua en el subsuelo.

Caribú
Nombre del reno en Norteamérica: es un cérvido especializado en el frío entorno ártico. Aunque aquí llueve tan poco como en el desierto, raramente hay escasez de agua, ya que se rebalsa sobre el suelo helado y no hay calor solar que la evapore.

Casquete glaciar de Groenlandia
Esta región experimenta las condiciones más frías y secas del Ártico. Nada puede vivir sobre el hielo.

Gran Cuenca
EE UU

Desierto de Chihuahua
Norte de México

Almería (España)
La región más seca de Europa tiene zonas de desierto auténtico.

Desierto de Siria

Desierto del Néguev

Desierto de Mojave
EE UU

Desierto de Sonora
EE UU y México

Sapo de espuelas
Excava una madriguera con sus patas traseras, luego se rodea con un capullo estanco de piel mudada y espera a las siguientes lluvias, a veces durante meses.

Sáhara

Saguaro
Largo cacto arbóreo que crece en el desierto de Sonora. Su tronco y sus ramas, carnosos, almacenan agua cuando llueve, y sobrevive de ella hasta que vuelve a llover.

Desierto de Sechura
Perú

Dromedario
Nativo de Arabia, habita en todos los desiertos del norte de África. Puede vivir de la grasa que almacena en su joroba y pasar hasta dos semanas sin beber.

Sahel
Cinturón semidesértico conocido también como sabana árida o herbazal seco.

Desierto de Atacama (Chile)
Como el Namib, es un desierto costero que se mantiene seco por una corriente oceánica fría cercana.

Sandía tsamma
Ancestro silvestre de la sandía, crece en el desierto de Kalahari y almacena agua en sus grandes frutos redondos.

Desierto de la Patagonia (Argentina)
Algunos expertos lo consideran un herbazal seco, y lo llaman «estepa».

***Lithops*, o plantas piedra**
Reciben el nombre de su único par de hojas redondeadas que recuerdan piedras (también son conocidas como piedras vivientes) y las camuflan frente a los animales de pasto.

Desierto del Namib
Namibia

Escarabajo del Namib
Al amanecer recoge gotitas diminutas de la niebla en sus patas y élitros. Cuando se ha formado suficiente cantidad, una gota de agua desciende por su cuerpo hasta la boca.

Desierto de Kalahari
Botsuana y Sudáfrica

Desiertos

Los hay desde los polos hasta los trópicos y, aunque todos tienen precipitaciones muy bajas —menos de 250 mm al año, y a veces mucho menos—, no todos son cálidos. Incluso en los cálidos, las noches suelen ser frías.

La Antártida
Uno de los lugares más áridos del mayor desierto de la Tierra es la región de los Valles Secos (derecha), única zona de la Antártida que no está cubierta por el hielo, y donde apenas nieva. Vientos fríos y secos llegados de la cima de las montañas convierten toda la humedad en vapor de agua.

EL SÁHARA OCUPA ALREDEDOR DEL 8 % DE LAS TIERRAS EMERGIDAS,

Suelos desérticos

El aspecto de los desiertos es muy diverso. El suelo se forma muy despacio, y el terreno es a menudo roca desnuda o grava. Todo suelo arenoso suelto puede incorporarse a las dunas, aunque algunas duras herbáceas o crasas lo fijan.

Dunas o «mares de arena»
Las montañas móviles de arena impiden la vegetación.

Roca y grava
Donde no crecen plantas es visible el lecho rocoso.

Herbazal seco
Las herbáceas forman suelo y alimentan a los animales.

Crasas o suculentas
Carnosas, almacenan agua y forman densas poblaciones.

Saxaul
Pequeño árbol arbustivo que crece en los desiertos de Asia. Su corteza esponjosa almacena agua, y conserva su propio suministro gracias a que sus hojas diminutas pierden muy poca por evaporación.

Asia central
Los desiertos y semidesiertos son muy secos porque están muy alejados del océano.

Kyzyl Kum
Entre Kazajistán, Uzbekistán y Turkmenistán

Karakum
Turkmenistán

Desierto de Lut
Irán

Desierto de Arabia

Desierto de Thar
Pakistán e India

Depresión de Turpán (China)
Región de tierras bajas más caliente que las circundantes.

Taklamakán
China

Desierto de Gobi
Mongolia y China

Diablo espinoso
Este lagarto de los desiertos australianos recoge rocío en su cuerpo por la noche. Luego, unos surcos microscópicos en su piel canalizan el agua hasta su boca.

LA TOTALIDAD DE LA **ANTÁRTIDA** ES UN DESIERTO: EL **MÁS GRANDE** DE LA **TIERRA**

Gran Desierto de Arena

Desierto de Gibson

Desierto de Simpson

Gran Desierto Victoria

TIPOS DE DESIERTO

Desierto caliente
Se agrupa en dos bandas entre 15 y 35 grados al norte y sur del ecuador, donde la atmósfera tiende a crear sistemas atmosféricos sin precipitaciones.

Semidesierto
Tierras secas que suelen hallarse en los bordes de los desiertos y van del herbazal seco al matorral. Los cortos períodos de lluvias no superan los 500 mm al año.

Desiertos fríos
Son ejemplos el desierto de Gobi en Asia y el de Atacama en Sudamérica. En estos desiertos el frío polar se alterna con un calor intenso.

Tundra
Región desarbolada y con arbustos de porte bajo. Se considera desierto porque la precipitación es inferior a 250 mm anuales, pero hay agua a causa de la baja evaporación.

Desierto polar
Incluye las zonas más secas y frías del Ártico, donde pocas plantas de tundra sobreviven, y los mantos de hielo de Groenlandia y la Antártida, donde apenas hay vida.

Hielo

Cubre la décima parte de las tierras emergidas, principalmente en las regiones polares. En épocas anteriores, cuando la Tierra era mucho más fría, llegó a cubrir una superficie tres veces mayor que la actual.

Hielo marino (banquisa)

Se forma en invierno al congelarse la superficie. Puede alcanzar 6 m de grosor donde dura todo el año. Algunos bloques de hielo (derecha) pueden tener solo 10 cm de grosor.

Hielo estival La capa polar de hielo marino se reduce en verano, aunque debajo siempre queda agua.

Hielo invernal Al bajar la temperatura, el hielo marino se extiende más allá de sus límites estivales.

AMÉRICA DEL SUR

ASIA

Mar de Ojotsk

Islas de Nueva Siberia

Mar de Láptev

LÍMITE PROMEDIO DE HIELO ESTIVAL, 1981-2010

Tierra del Norte

Mar de Kara

Nueva Zembla

Tierra de Francisco José

Mar de Barents

EUROPA

Mar de Siberia Oriental

Isla de Wrangel

Svalbard

+ Polo Norte

Mar de Wandel

Mar de Groenlandia

Mar de Noruega

Mar de Chukchi

Estrecho de Bering

OCÉANO PACÍFICO

OCÉANO ÁRTICO

Islandia

Islas de la Reina Isabel

Groenlandia

Golfo de Amundsen

Estrecho de Davis

Isla de Baffin

Bahía de Baffin

Mar de Labrador

Hielo continental (inlandsis)

Es hielo que se acumula sobre el suelo a medida que la nieve es compactada por nieve nueva y convertida en hielo. En la Antártida alcanza 4,8 km de grosor.

Casquete glaciar Capa de hielo terrestre formada a lo largo de miles o millones de años.

Plataforma de hielo Extensión flotante de hielo continental, con cientos de metros de grosor.

Bahía de Hudson

AMÉRICA DEL NORTE

LÍMITE PROMEDIO DE HIELO INVERNAL, 1981-2010

EL MAYOR ICEBERG AVISTADO EN EL ATLÁNTICO NORTE SE ALZABA 168 M

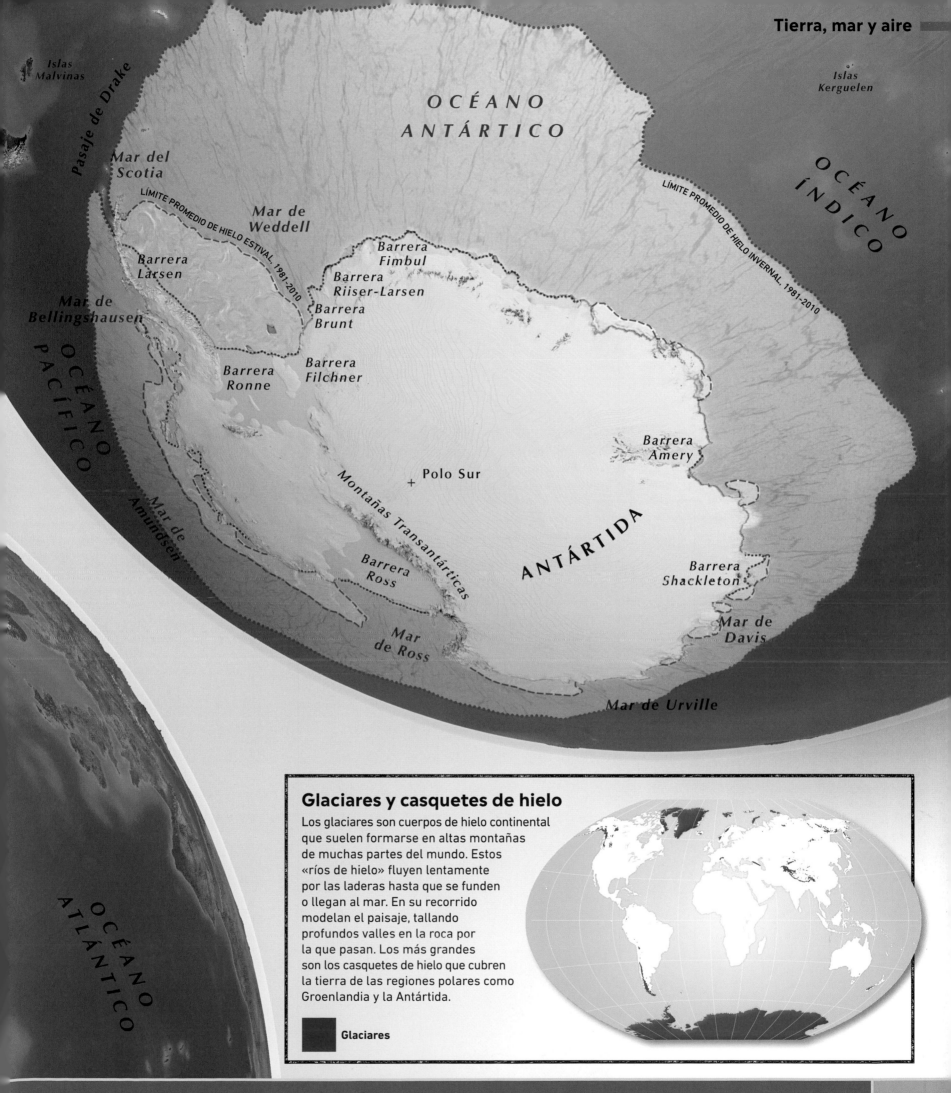

Islas
Malvinas

Pasaje de Drake

OCÉANO
ANTÁRTICO

Islas
Kerguelen

OCÉANO
ÍNDICO

Mar del
Scotia

LÍMITE PROMEDIO DE HIELO ESTIVAL, 1981-2010

LÍMITE PROMEDIO DE HIELO INVERNAL, 1981-2010

Mar de
Weddell

Barrera
Fimbul

Barrera
Larsen

Barrera
Riiser-Larsen

Mar de
Bellingshausen

Barrera
Brunt

OCÉANO
PACÍFICO

Barrera
Ronne

Barrera
Filchner

Barrera
Amery

Mar de
Amundsen

Polo Sur

Montañas Transantárticas

ANTÁRTIDA

Barrera
Ross

Barrera
Shackleton

Mar de
Davis

Mar
de Ross

Mar de Urville

OCÉANO
ATLÁNTICO

Glaciares y casquetes de hielo

Los glaciares son cuerpos de hielo continental
que suelen formarse en altas montañas
de muchas partes del mundo. Estos
«ríos de hielo» fluyen lentamente
por las laderas hasta que se funden
o llegan al mar. En su recorrido
modelan el paisaje, tallando
profundos valles en la roca por
la que pasan. Los más grandes
son los casquetes de hielo que cubren
la tierra de las regiones polares como
Groenlandia y la Antártida.

■ Glaciares

Mapa de zonas horarias

El mapa muestra la hora a las 12:00 UTC (tiempo universal coordinado), base que establece todos los horarios mundiales. Las columnas son husos horarios marcados con el número de horas que se suman o restan al UTC. Si vives en algún sitio en el centro de una de estas zonas y tienes el reloj en hora, a las 12:00 el Sol debería estar en su punto más alto.

Zonas horarias

Al rotar la Tierra, a una parte le da el Sol y el resto está a oscuras. El Sol está en su cénit a mediodía, en cada lugar en un momento distinto. Por ello la Tierra se divide en husos o zonas horarias.

Día y noche

En un globo terráqueo podemos ver el día y la noche divididos por una línea recta de norte a sur; en un mapa plano, como aquí, las zonas de luz y oscuridad forman una campana.

Verano boreal

La Tierra está inclinada. Cuando el polo Norte se orienta al Sol, es verano en el hemisferio norte (la mitad norte del planeta) e invierno en el hemisferio sur. Así se muestra en el mapa principal.

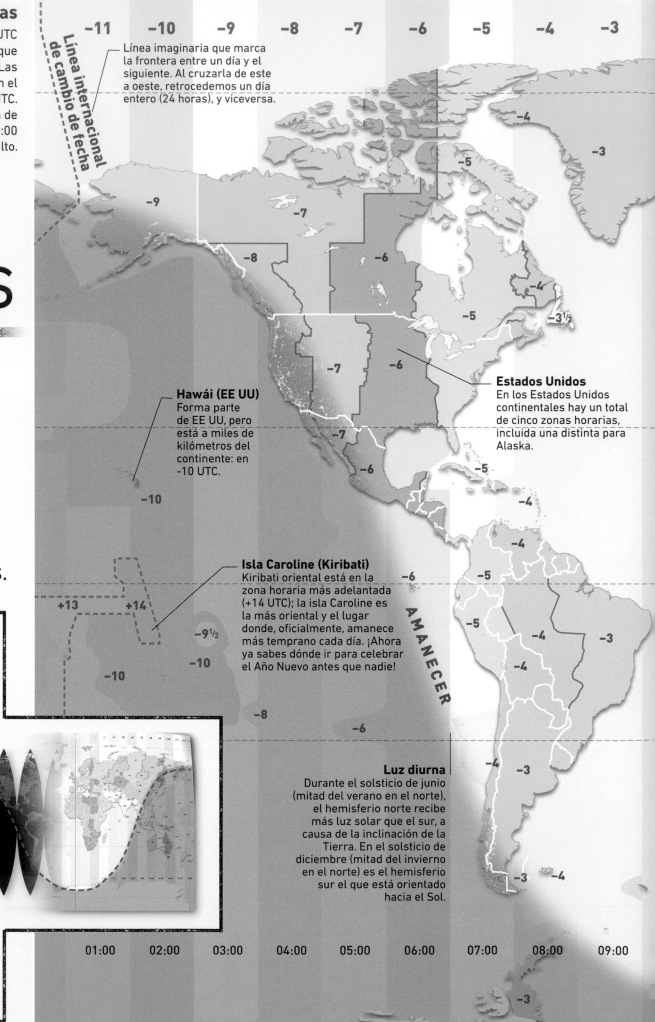

Línea internacional de cambio de fecha

Línea imaginaria que marca la frontera entre un día y el siguiente. Al cruzarla de este a oeste, retrocedemos un día entero (24 horas), y viceversa.

Hawái (EE UU)
Forma parte de EE UU, pero está a miles de kilómetros del continente: en −10 UTC.

Estados Unidos
En los Estados Unidos continentales hay un total de cinco zonas horarias, incluida una distinta para Alaska.

Isla Caroline (Kiribati)
Kiribati oriental está en la zona horaria más adelantada (+14 UTC); la isla Caroline es la más oriental y el lugar donde, oficialmente, amanece más temprano cada día. ¡Ahora ya sabes dónde ir para celebrar el Año Nuevo antes que nadie!

AMANECER

Luz diurna
Durante el solsticio de junio (mitad del verano en el norte), el hemisferio norte recibe más luz solar que el sur, a causa de la inclinación de la Tierra. En el solsticio de diciembre (mitad del invierno en el norte) es el hemisferio sur el que está orientado hacia el Sol.

01:00 02:00 03:00 04:00 05:00 06:00 07:00 08:00 09:00

ANTIGUAMENTE, LA HORA LOCAL LA SEÑALABAN LOS CAMPANEROS,

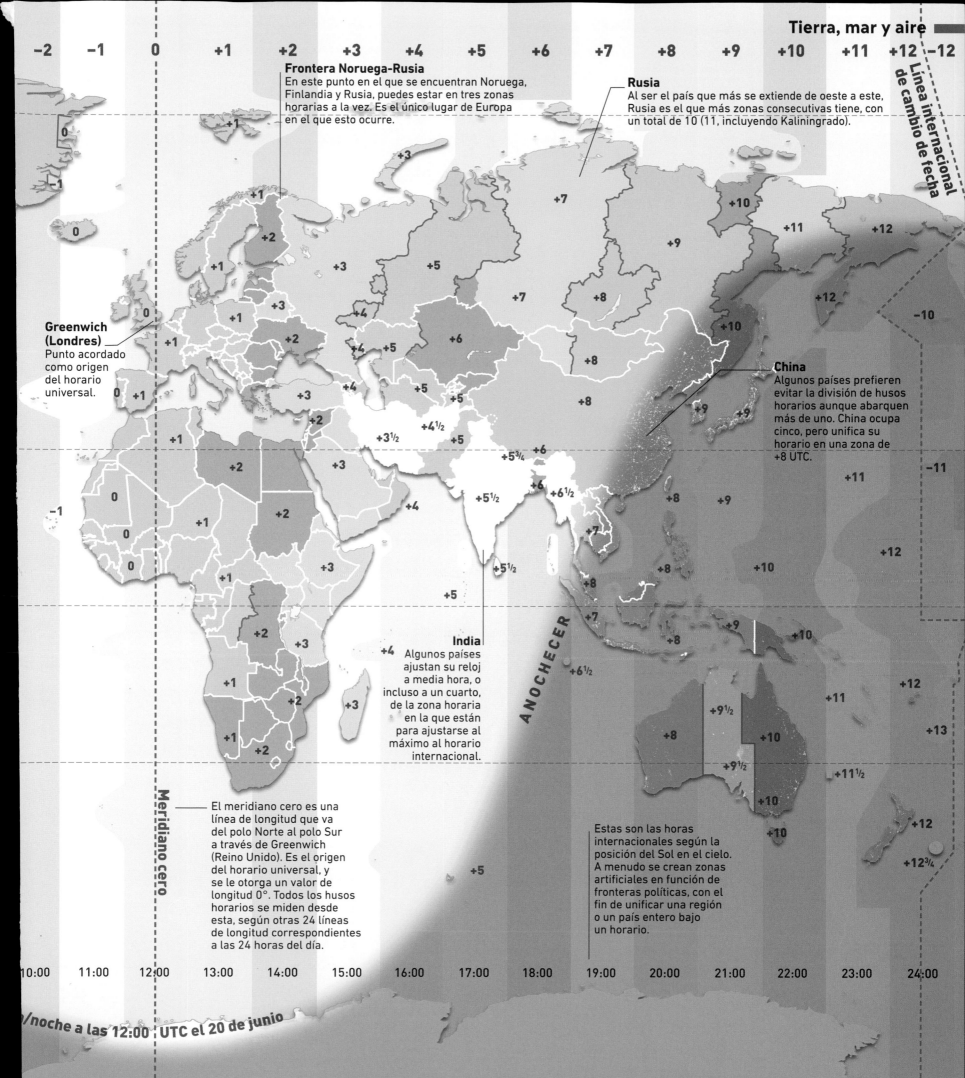

Frontera Noruega-Rusia
En este punto en el que se encuentran Noruega, Finlandia y Rusia, puedes estar en tres zonas horarias a la vez. Es el único lugar de Europa en el que esto ocurre.

Rusia
Al ser el país que más se extiende de oeste a este, Rusia es el que más zonas consecutivas tiene, con un total de 10 (11, incluyendo Kaliningrado).

Greenwich (Londres)
Punto acordado como origen del horario universal.

China
Algunos países prefieren evitar la división de husos horarios aunque abarquen más de uno. China ocupa cinco, pero unifica su horario en una zona de +8 UTC.

India
Algunos países ajustan su reloj a media hora, o incluso a un cuarto, de la zona horaria en la que están para ajustarse al máximo al horario internacional.

Meridiano cero
El meridiano cero es una línea de longitud que va del polo Norte al polo Sur a través de Greenwich (Reino Unido). Es el origen del horario universal, y se le otorga un valor de longitud 0°. Todos los husos horarios se miden desde esta, según otras 24 líneas de longitud correspondientes a las 24 horas del día.

ANOCHECER

Estas son las horas internacionales según la posición del Sol en el cielo. A menudo se crean zonas artificiales en función de fronteras políticas, con el fin de unificar una región o un país entero bajo un horario.

Línea internacional de cambio de fecha

/noche a las 12:00 UTC el 20 de junio

Seres vivos

Ballenas jorobadas
Dos ballenas jorobadas, o yubartas, «rompen» (saltan fuera del agua) frente a las costas de Alaska (EE UU). En invierno migran al sur, hacia aguas más cálidas.

Introducción

Hay vida en todos los rincones del planeta, desde las montañas hasta los océanos, y desde los ardientes desiertos hasta las gélidas regiones polares. Cada organismo, ciclo vital y conducta, animal o vegetal, están adaptados a su hábitat, pues así maximizan sus posibilidades de sobrevivir y sus opciones de prosperar.

Aves

El vuelo permite a las aves alcanzar las islas más remotas, y a algunas habitar en distintas partes del mundo en invierno y en verano, al migrar entre estaciones. Casi ninguna región de la Tierra carece de aves. Estos son sus secretos.

- **Huesos ligeros**
  La mayoría son huecos, reforzados con laminillas.

- **Plumas de vuelo**
  Las plumas de alas y cola permiten alzar y dirigir el vuelo.

- **Plumón**
  Dos capas de plumas mantienen la temperatura.

- **Pulmones eficientes**
  Más eficientes que en los mamíferos, aportan el oxígeno necesario para un vuelo activo.

Águila calva
Esta ave de presa norteamericana captura peces en los lagos.

Animales marinos

Vivir en el agua ofrece un soporte mayor que vivir en tierra, por lo que muchos animales sobreviven sin necesidad de un esqueleto duro. El agua transporta nubes de seres microscópicos y materia muerta, y muchos animales marinos se pueden permitir no desplazarse: se fijan al fondo y «filtran la comida» atrapando a estos seres que pasan.

Coral
Los arrecifes de coral son enormes colonias de formas de vida filtradoras fijadas al lecho marino.

- **Branquias**
  Los mamíferos marinos deben emerger para respirar; los peces toman el oxígeno del agua usando las branquias.

- **Formas lisas**
  Muchos animales marinos tienen un cuerpo hidrodinámico para moverse con facilidad en el agua.

- **Flotabilidad**
  Algunos tienen una vejiga natatoria llena de aire que les ayuda a controlar la flotabilidad.

- **Bioluminiscencia**
  El océano profundo es oscuro. Muchos de sus habitantes producen luz con reacciones químicas en su cuerpo.

Cactos del desierto
Estas plantas almacenan agua en sus cuerpos cerosos y pulposos, y para reducir la pérdida de esta, sus hojas se han reducido a espinas. Sus raíces pueden esparcirse sobre una extensa zona para absorber el máximo de agua.

Cactos sin espinas
Variedad de chumbera, o nopal, sin espinas.

Regiones polares

En el Ártico y en la Antártida el mar es tan frío que los peces corren peligro de congelación. La superficie es aún más fría, y no existen animales grandes de sangre fría; predominan los de sangre caliente, u homeotermos. Los mamíferos polares suelen tener dos capas de pelo: una interior de pelo suave que retiene cerca de la piel el aire calentado por el cuerpo del animal, y otra exterior de pelo grueso que los protege de los vientos más intensos.

Oso polar
Este mamífero ártico tiene un cuerpo voluminoso y redondeado protegido por grasa y pelo que lo mantienen caliente.

● **Anticongelante natural**
Algunos peces polares tienen una sustancia en la sangre que evita la formación de cristales de hielo en su cuerpo.

● **Extremidades pequeñas**
Los hocicos y orejas de osos polares y zorros árticos son pequeños y redondeados para reducir la pérdida de calor.

● **Patas y pies**
Algunos animales tienen patas largas para andar por la nieve, o pies anchos que actúan como raquetas de nieve.

Serpiente marrón occidental
Especie venenosa del desierto de Australia.

Regiones desérticas

Las regiones más secas son un reto para plantas y animales: la vida no es tan abundante como en zonas más húmedas. Aquí los seres vivos deben obtener agua... y conservar la que tienen. Algunos animales obtienen toda el agua de lo que comen.

● **Hábitos nocturnos**
Muchos animales están activos solo de noche. Los jerbos pasan el día en sus madrigueras para estar frescos.

● **Extremidades grandes**
Las enormes orejas del feneco irradian el calor fuera del cuerpo.

● **Beber rocío**
Insectos y lagartos beben gotas de rocío. Los animales más grandes que se alimentan al amanecer lo toman al ingerir plantas.

Adaptación vegetal

En el bosque húmedo tropical se compite por la luz solar: todas las plantas crecen lo antes posible en cuanto hay una mínima abertura. En el desierto, las plantas reciben mucha luz, pero luchan por obtener agua suficiente del suelo.

Hojas de higuera sagrada
Esta higuera con zarcillos en la hoja crece en los bosques húmedos del sur de Asia.

Plantas del bosque húmedo
Para alcanzar la luz, muchas plantas del bosque tropical se especializan como trepadoras, y otras son epífitas: crecen sobre otras plantas. Muchas hojas terminan en largas «puntas de goteo» para eliminar mejor el exceso de agua de lluvia.

Fósiles de **dinosaurios**

Ornithomimus 6

Barosaurus 3

Tyrannosaurus 7

Coelophysis 1

Eoraptor 2

Los fósiles de los dinosaurios aparecen en capas de roca que se formaron hace millones de años. Se encuentran en lugares de la Tierra donde las placas tectónicas han empujado esas capas a la superficie.

EN **ZHUCHENG**, LA **«CIUDAD DINOSAURIO»**, EN CHINA SE HAN HALLADO MÁS DE **7600 FÓSILES**

CLAVE
La era de los dinosaurios se extiende a lo largo de tres períodos geológicos. Los yacimientos fósiles están coloreados según los períodos (m.a. = millones de años).

- Triásico (251-200 m.a.)
- Jurásico (200-145 m.a.)
- Cretácico (145-65 m.a.)

Yacimientos principales

Triásico

1 **Ghost Ranch (EE UU)**
Aquí se hallaron miles de *Coelophysis* en 1947. Murieron atrapados por una avenida hace unos 215 m.a.

2 **Valle de la Luna (Argentina)**
Aquí se halló en 1993 el *Eoraptor*, probablemente el primer dinosaurio verdadero, de hace unos 230 m.a.

Jurásico

3 **Dinosaur National Monument (EE UU)**
Famoso por sus saurópodos de cuello largo como *Barosaurus*.

4 **Solnhofen (Alemania)**
Archaeopteryx, ancestro de las aves modernas, fue hallado aquí en 1861.

Cretácico

5 **Liaoning (China)**
Abundan los fósiles con forma de ave, como *Caudipteryx*, del tamaño de un pavo.

APARTE DE HUESOS, NIDOS, HUEVOS Y PISADAS, ENTRE LOS FÓSILES

Huellas de dinosaurio

Las huellas conservadas en barro y arena que se convirtieron en roca pueden decirnos cómo caminaban los dinosaurios y si vivían solos o en grupo. Todos los yacimientos mostrados aquí están en EE UU.

Dinosaur Ridge (Colorado). Cientos de huellas expuestas al construir una carretera.

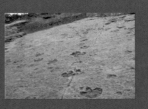

Dinosaur State Park (Connecticut). Uno de los mayores yacimientos de huellas de Norteamérica.

Río Purgatoire (Colorado). Huellas de saurópodos gigantes en la orilla de un lago.

4 *Archaeopteryx*

5 *Caudipteryx*

9 *Hadrosaurus*

8 *Protoceratops*

10 *Leaellynasaura*

6 **Dinosaur Provincial Park (Canadá)**
Aquí se descubrió un *Ornithomimus* entero, de hace 75 m.a., en 1995.

7 **Hell Creek (EE UU)**
Sus rocas antiguas depararon toda una variedad de fósiles; entre ellos de *Tyrannosaurus*.

8 **Acantilados Llameantes (Mongolia)**
Aquí se hallaron los primeros fósiles de *Protoceratops* y nidos de dinosaurio.

9 **Zhucheng (China)**
Desde 1960 se han encontrado más de 50 toneladas de fósiles. Abundan los restos de «picos de pato», como los de *Hadrosaurus*.

10 **Dinosaur Cove (Australia)**
Hace unos 105 m.a. estaba cerca del polo Sur. Hasta el hallazgo aquí de *Leaellynasaura*, en 1989, no se sabía que los dinosaurios podían sobrevivir a inviernos fríos, largos y oscuros.

HAY RESTOS DE PIEL Y PLUMAS, ¡Y HASTA CACAS DE DINOSAURIO!

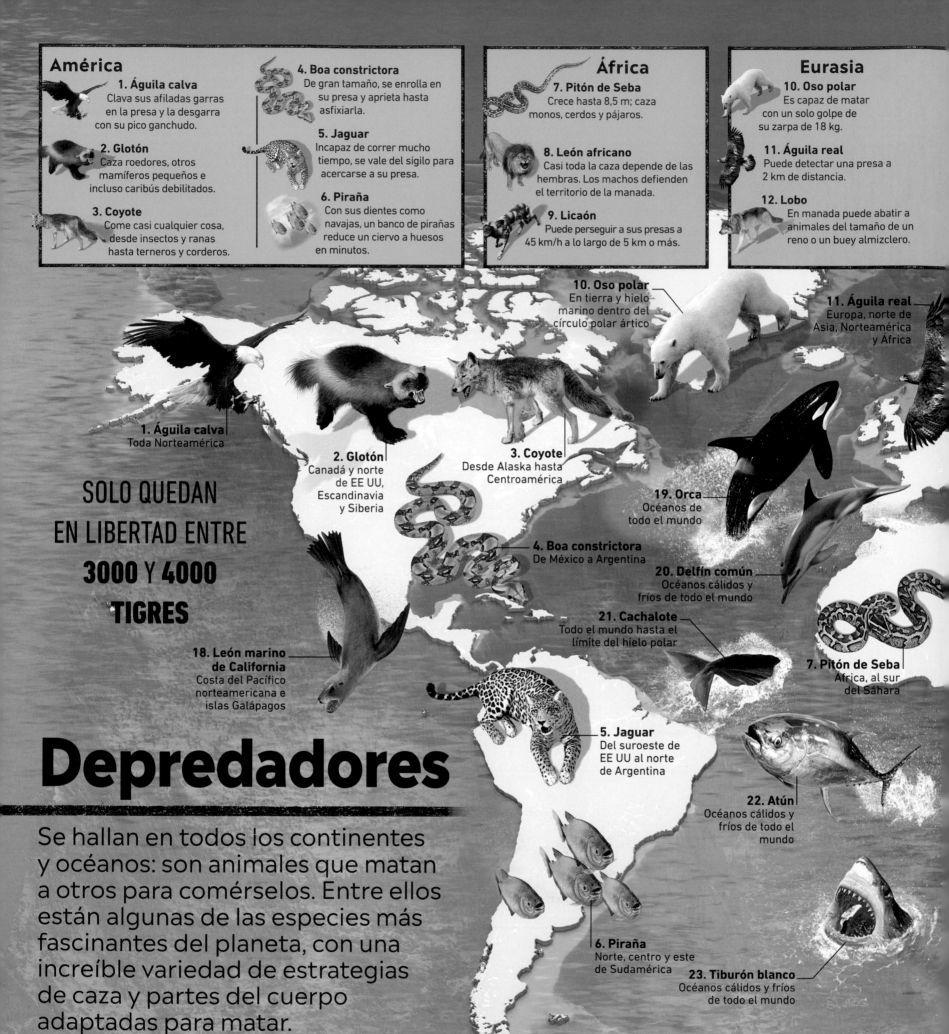

América

1. Águila calva
Clava sus afiladas garras en la presa y la desgarra con su pico ganchudo.

2. Glotón
Caza roedores, otros mamíferos pequeños e incluso caribús debilitados.

3. Coyote
Come casi cualquier cosa, desde insectos y ranas hasta terneros y corderos.

4. Boa constrictora
De gran tamaño, se enrolla en su presa y aprieta hasta asfixiarla.

5. Jaguar
Incapaz de correr mucho tiempo, se vale del sigilo para acercarse a su presa.

6. Piraña
Con sus dientes como navajas, un banco de pirañas reduce un ciervo a huesos en minutos.

África

7. Pitón de Seba
Crece hasta 8,5 m; caza monos, cerdos y pájaros.

8. León africano
Casi toda la caza depende de las hembras. Los machos defienden el territorio de la manada.

9. Licaón
Puede perseguir a sus presas a 45 km/h a lo largo de 5 km o más.

Eurasia

10. Oso polar
Es capaz de matar con un solo golpe de su zarpa de 18 kg.

11. Águila real
Puede detectar una presa a 2 km de distancia.

12. Lobo
En manada puede abatir a animales del tamaño de un reno o un buey almizclero.

10. Oso polar
En tierra y hielo marino dentro del círculo polar ártico

11. Águila real
Europa, norte de Asia, Norteamérica y África

1. Águila calva
Toda Norteamérica

2. Glotón
Canadá y norte de EE UU, Escandinavia y Siberia

3. Coyote
Desde Alaska hasta Centroamérica

19. Orca
Océanos de todo el mundo

4. Boa constrictora
De México a Argentina

20. Delfín común
Océanos cálidos y fríos de todo el mundo

21. Cachalote
Todo el mundo hasta el límite del hielo polar

7. Pitón de Seba
África, al sur del Sáhara

SOLO QUEDAN EN LIBERTAD ENTRE 3000 Y 4000 TIGRES

18. León marino de California
Costa del Pacífico norteamericana e islas Galápagos

5. Jaguar
Del suroeste de EE UU al norte de Argentina

Depredadores

Se hallan en todos los continentes y océanos: son animales que matan a otros para comérselos. Entre ellos están algunas de las especies más fascinantes del planeta, con una increíble variedad de estrategias de caza y partes del cuerpo adaptadas para matar.

22. Atún
Océanos cálidos y fríos de todo el mundo

6. Piraña
Norte, centro y este de Sudamérica

23. Tiburón blanco
Océanos cálidos y fríos de todo el mundo

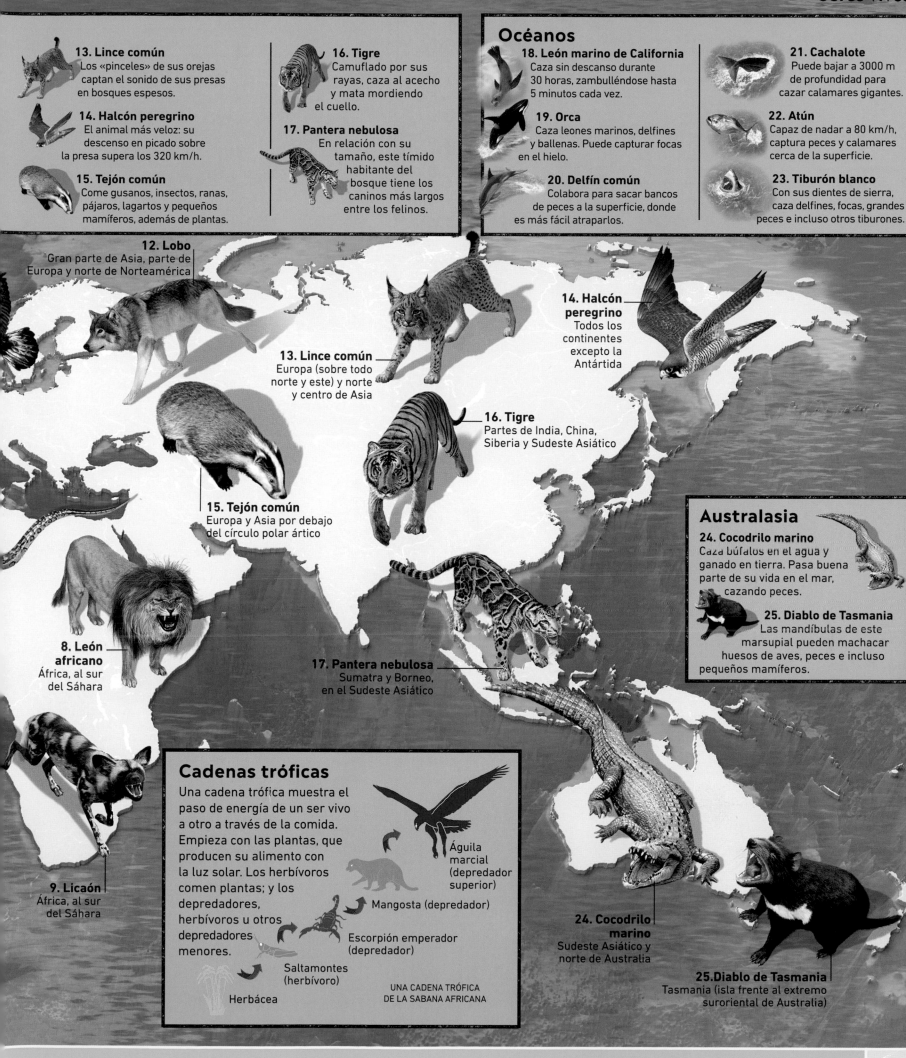

13. Lince común
Los «pinceles» de sus orejas captan el sonido de sus presas en bosques espesos.

14. Halcón peregrino
El animal más veloz: su descenso en picado sobre la presa supera los 320 km/h.

15. Tejón común
Come gusanos, insectos, ranas, pájaros, lagartos y pequeños mamíferos, además de plantas.

16. Tigre
Camuflado por sus rayas, caza al acecho y mata mordiendo el cuello.

17. Pantera nebulosa
En relación con su tamaño, este tímido habitante del bosque tiene los caninos más largos entre los felinos.

Océanos

18. León marino de California
Caza sin descanso durante 30 horas, zambulléndose hasta 5 minutos cada vez.

19. Orca
Caza leones marinos, delfines y ballenas. Puede capturar focas en el hielo.

20. Delfín común
Colabora para sacar bancos de peces a la superficie, donde es más fácil atraparlos.

21. Cachalote
Puede bajar a 3000 m de profundidad para cazar calamares gigantes.

22. Atún
Capaz de nadar a 80 km/h, captura peces y calamares cerca de la superficie.

23. Tiburón blanco
Con sus dientes de sierra, caza delfines, focas, grandes peces e incluso otros tiburones.

12. Lobo
Gran parte de Asia, parte de Europa y norte de Norteamérica

14. Halcón peregrino
Todos los continentes excepto la Antártida

13. Lince común
Europa (sobre todo norte y este) y norte y centro de Asia

16. Tigre
Partes de India, China, Siberia y Sudeste Asiático

15. Tejón común
Europa y Asia por debajo del círculo polar ártico

8. León africano
África, al sur del Sáhara

17. Pantera nebulosa
Sumatra y Borneo, en el Sudeste Asiático

Australasia

24. Cocodrilo marino
Caza búfalos en el agua y ganado en tierra. Pasa buena parte de su vida en el mar, cazando peces.

25. Diablo de Tasmania
Las mandíbulas de este marsupial pueden machacar huesos de aves, peces e incluso pequeños mamíferos.

9. Licaón
África, al sur del Sáhara

Cadenas tróficas

Una cadena trófica muestra el paso de energía de un ser vivo a otro a través de la comida. Empieza con las plantas, que producen su alimento con la luz solar. Los herbívoros comen plantas; y los depredadores, herbívoros u otros depredadores menores.

Águila marcial (depredador superior)

Mangosta (depredador)

Escorpión emperador (depredador)

Saltamontes (herbívoro)

Herbácea

UNA CADENA TRÓFICA DE LA SABANA AFRICANA

24. Cocodrilo marino
Sudeste Asiático y norte de Australia

25.Diablo de Tasmania
Tasmania (isla frente al extremo suroriental de Australia)

SU PRESA, ¡LA FUERZA DEL IMPACTO PUEDE DECAPITARLA!

Animales letales

Muy pocos animales salvajes matan humanos para comer, pero muchos son peligrosos si se sienten amenazados, en especial los armados con veneno.

Oso pardo
Causa de 5 a 10 muertes al año y ataca de forma ocasional a humanos si es sorprendido o tiene crías.

Oso polar
Se acerca a los asentamientos humanos y resulta peligroso si está hambriento.

Víbora común europea
La única serpiente venenosa en la mayor parte de Europa; su mordedura raramente es mortal.

Oso negro americano
Mató a 2 personas en 2020 y 29 desde 1900 en EE UU. Raramente ataca, pero vive cerca de los humanos y surgen conflictos.

Abeja melífera
Cada año mueren unas 400 personas que son sensibles a su picadura.

Oso polar

Puma
Sus ataques han provocado 26 muertes entre 1890 y 2020.

Tiburón blanco
Los humanos son del mismo tamaño que sus presas naturales, las focas. Desde 1876 ha matado a más de 80 personas, más de una decena en las costas de California.

Rana punta de flecha dorada
Posee la toxina más potente del reino animal.

Mosca tse-tsé
Transmite la enfermedad del sueño, que mata hasta 10 000 personas al año.

Crótalo diamantino oriental
Comparada con cualquier cascabel, esta tiene los colmillos más largos en proporción con su longitud.

Mapanare
Irritable y veloz, esta víbora de fosetas causa tres de cada cuatro muertes por mordedura de serpiente en Venezuela.

Anguila eléctrica
Sus descargas múltiples pueden provocar fallo respiratorio o cardíaco, o ahogamiento.

Mosquito
Causa de más de medio millón de muertes al año al transmitir la malaria.

Araña del banano
También llamada araña errante brasileña, es la más venenosa del mundo; vive cerca de los humanos y suele ocultarse en los bananos.

Abejas africanizadas
Agresivos híbridos conocidos como «abejas asesinas». Pican con más frecuencia, pero no son más venenosas que otras abejas.

Anaconda
Puede pesar tanto como un boxeador de peso pesado; ataca ocasionalmente a humanos.

Cascabel tropical
Su veneno ataca al sistema nervioso humano con más potencia que el de otros crótalos.

Cazadores venenosos

El veneno que inoculan muchas serpientes, arañas y otros animales para paralizar o aturdir a su presa puede ser mortal para los humanos.

Taipán del interior
Mata pájaros con una mordedura venenosa que puede ser mortal para las personas.

Araña del banano
Sus mandíbulas están adaptadas a pequeñas presas, por lo que no suele morder a personas.

Pulpo de anillos azules
Su veneno es 10 000 veces más tóxico que el cianuro, y no se conoce antídoto contra él.

LAS TOXINAS ANIMALES SON ÚTILES: EL VENENO DE LA RANA PUNTA

TRAS PICARLES UN **PEZ ESCORPIÓN,** A ALGUNAS PERSONAS LES MEJORÓ LA **ARTRITIS**

Venenos defensivos

Muchos animales usan toxinas (venenos) contra los depredadores. Estas pueden estar en espinas o aguijones, o rezumar de la piel.

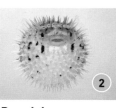

Rana punta de flecha dorada
Su piel tiene veneno suficiente para matar a diez personas. Es eficaz contra las serpientes.

Pez globo
El veneno de su piel e hígado puede matar a una persona, aunque este pez es un plato apreciado en Japón.

Pez piedra
Sus espinas frenan a los depredadores, pero también son peligrosas para los humanos si se pinchan por accidente.

Áspid
Causa el 90 % de las mordeduras de serpiente en Italia, pero solo el 4% son fatales.

Víbora de fosetas siberiana
0,1 gramos de su veneno pueden matar a un humano, pero solo ataca si es amenazada.

Viuda negra europea
Su veneno es 15 veces más potente que el de una víbora.

Escorpión de cola gorda
El más peligroso del norte de África y Oriente Próximo.

Tigre
Hasta las recientes mejoras en la gestión de su hábitat, cazaba y mataba a unas 50 personas al año en el Sundarbands (bosque de manglar) de India.

Pez globo
Se come como *fugu* en Japón y como *bok-uh* en Corea, pero tiene partes muy venenosas. Su captura y consumo por personas inexpertas provocan accidentes.

Krait común
La serpiente terrestre más venenosa de Asia.

Mocasín de Malasia
Víbora de fosetas que muerde a unas 700 personas al año.

Avispa de mar
Un cubozoo tiene veneno suficiente para matar a 60 humanos, y en Filipinas mueren 20-40 personas al año por su picadura.

Víbora bufadora
Vive en zonas densamente pobladas y es la serpiente más peligrosa de África.

Pez león
Sus espinas venenosas pueden causar lesiones graves, dificultad respiratoria y parálisis temporal.

Cocodrilo marino
Ataca con frecuencia a los humanos en Nueva Guinea, las islas Salomón e Indonesia.

Elefante
Ataca a los humanos si se siente amenazado; mata a casi 300 personas al año.

León africano
En Tanzania mata a unas 70 personas al año, para comer o por sentirse amenazado.

Cobra india
Responsable de más muertes que cualquier otra especie.

Pez piedra
El veneno de sus espinas causa un dolor insoportable y muerte en horas si no se trata.

Hipopótamo
Causa más de 300 muertes al año, a veces volcando barcas.

Dragón de Komodo
Lagarto gigante que alcanza los 3 m; aunque sucede raramente, puede atacar y devorar humanos.

Búfalo cafre
Ataca para defenderse y mata a más de 200 personas al año.

Pulpo de anillos azules
Tiene en su cuerpo toxinas para matar a 26 humanos adultos. Puede provocar un fallo respiratorio.

Serpiente tigre
El 60 % de las mordeduras no tratadas en humanos acaban en envenenamiento grave o en muerte.

Mamba negra
La serpiente más veloz de la Tierra; mata a cualquier humano al que muerda a menos que se le suministre antídoto.

Araña de lomo rojo
También conocida como viuda negra australiana. Aunque sus víctimas son pocas, su mordedura puede provocar complicaciones fatales.

Araña de seis ojos de la arena
No existe antídoto para su mordedura, pero (por fortuna) es tímida y tiene poco contacto con personas.

Taipán del interior
Tiene el veneno más mortífero de las serpientes terrestres, pero sus únicas víctimas conocidas son científicos, que se recuperaron al recibir el antídoto.

Araña de Sídney
Su veneno, sumamente tóxico, puede matar a un niño en 15 minutos.

Cómo llegan los invasores

Polizones

Las pulgas y otros parásitos pueden usar un huésped animal o humano. Ratas, ratones e insectos pueden viajar ocultos en cargamentos de barco. Otras especies entran en los cargueros cuando estos recogen agua como lastre, y después son bombeados con ella en su destino. Cada día, unos 3000 organismos marinos son transportados así alrededor del mundo.

Rata negra

Introducidos por humanos

Algunas especies son introducidas por humanos para la caza deportiva, para producir carne o pieles, o para el control biológico a fin de reducir plagas nativas. Algunos invasores son mascotas fugadas, o plantas arrastradas desde acuarios domésticos. Incluso unas pocas fueron liberadas por inmigrantes ¡para recordar su lugar de origen!

Sapo marino

Estornino pinto
Pájaro europeo introducido en Nueva York en 1890 por Eugene Schieffelin, un romántico aficionado a la ciencia.

Armiño
Introducido en las islas danesas y en los Países Bajos, exterminó a las ratas de agua nativas.

Mapache
Desde su introducción ha devastado la población de aves marinas de las islas Scott canadienses.

Mejillón cebra
Viajó desde el mar Caspio hasta los Grandes Lagos de Norteamérica en el agua de lastre de barcos.

Ardilla gris
Importada de EE UU a Gran Bretaña, compite por el hábitat con la ardilla roja nativa.

Hierba nudosa japonesa
Los densos matorrales de esta mala hierba desplazan a la vegetación nativa en riberas de río y márgenes de carreteras de Europa.

Trucha arcoíris
En California ha puesto en peligro a la rana de montaña de patas amarillas.

Lagarta peluda
La oruga de esta nativa europea cuesta unos 870 millones de dólares al año en EE UU por daños a los árboles.

Cangrejo de Shanghái
Amenaza la industria pesquera estadounidense comiéndose los cebos y los peces atrapados.

Miconia calvescens
Conocido como «plaga púrpura de Hawái», este árbol amenaza a las especies del bosque húmedo nativo.

Culebrilla ciega de las macetas
Emigró a EE UU desde África y Asia como polizón en la tierra de plantas de maceta.

Cerdo cimarrón
En las islas Revillagigedo (México), este antiguo animal de granja depreda a la pardela de Townsend, un ave en peligro crítico.

Rana toro
Nativa de Norteamérica, hoy está presente en más de 40 países.

Hormiga de fuego
Amenaza a las tortugas de las Galápagos comiéndose a sus crías y atacando a las adultas.

Bulbul cafre
Grave plaga agrícola en Tahití, se alimenta de frutos y cultivos.

Cabra cimarrona
Ha causado graves daños a la vegetación nativa de las islas Galápagos.

Abeja melífera africanizada
Criada especialmente para sobrevivir en los trópicos, esta «abeja asesina» se hizo demasiado agresiva e impredecible para los apicultores.

ALREDEDOR DEL **90 POR CIENTO** DE LAS **ISLAS** DEL MUNDO ESTÁN HOY **INVADIDAS POR LAS RATAS**

Ciervo común
Introducido desde Europa como presa de caza deportiva.

Ratón doméstico
Sin depredadores en la isla de Gough, los ratones alóctonos (no nativos) han crecido hasta tres veces su tamaño normal.

LAS ESPECIES INVASORAS HAN INFLUIDO EN CASI LA MITAD DE

Especies invasoras

Las especies invasoras son animales o plantas que entran y prosperan en un entorno del que no son nativas (son alóctonas). Normalmente, las especies autóctonas (nativas) no tienen defensa ante ellas y pueden ser exterminadas por depredación o por competencia.

Cangrejo señal
Introducido desde EE UU en Escandinavia como especie comestible, es portador de la «peste del cangrejo», que ataca a los cangrejos nativos.

Ctenóforo verrugoso
Recién llegado de EE UU a bordo de buques cisterna, hoy supone el 95 % del peso de todos los seres vivos del mar Negro.

Mikania micrantha
Trepadora introducida en India durante la II Guerra Mundial para camuflar pistas de aterrizaje, hoy es una mala hierba incontrolada.

Caracol gigante africano
Llegó a Taiwán como alimento, pero transmite enfermedades, incluida la meningitis.

Mangosta pequeña asiática
Desde 1979 ha exterminado siete especies animales nativas en la isla japonesa de Amami Ōshima.

Zorro ártico
Su introducción en las Aleutianas por cazadores de pieles fue desastrosa para las aves que anidan en el suelo.

Culebra arbórea café
Introducida accidentalmente, ha provocado la extinción de la mayor parte de las aves y lagartos nativos de Guam.

Jacinto de agua
Mata a peces y tortugas en Papúa-Nueva Guinea, ya que bloquea la luz solar y priva al agua de oxígeno.

Sapo marino
Los australianos intentan controlar sus 200 millones de sapos marinos (que ellos mismos introdujeron para combatir plagas de escarabajos) mediante selección e ingeniería genética.

Rata parda
Una amenaza para las aves marinas anidadas en cualquier parte; fue erradicada de siete islas de Fiyi en 2010.

Rata polinesia (kiore)
Llegó con los maorís; se come a las aves marinas anidadas.

Perca del Nilo
Este pez ha contribuido a la extinción de más de 200 especies de peces en el lago Victoria.

Mimosa gigante
Es una plaga grave en Tailandia: atasca los canales de riego y merma el rendimiento de los cultivos.

Hormiga loca
En la isla Christmas, esta invasora ha matado millones de cangrejos rojos endémicos.

Oposum de cola anillada
Fue introducido en Nueva Zelanda para el comercio de pieles.

Nopal
Sudáfrica trata de controlar esta planta invasora con diversos métodos biológicos como la introducción de la palomilla del nopal, una mariposa cuyas orugas se alimentan de ella.

Conejo común
Más de 200 millones de conejos invaden Australia, procedentes de los 24 que un inmigrante inglés soltó para cazar.

Dromedario
Fue introducido para el transporte, pero hoy hay más de un millón de dromedarios asilvestrados.

Gato salvaje
Cada año mata 1,2 millones de aves marinas anidadas en las islas Kerguelen.

Estrella de mar del Pacífico norte
En Tasmania, voluntarios organizan «días de caza» para intentar erradicar esta estrella de mar japonesa.

Cisne negro
Introducido en 1864 en Nueva Zelanda desde Australia como ave ornamental.

Avispa
Ha alcanzado proporciones de plaga en los hayedos de la isla Sur.

LAS EXTINCIONES ANIMALES OCURRIDAS EN LOS ÚLTIMOS 400 AÑOS.

El colibrí rufo migra de México a sus criaderos en Canadá y Alaska.

Correlimos gordo
Cada primavera viaja desde el extremo de Sudamérica hasta sus criaderos en el Ártico canadiense. Emplea más de la mitad del año en este viaje de ida y vuelta de 30 000 km.

Colibrí rufo
Para poder alimentarse de néctar durante su viaje, este colibrí hace que su migración coincida con la floración de las plantas en su ruta de vuelo.

En el Atlántico, los charranes árticos toman distintas rutas norte y sur, ya que siguen los vientos dominantes.

Reinita caridorada
Esta reinita en peligro de extinción solo anida en unas pocas manchas de bosque de enebro y encina en Texas. Inverna en las arboledas de pino y encina que se extienden del sur de México a Nicaragua, pero estos hábitats están amenazados por la deforestación.

Carricerín cejudo
Este pájaro cantor vuela desde Europa oriental hasta Senegal para invernar.

Aves
migratorias

Muchas aves anidan en un lugar en verano y después vuelan a otro más cálido donde pasar el invierno para, más adelante, regresar y criar a la siguiente generación. Estos vuelos anuales, o migraciones, pueden cubrir miles de kilómetros y exigen una enorme resistencia.

La golondrina común cría en Norteamérica e inverna en Sudamérica.

Charrán ártico
En agosto abandona sus criaderos estivales en el Ártico y vuela al otro extremo del mundo para el comienzo del verano antártico. Dado que vive dos veranos por año, contempla más luz diurna que ningún otro animal.

Algunos charranes árticos vuelan hasta 80 000 km al año.

Barnacla cuellirroja
Tras invernar en las costas del mar Negro, se dirige al norte para criar sus polluelos en la tundra rusa.

Las golondrinas que pasan el invierno en India vuelan al norte de Asia para criar.

Porrón pardo
Este difundido pato cría en marjales y lagos, y sus migraciones son relativamente cortas. Los que crían en China occidental y Mongolia invernan en India y Pakistán.

Una aguja colipinta puede viajar hasta 460 000 km en el transcurso de su vida.

Las golondrinas del sur de África vuelan a Europa para criar.

Avefría sociable
Su ruta de migración del este de África a Kazajistán y Rusia quedó desvelada por primera vez en 2007 con un seguimiento por satélite.

Golondrina común
Inmensas bandadas migran cada año desde el norte de Australia y el este de Rusia. Este pájaro puede cazar insectos en vuelo y beber en los lagos sin posarse.

UN CHARRÁN ÁRTICO VUELA DE LA **ANTÁRTIDA** A **GROENLANDIA** EN **40 DÍAS**

Ayudadas por los potentes vientos de cola a gran altura, las agujas colipintas pueden hacer el viaje de regreso a Nueva Zelanda en poco más de ocho días.

Aguja colipinta
Vuela desde Nueva Zelanda hasta Alaska para criar. Un ejemplar rastreado en su viaje de vuelta voló 11 680 km sin parar sobre el océano Pacífico, el viaje continuado más largo registrado en un pájaro.

Pasillos migratorios

Son lugares que se hallan en las rutas de vuelo de gran cantidad de aves. Resultan de especial importancia para aves planeadoras, como cigüeñas y aves de presa, incapaces de volar mucho sobre el agua, por lo que dependen de las rutas con los tramos de mar más cortos. Sobre estas zonas de paso pueden volar millones de aves.

1 Panamá
Unos tres millones de aves usan este puente de tierra entre Norteamérica y Sudamérica.

2 Estrecho de Gibraltar
Las aves planeadoras cruzan de Europa a África por este paso marítimo de solo 14 km.

3 Sicilia y Malta
Estas islas son «trampolines» para las aves que vuelan desde Italia hasta Túnez y Libia.

4 Egipto
Egipto tiene varios pasillos migratorios –como Suez, Hurgada y Zaranik– para las aves que vuelan de África a Europa o Asia.

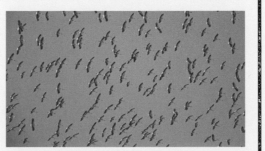

Cigüeñas blancas sobrevuelan España tras cruzar el estrecho de Gibraltar.

Ballenas

1. Golfo de Alaska
Las yubartas (ballenas jorobadas) pescan con «redes de burbujas»: sueltan una cortina de burbujas en torno a un banco de peces, que se agrupan y resultan más fáciles de capturar.

2. Mar de Cortés
En el golfo de California es fácil ver yubartas lanzándose fuera del agua y palmeando la superficie con las aletas y la cola. Las ballenas son animales sociales, y este comportamiento puede ser una forma de comunicación.

3. Baja California (México)
Las ballenas grises son aquí excepcionalmente confiadas: se aproximan a los barcos para dejar que los observadores las toquen e incluso que les rasquen la lengua. Estas ballenas migran entre Baja California y Alaska.

4. Atlántico Norte Occidental
Solo quedan unas 450 ballenas francas glaciales. La mayoría pasa el verano alimentándose en las aguas que van de Nueva York a Nueva Escocia y en invierno se dirige al sur, para hacerlo frente a las costas de Georgia y Florida.

5. Brasil
Cada año, entre junio y noviembre, más de 300 ballenas francas australes se reúnen frente a las costas de Santa Catarina para aparearse, parir y amamantar a sus crías.

6. Patagonia (Argentina)
Las orcas cazan elefantes y leones marinos lanzándose a la orilla con las olas; atrapan con las mandíbulas a las presas que están en la playa y regresan al agua con la siguiente ola. Si calculan mal su ataque, pueden quedar fatalmente varadas en la playa.

7. Sudáfrica
Cada junio, las ballenas francas australes que llegan frente a las costas de Sudáfrica desde sus criaderos de la Antártida dan a los observadores la ocasión de disfrutar de sus espectaculares acrobacias.

Nadadoras elegantes y grandes depredadoras, ballenas y orcas son unas de las criaturas más impresionantes del océano. Fueron cazadas hasta el borde de la extinción; hoy, miles de personas hacen excursiones de avistamiento para admirar a estos majestuosos mamíferos marinos.

HASTA QUE SE **PROHIBIÓ** SU CAZA EN **1981** SE HABÍA MATADO **1 MILLÓN** DE CACHALOTES

Migración

Las ballenas viajan hacia las aguas frías de los polos para alimentarse y regresan hacia las más cálidas del ecuador, para criar. Pocas especies migran más allá del ecuador, por lo que las poblaciones de cada hemisferio son distintas.

CLAVE

● **Zona de cría** Aguas cálidas para aparearse y parir

● **Zona de cría** Aguas cálidas para aparearse y parir

←-→ **Rutas migratorias** Entre las zonas anteriores

● **Lugar de comportamiento espectacular de las ballenas**

10. Migración de yubartas

Las yubartas del Pacífico occidental se aparean y paren en invierno en las aguas subtropicales cálidas, entre Filipinas y Japón; en verano viajan al extremo norte del Pacífico, cerca de las Aleutianas, para alimentarse.

8. Sri Lanka

Entre diciembre y abril, el cabo Dondra, en el extremo sur de Sri Lanka, es el mejor lugar para avistar ballenas (rorcuales) azules. A diferencia de otras poblaciones de ballenas azules, esta no emigra a aguas polares para alimentarse. Los rorcuales azules del Índico septentrional comen y crían en aguas tropicales.

11. Kaikoura (Nueva Zelanda)

Este es uno de los pocos lugares del mundo donde pueden verse cachalotes todo el año. Son atraídos por un cañón submarino cercano a la costa, abundante en fauna marina, incluido el calamar gigante, que es su presa.

9. Antártida

Las orcas antárticas cazan con frecuencia en grupo, reuniendo a sus presas antes de atacar desde distintos ángulos. También vuelcan los témpanos flotantes para golpear a pingüinos y focas en el agua.

ALGUNOS **TIBURONES** DESARROLLAN HASTA **30 000 DIENTES** EN SU **VIDA**

De agua dulce

Algunas especies de tiburón se hallan en hábitats de agua dulce. El jaquetón toro, por ejemplo, que vive en aguas costeras cálidas de todo el mundo, a veces remonta los estuarios para llegar a grandes ríos y lagos. Es muy territorial, de manera que si encuentra humanos nadando en su río, puede atacarlos.

Río Misisipi
Un jaquetón toro llegó a Alton (Illinois), a 1850 km río arriba.

Río Potomac
En este río se han capturado jaquetones toro de hasta 2,4 m de largo.

Lago Nicaragua
Los jaquetones toro llegan aquí por el río San Juan.

Río Amazonas
Se han avistado jaquetones toro a 2000 km del mar.

Nicole

En 2003-2004, una hembra de tiburón blanco, apodada Nicole, realizó la migración más larga conocida en un tiburón: desde África hasta Australia y vuelta –más de 20 000 km– en 9 meses. Nadaba principalmente en superficie, pero en ocasiones descendió hasta 980 m de profundidad.

Ruta rastreada con una marca electrónica en su aleta dorsal.

DISTRIBUCIÓN MUNDIAL DE TIBURONES

Algunas especies cruzan casi todos los océanos del mundo; otras tienen un alcance más limitado y prefieren solo aguas frías o cálidas.

Tiburón ballena
El pez más grande que existe. Alcanza los 12 m o más. Prefiere aguas cálidas y se alimenta principalmente de plancton.

Tiburón peregrino
Con 10 m de largo, es el segundo pez más grande. Habita en aguas templadas. Nada con la boca abierta, filtrando plancton del agua.

Tiburón blanco
Presente en casi todos los mares del mundo. La mayoría de los ataques a humanos proceden de esta especie. Puede nadar a más de 40 km/h.

Tiburón martillo gigante
A menudo se halla cerca de arrecifes tropicales. Caza rayas, usando su martillo para inmovilizarlas antes de morderlas.

Tiburón de Port Jackson
Habitante de los arrecifes del sur de Australia. Sus dientes anchos y planos trituran presas de concha dura como ostras, caracoles y cangrejos.

Tiburón pigmeo
Con 20-25 cm de largo, es uno de los más pequeños. Caza calamares a profundidades de hasta 1800 m en aguas subtropicales y templadas.

Tiburones

Rápidos, poderosos y con dientes como cuchillas, los tiburones son soberbios depredadores. Pese a su fama, los ataques a personas son muy raros. El ser humano, en cambio, mata cien millones de tiburones al año.

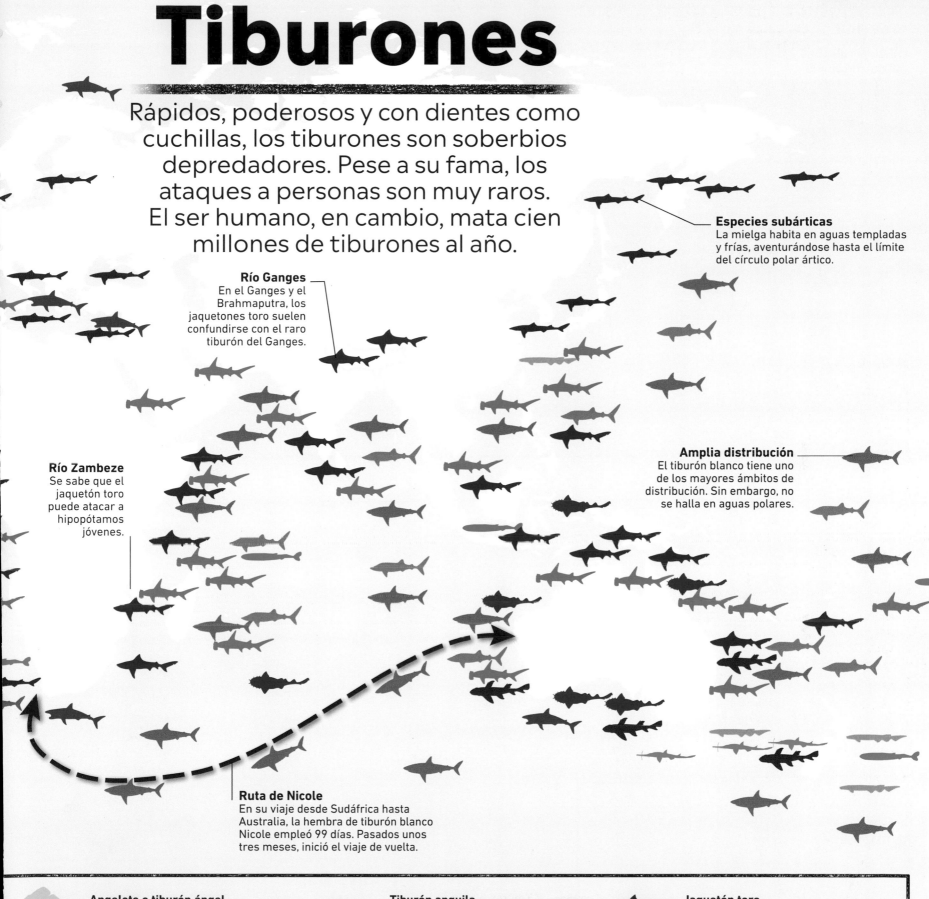

Especies subárticas
La mielga habita en aguas templadas y frías, aventurándose hasta el límite del círculo polar ártico.

Río Ganges
En el Ganges y el Brahmaputra, los jaquetones toro suelen confundirse con el raro tiburón del Ganges.

Río Zambeze
Se sabe que el jaquetón toro puede atacar a hipopótamos jóvenes.

Amplia distribución
El tiburón blanco tiene uno de los mayores ámbitos de distribución. Sin embargo, no se halla en aguas polares.

Ruta de Nicole
En su viaje desde Sudáfrica hasta Australia, la hembra de tiburón blanco Nicole empleó 99 días. Pasados unos tres meses, inició el viaje de vuelta.

Angelote o tiburón ángel
Habita en el Pacífico oriental. Descansa en el lecho marino para sorprender a los peces que pasan. Su dorso pardo y moteado es un buen camuflaje.

Tiburón alfombra jaspeado
Tiene intrincados dibujos y proyecciones carnosas en torno a las mandíbulas. Vive en aguas tropicales, sobre todo en las costas australianas.

Tiburón anguila
De cabeza plana y cuerpo similar a una anguila, resulta bastante distinto a otros tiburones. Habita cerca del fondo en aguas profundas.

Tiburón sierra trompudo
Habita en aguas del sur de Australia. Su hocico es una larga proyección bordeada con filas de grandes dientes afilados, similar a una sierra.

Jaquetón toro
También llamado lamia o gayarre, es uno de los más peligrosos. Depreda tiburones, rayas y otros peces, calamares, tortugas y crustáceos.

Mielga
Fue uno de los tiburones más abundantes; hoy está amenazado por la sobrepesca. Se reúne en bancos por miles.

América

1. Esturión blanco norteamericano
Similar a los esturiones de hace cien millones de años, depende mucho de su sentido del olfato.

2. Pez espátula
Debe su nombre a la forma de su largo hocico.

3. Catán
Se oculta en las plantas acuáticas para cazar.

4. Anguila eléctrica
Genera potentes descargas eléctricas para cazar o repeler a sus atacantes.

5. Pez gato de cola roja
Deja de comer para mudar su piel como una serpiente.

6. Caimán de anteojos
Recibe el nombre por la cresta ósea entre sus ojos.

7. Arapaima
También llamado pirarucú. El adulto ha de respirar aire para obtener oxígeno, y su necesidad de salir a la superficie le hace vulnerable.

8. Delfín del Amazonas
Caza en aguas turbias ocultándose entre las plantas acuáticas, usando el sonar y su largo hocico. Las hembras suelen ser más grandes que los machos.

Eurasia

9. Siluro
Usa las aletas para capturar a su presa antes de engullirla entera.

10. Esturión beluga
El pez de río más grande que existe pasa parte de su vida en el mar. Los de mayor tamaño se han extinguido debido a la sobreexplotación y la pesca furtiva.

UN COCODRILO GRANDE PUEDE PASAR MÁS DE 1 AÑO SIN COMER

Esturión blanco norteamericano ①
6,1 m
Río Columbia
Columbia

Catán ③
2,4-3 m
Río Misisipi

Mississippi

Pez gato de cola roja
1,3 m
Río Esequibo

Pez espátula ②
2,2 m
Río Misisipi

Anguila eléctrica ④
2 m
Río Orinoco

⑤

Caimán de anteojos ⑥
2,5 m
Río Esequibo

Orinoco

Essequibo

⑪

Pez pulmonado etíope
2 m
Río Nilo

Amazon

Arapaima ⑦
2,5 m
Río Amazonas

Delfín del Amazonas ⑧
2,5 m
Río Amazonas

⑫

Congo

Pez tigre
1,5 m
Río Congo

Hacerse gigante

Los tamaños de los monstruos de río mostrados aquí son registros históricos máximos. Siempre ha sido raro que alcancen estos tamaños, sobre todo hoy, ya que casi todos son sobreexplotados y varios están en peligro crítico.

Salamandra china gigante

Esturión beluga

Cocodrilo marino

Delfín del Amazonas

Humano

0 1 2 3 4 5 6 7
Longitud (m)

Australasia

22. Cocodrilo marino
El mayor reptil del mundo. Puede matar y devorar presas del tamaño de un caballo y no dudará en atacar a los humanos que invadan su territorio.

23. Cocodrilo de Johnston
Vive en ríos y humedales. Mucho menor que el marino, no ataca a humanos si no es provocado.

África

11. Pulmonado etíope
En la estación seca se entierra en una coraza de lodo hasta dos años.

12. Pez tigre
Feroz, se sabe que ataca a humanos.

13. Perca del Nilo
Si se introduce en otros ríos o lagos, llega a matar tantos peces que provoca la extinción de especies nativas.

Asia

14. Pez gato gigante
Esta rara especie tiene dientes afilados similares a los del tiburón.

15. Wallago
Dentro de su estómago se han hallado restos humanos.

16. Gavial
Cocodrilo en peligro crítico, de hocico largo y fino, apropiado para pescar. No suele superar los 7 m.

17. Salamandra china gigante
El anfibio viviente más grande del mundo.

18. Raya gigante de agua dulce
Localiza a su presa con un sensor de campo eléctrico.

19. Kaluga
El canibalismo es común entre estos esturiones del extremo oriental ruso.

20. Taimen
El mayor salmónido conocido, llamado «trucha terrible de Mongolia».

21. Panga gigante
En peligro crítico, también conocida como «pez gato comeperros».

Siluro
3 m
Río Danubio

Esturión beluga
7,2 m
Mar Negro

Pez gato gigante
2 m
Río Kali

Wallago
2,4 m
Ríos de Asia suroriental

Salamandra china gigante
2 m
Río Mekong

Esturión kaluga
5,6 m
Río Amur

Taimen
2,1 m
Río Amur

Panga gigante
3 m
Río Mekong

Gavial
7 m
Río Chambal

Perca del Nilo
1,8 m
Río Nilo

Raya gigante de agua dulce
4,88 m
Río Chao Phraya

Cocodrilo de Johnston
4 m
Norte de Australia

Cocodrilo marino
6 m
Norte de Australia

Monstruos de río

Ocultos entre las turbias aguas de los mayores ríos del mundo habitan algunos de los animales más grandes y feroces que existen. Muchos superan la altura de un ser humano adulto y algunos atacan a las personas.

CLAVE
Los monstruos de río son de diferentes grupos:

- Pez
- Mamífero
- Reptil
- Anfibio

QUE VIVE EN EL LODO BAJO EL MAR, PROVOCA LOS TERREMOTOS.

Tipos de enjambres
Un enjambre es un gran grupo de abejas u otros himenópteros, como hormigas o avispas, que se desplazan como un todo. A veces, otros insectos también se agrupan para emigrar, o cuando buscan un nuevo hogar, pareja o comida.

Rhyniognatha hirsti
El más antiguo. En 1919 se encontró en Escocia un fósil de unos 400 millones de años. Se cree que pudo tener alas.

Efímeras
Los de vida adulta más breve. Pasan la mayor parte de su vida como ninfas acuáticas; los adultos alados solo viven lo suficiente para aparearse y poner huevos. El ejemplo extremo es la efímera americana (*Dolania americana*), cuya vida adulta dura unos pocos minutos.

Hormiga roja cosechadora (*Pogonomyrmex maricopa*)
El más venenoso: doce picaduras pueden matar a una rata.

Avispas hada
Los más pequeños son los mimáridos: *Dicopomorpha echmepterygis* (0,14 mm) tan solo es visible al microscopio.

Termita reina
El de vida más larga. Puede vivir hasta 45 años.

Escarabajo Goliat
La larva más pesada: hasta 100 g.

Insectos en grupo

1. **Mariquita asiática**
Cada otoño forma grupos masivos en todo Oregón (EE UU) en busca de un lugar donde invernar.

2. **Taladros del maíz**
Como mariposas nocturnas, migran durante 6-8 semanas de las llanuras orientales de Colorado a las montañas.

3. **Mariposa monarca**
Su larga migración desde el norte de EE UU hasta México dura generaciones: ninguna mariposa hace el viaje completo.

4. **Termitas**
Sus colonias invaden las casas en Nueva Orleans (EE UU).

5. **Cigarra**
En el este de EE UU, las nubes de cigarras tienen ciclos de entre 13 y 17 años. Las ninfas maduran, se aparean y luego mueren.

6. **Efímeras**
Hay una eclosión anual masiva en el lago Erie, en Ohio (EE UU). Se aparean, se reproducen y mueren.

7. **Hormiga guerrera**
Propia de Centroamérica y Sudamérica, crea enjambres (marabuntas) formados por 100 000-2 000 000 adultas.

8. **Abeja africanizada**
Un híbrido agresivo liberado en São Paulo (Brasil). Forma enjambres de miles de individuos.

9. **Libélula**
En Argentina (1991) se calculó que una nube en migración contenía entre 4000 y 6000 millones.

10. **Hormigas voladoras**
En Reino Unido se reúnen cada año para aparearse.

11. **Hormiga siafu**
Legionaria de África central y oriental. Sus inmensos enjambres matan a todos los animales que se encuentran en su camino, incluidas personas si no pueden apartarse.

12. **Mosquitos**
Enormes nubes eclosionaron en mayo de 2012 en un lago cerca de Mikoltsy (Bielorrusia).

13. **Langostas**
La mayor nube conocida se dio en Kenia en el año 1954: cubrió 200 km² y se estimó en 10 000 millones de individuos.

14. **Jejenes**
Los *Culicoides* que forman grupos de apareamiento empiezan su vida como larvas acuáticas en los lagos. Cuando pueden volar, despegan y buscan pareja.

SE HA CALCULADO QUE EN CUALQUIER MOMENTO HAY SOBRE LA TIERRA

Abejas melíferas
Forman enjambres al abandonar la colmena en busca de su nuevo hogar. Una vez que un número reducido de exploradoras indica cuál es el lugar más apropiado, la reina y el resto de la colonia vuelan hacia allí.

Migración de las mariposas monarca
Guiadas por su instinto, millones de mariposas monarca viajan cada año hasta 4000 km desde el norte de América hasta climas más cálidos del sur de México, para regresar al norte en primavera.

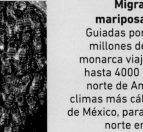

Mosquitos _Culicoides_
Miles de machos intentan atraer a las hembras en nubes gigantescas que sobrevuelan el lago Victoria cuando llega la estación de apareamiento anual.

Cigarrilla
El mayor salto de altura.
Los cercópidos saltan hasta 71 cm: 150 veces su altura. ¡Como si un humano saltara sobre un edificio de 60 plantas!

12

Chinche hedionda
El más apestoso.
Su horrible olor puede ser percibido por un humano a 1,5 m de distancia.

Pycna repanda
El más ruidoso.
Su llamada alcanza 120 decibelios: como una sirena de ambulancia.

Pulga
El salto más largo.
Puede saltar más de 200 veces la longitud de su cuerpo.

SE CALCULA QUE AÚN QUEDAN POR DESCUBRIR ENTRE 4 Y 20 MILLONES DE TIPOS DE INSECTOS

13

14

Escarabajo pelotero
El más fuerte.
Es capaz de empujar hasta 1141 veces su propio peso: equivalente a un humano que empujara seis autobuses de dos pisos llenos de gente.

Phobeticus chani
El más largo.
Solo se han hallado seis especímenes de este insecto palo, todos en Borneo. El mayor media 56,7 cm.

Escarabajo tigre australiano
El corredor más veloz.
Corre a 9 km/h, equivalente a un humano corriendo a 770 km/h.

Weta gigante
El más pesado.
Puede pesar hasta 70 g: más que un gorrión.

Insectos

Se conoce más de un millón de tipos de insectos, y se identifican más cada año. Sus hábitos son fascinantes, y sus extrañas apariencias pueden observarse con ayuda de microscopios y cámaras especiales.

Tábano
El vuelo más veloz.
Se ha llegado a registrar una velocidad máxima en despegue de hasta 145 km/h. Les siguen las libélulas y las esfinges (mariposas), con unos 50-55 km/h.

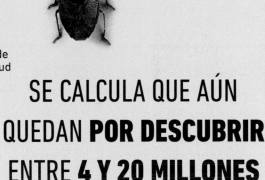

DIEZ TRILLONES (10 000 000 000 000 000 000) DE INSECTOS VIVOS.

61

Tejo
Europa. Todas sus partes son tóxicas, incluidas las semillas que se encuentran dentro de sus arilos rojos.

Serpentaria blanca
Este de Norteamérica. Su toxina (tremetol) puede llegar a los humanos a través del ganado; provoca la llamada «enfermedad de la leche».

Cicuta
Norteamérica y Europa. Es una de las plantas más tóxicas de Norteamérica.

Aloe vera
Norte de África. Apreciado por sus propiedades medicinales, sus hojas poseen un gel del que se dice que ayuda a regenerar la piel y a la digestión.

Lirio cobra
Norte de California y Oregón. Como otras nepentáceas, atrae a los insectos a sus trampas, partes con forma de jarra llenas de jugos digestivos.

Sarracenia
Sudeste de EE UU. Una toxina de su néctar droga a los insectos, que caen en su jarra.

Venus atrapamoscas
Carolina del Norte y del Sur (EE UU). Cierra su trampa, similar a unas mandíbulas, sobre su presa en 0,1 segundos.

Helecho de la resurrección
Sudeste de EE UU. Puede sobrevivir cien años sin agua. Parece morir, pero revive rápidamente con la humedad.

Árbol de la muerte
Florida (EE UU), Caribe y Centroamérica. Su savia lechosa produce ampollas en la piel humana.

Los seis reinos florísticos

Los geobotánicos dividen el mundo en seis «reinos». Cada uno tiene su flora o colección exclusiva de plantas nativas. Algunos se extienden por más de un continente; en cambio, el reino capense solo cubre el extremo sur de África.

Reino boreal u holártico
Norteamérica y Eurasia. Algunas plantas nativas: rosal (arriba), prímula, ranúnculo, abedul, brasicáceas y saxífragas.

Reino neotropical
De México al sur de Sudamérica. Entre sus familias de plantas nativas más características destacan bromeliáceas y cactos.

Reino paleotropical
Gran parte de África, Sudeste Asiático y Polinesia. La acacia de copa plana (arriba) y el baobab son plantas nativas.

Reino australiano
Australia. Muchas de sus plantas son totalmente distintas a las del resto del mundo. El limpiatubos (arriba) es un ejemplo.

Reino antártico
Extremo sur de Sudamérica, Nueva Zelanda y Antártida. El género *Francoa* (arriba) es uno de los pocos únicamente antárticos.

Reino capense
Región pequeña y muy diversa en torno al cabo de Buena Esperanza (Sudáfrica), con unas 9000 especies, incluida la protea gigante (arriba).

Sensitiva
Centroamérica y Sudamérica. Es un tipo de mimosa y una de las pocas plantas capaces de un movimiento rápido. Sus hojas se pliegan e inclinan al tocarlas, y se reabren unos instantes después.

Planta de sacacorchos (Genlisea)
África, Centroamérica y Sudamérica. Atrapa a sus presas en el suelo con sus extrañas hojas subterráneas.

SE CREE QUE LA EXTRAÑA WELWITSCHIA PUEDE VIVIR HASTA 1500 AÑOS.

Grasilla
Zonas palustres de Europa, América y Asia. Atrapa insectos con los pelos pegajosos de sus hojas.

Acónito
Montañas del hemisferio norte. Sus semillas contienen un veneno mortal; se considera la planta más venenosa de toda Europa.

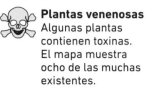

CLAVE

Plantas venenosas
Algunas plantas contienen toxinas. El mapa muestra ocho de las muchas existentes.

Plantas carnívoras
Son capaces de atrapar y consumir insectos y otros animales pequeños.

Plantas increíbles
El mapa muestra cuatro plantas asombrosas, pero hay miles repartidas por todo el mundo.

Drosera
En todo el mundo, en zonas palustres. Atrapa insectos con gotitas adhesivas que cubren sus hojas.

Aldovranda vesiculosa
África, Asia, Australia y Europa. Planta acuática con cierto parecido a la venus atrapamoscas.

Belladona
Europa, norte de África y oeste de Asia.

Nepenthes rajah
Borneo. Puede llegar a capturar ratas o lagartos en sus «jarras» gigantes.

Ricino
Este de África, Mediterráneo e India. Sus semillas contienen la tóxica ricina.

Abro
Indonesia. Sus toxinas se usan en remedios herbales en el sur de India.

Welwitschia
Desierto del Namib. Tiene dos hojas similares a cintas que pueden crecer hasta 6,2 m a lo largo de varios siglos.

Mundo
vegetal

Planta arcoíris
Australia Occidental. Atrapa insectos con sus hojas pegajosas.

Utricularia terrestre
África. Crece en zonas húmedas y rocosas; captura pequeñas presas en sus trampas, similares a vejigas.

Los científicos calculan que existen unas 400 000 especies de plantas en la Tierra, o seguramente varios miles más. Hay regiones con una enorme diversidad de vida vegetal; en otras, como la Antártida, las plantas son escasas.

Número total de especies

Hay miles de especies de vertebrados, como aves y reptiles. Aun así, su número es mínimo ante el de otros grupos de seres vivos, sobre todo el de los insectos.

CANTIDAD DE ESPECIES EN CADA GRUPO	
13 000	Algas
74 000	Hongos
17 000	Líquenes
320 000	Plantas
85 000	Moluscos (calamares, almejas, caracoles y afines)
47 000	Crustáceos (cangrejos, gambas y afines)
102 000	Arácnidos (arañas, escorpiones y afines)
000 000	Insectos
71 000	Otros invertebrados
62 000	Vertebrados (animales con columna vertebral)

70 000 gorgojos

Pertenecen a la familia de los escarabajos, y suman más tipos distintos que todos los vertebrados juntos.

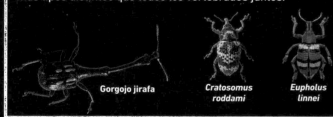

Gorgojo jirafa   **Cratosomus roddami**   **Eupholus linnei**

Biodiversidad

La variedad de formas de vida, o especies, se llama biodiversidad. Lugares como las selvas húmedas tropicales son naturalmente ricas en biodiversidad. Los entornos duros tienen menos especies, pero estas pueden ser únicas y son igualmente preciosas.

Yermo Ártico

Las plantas crecen muy lentamente en el frío Ártico canadiense, por lo que escasea la comida. La vegetación pegada al suelo ofrece poca variedad de refugios a pequeños animales. La biodiversidad es escasa.

Riqueza amazónica

El bosque amazónico es el más extenso y diverso de la Tierra. En general, estas regiones grandes y continuas de hábitat sustentan la mayor diversidad de especies.

Desolado Sáhara

Apenas hay algún anfibio en este entorno seco, pero los pocos que sobreviven tienen adaptaciones únicas a estas condiciones. Conservar zonas de Sáhara virgen aseguraría la supervivencia de algunos animales raros.

Bosque atlántico único

Esta pequeña franja costera de bosque húmedo en Brasil no solo es rica en especies: debido a su aislamiento de otros bosques húmedos, muchas de esas especies no se hallan en ninguna otra parte.

CLAVE

Este mapa muestra el patrón de biodiversidad en las tierras emergidas combinando el registro de 5700 especies de mamíferos, 7000 de anfibios y 10 000 de aves. Esto ofrece una medida general, porque la variedad de estos tres grupos refleja normalmente la biodiversidad total, incluida la cantidad de insectos y plantas distintos. Los científicos saben que la biodiversidad marina es menor que la terrestre, pero esa no se muestra en el mapa.

Menor   Mayor

BIODIVERSIDAD (VARIEDAD DE ESPECIES)

LOS CIENTÍFICOS CALCULAN QUE LA BIODIVERSIDAD HA CAÍDO AL 84,6 %

Especies duras
Solo unas pocas especies
animales tienen lo necesario
para sobrevivir en hábitats
tan fríos como el Ártico.

Bosques tropicales asiáticos
El bosque húmedo tropical es el hábitat con más
biodiversidad. Tiene agua abundante y no escasea
la comida. Los árboles proporcionan cobijo a los
animales, desde sus raíces hasta las copas, y el
clima varía poco. Todo ello permite que plantas
y animales se diversifiquen por evolución en miles
de especies.

Borneo
Los científicos encontraron aquí nada menos
que 1200 especies arbóreas en una pequeña
parcela de bosque húmedo.

Himalaya e Hindu Kush
Esta región montañosa es el hogar
de unas 25 000 especies vegetales:
casi el 10 % del total mundial.

Variadas tierras altas africanas
Las montañas son lugares diversos ya
que presentan una variedad de condiciones
distintas a alturas distintas. En cada nivel
vive una comunidad diferente de plantas
y animales, adaptados a esas condiciones.

LA **VIDA** SOBRE LA **TIERRA** ES **25 VECES** MÁS DIVERSA QUE EN EL **MAR**

RANAS PUNTA DE FLECHA VENENOSAS
En los bosques húmedos tropicales de Centroamérica
y Sudamérica existen 175 especies de esta familia
(dendrobátidos). Todas están emparentadas, pero cada
una ha evolucionado de forma ligeramente distinta.

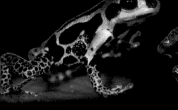  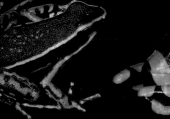 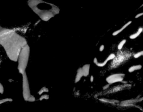 

Dendrobátido mimético	Dendrobátido granuloso	*Ameerega trivitata*	Dendrobátido amarillo y negro	*Adelphobates castaneoticus*	Rana venenosa dorada

Flora y fauna únicas

En algunos lugares hay animales y plantas endémicos (que no viven en ningún otro sitio). A menudo son islas remotas donde la vida quedó aislada; en otros casos, son parcelas de hábitat poco común, completado con los seres únicos que dependen de él.

California
El clima de tipo mediterráneo ha propiciado bosques únicos que albergan el organismo vivo más alto de la Tierra: la secuoya roja, una conífera que supera los 100 m.

Bosque de pino y encina mexicano
Estos bosques de las cordilleras mexicanas son parcelas de hábitat que no se hallan en ningún otro lugar cercano. Existen casi 4000 especies de plantas endémicas y de aves únicas, como el colín de Moctezuma.

Mediterráneo occidental
Punto caliente de vida salvaje única europea. Una especie de sapo partero solo existe en Mallorca, y los macacos de Berbería solo viven en Gibraltar y parcelas de Marruecos y Argelia.

Islas Canarias
Ricas en plantas endémicas y animales, como el pájaro cantor llamado canario. Sin embargo, el nombre de las islas procede de «can», pues poseían una fiera raza de perros.

Islas del Caribe
Cada isla tiene su versión propia de diversas plantas y animales. Este anolis ecuestre, por ejemplo, habita solo en Cuba.

Hawái y Polinesia
Solo ciertas formas de vida llegaron a estas remotas islas. En Hawái no hay hormigas, pero sí 500 especies propias de moscas de la fruta; todas evolucionaron a partir de una sola especie llegada a las islas hace unos ocho millones de años. Algunas son incapaces de volar y han adoptado estilos de vida de las hormigas. También hay plantas únicas, como las extrañas *Argyroxiphium*, endémicas de sus montañas.

Islas Galápagos
Estas islas saltaron a la fama gracias a Charles Darwin debido a su flora y fauna únicas, como sus tortugas gigantes.

Andes tropicales
Tal vez sea la región más rica de la Tierra. Estas montañas son el hogar de 664 especies de anfibios, 450 de ellas en peligro de extinción. De sus 1700 especies de aves, 600 son endémicas, incluido este frutero gorgirrojo.

Bosque atlántico
Esta estrecha franja de bosque húmedo está aislada del amazónico, por lo que tiene su propia fauna y flora, incluido el tamarino (tití) león dorado, en peligro.

EL 75 POR CIENTO DE LAS PLANTAS ÚNICAS DE LAS ISLAS CANARIAS ESTÁN EN PELIGRO

CERCA DEL 7 % DE LAS PLANTAS DEL MUNDO SON ENDÉMICAS DE LOS

PUNTOS CALIENTES
Los científicos han observado que estas regiones cuentan con el mayor número de plantas exclusivas (endémicas) dentro de una zona reducida. En estos puntos calientes de biodiversidad es habitual encontrar también gran cantidad de animales endémicos.

■ **Región rica en especies endémicas**

BIOMAS

■ Bosque seco tropical de latifolios
■ Bosque tropical de coníferas
■ Bosque templado de latifolios
■ Bosque templado de coníferas
■ Bosque húmedo tropical de latifolios
■ Bosque boreal
■ Sabana
■ Sabana inundable
■ Estepa
■ Herbazal y matorral de montaña
■ Matorral mediterráneo
■ Desierto y matorral seco
■ Tundra ártica
■ Desierto polar
■ Manglar

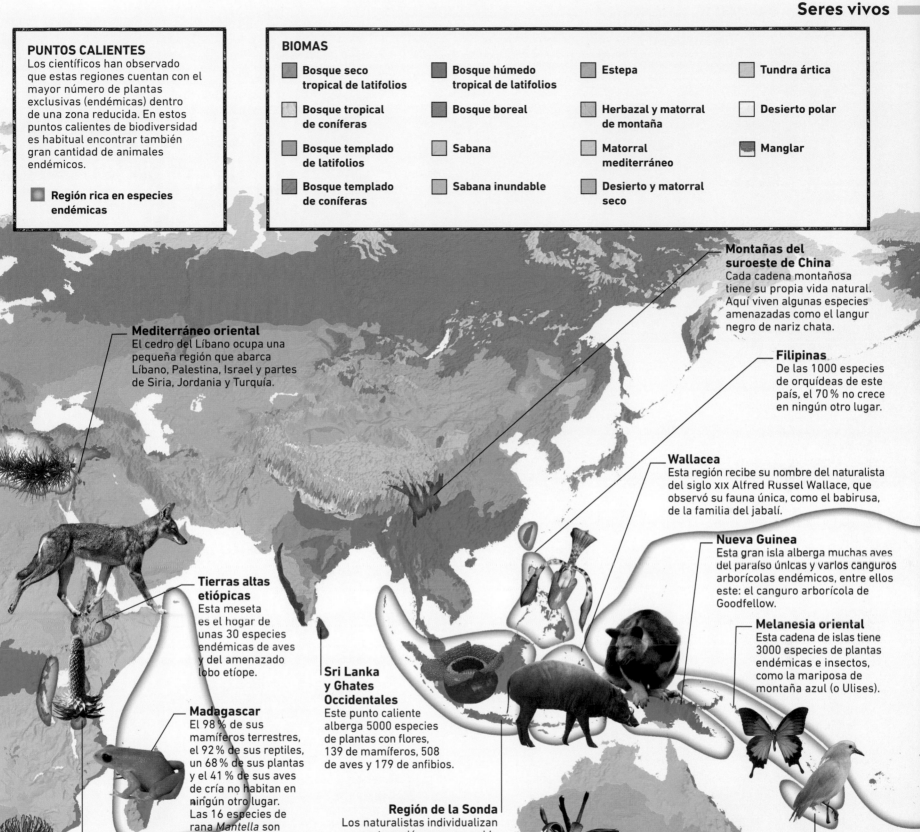

Montañas del suroeste de China
Cada cadena montañosa tiene su propia vida natural. Aquí viven algunas especies amenazadas como el langur negro de nariz chata.

Filipinas
De las 1000 especies de orquídeas de este país, el 70 % no crece en ningún otro lugar.

Wallacea
Esta región recibe su nombre del naturalista del siglo XIX Alfred Russel Wallace, que observó su fauna única, como el babirusa, de la familia del jabalí.

Nueva Guinea
Esta gran isla alberga muchas aves del paraíso únicas y varios canguros arborícolas endémicos, entre ellos este: el canguro arborícola de Goodfellow.

Melanesia oriental
Esta cadena de islas tiene 3000 especies de plantas endémicas e insectos, como la mariposa de montaña azul (o Ulises).

Mediterráneo oriental
El cedro del Líbano ocupa una pequeña región que abarca Líbano, Palestina, Israel y partes de Siria, Jordania y Turquía.

Tierras altas etiópicas
Esta meseta es el hogar de unas 30 especies endémicas de aves y del amenazado lobo etíope.

Madagascar
El 98 % de sus mamíferos terrestres, el 92 % de sus reptiles, un 68 % de sus plantas y el 41 % de sus aves de cría no habitan en ningún otro lugar. Las 16 especies de rana *Mantella* son también endémicas de esta isla.

Sri Lanka y Ghates Occidentales
Este punto caliente alberga 5000 especies de plantas con flores, 139 de mamíferos, 508 de aves y 179 de anfibios.

Región de la Sonda
Los naturalistas individualizan esta región porque su vida salvaje es distinta de la de las regiones vecinas. Entre las raras plantas propias de estas islas destaca la fétida *Rafflesia*, de olor muy similar al de la carne podrida.

Tierras altas de África oriental
Estas islas de terreno elevado sobre un mar de sabana sustentan plantas raras como la lobelia gigante, que crece en las faldas de los montes Kenia y Kilimanjaro.

Región de El Cabo
Una pequeña parcela de vida vegetal asombrosa que incluye 6000 especies endémicas, como esta protea gigante.

Australia Occidental
Como en la región de El Cabo sudafricana, también se trata de un hábitat aislado de matorral de tipo mediterráneo, con plantas que solo existen aquí, como la rara pata de canguro.

Nueva Caledonia
En el resto del mundo no hay otra ave que se parezca a esta extraña no voladora, el kagú.

ANDES TROPICALES, QUE CUBREN SOLO EL 0,8 % DE LA TIERRA EMERGIDA.

Mérgulo piquicorto
Alaska y extremo oriental
de Rusia

**Pinzón
loro de Maui**
Hawái (EE UU)

Vaquita marina
Golfo de
California

**Foca monje
de Hawái**
Hawái (EE UU)

Lince ibérico
España

Iguana azul
Isla Gran Caimán
(islas Caimán)

**Murciélago de
nariz foliácea de Lamotte**
Monte Nimba (límite entre
Guinea, Liberia y Costa de Marfil)

Rana arlequín
Costa Rica

Chinchilla de cola corta
Montañas de la
frontera Bolivia-Chile

Pinzón loro de Maui
En peligro a causa de
la pérdida de su hábitat
forestal; solo quedan unos 500.

Foca monje de Hawái
Cazada en el pasado por la
piel y el aceite, hoy muchas
mueren atrapadas en redes de
pesca o debido a la polución.

Guacamayo jacinto
Argentina, Uruguay,
Paraguay y Brasil

HAY MÁS DE 7000
ESPECIES DE ANIMALES
SERIAMENTE AMENAZADAS

**Gorila
occidental**
Selva del
Congo

**Lémur negro
de ojos azules**
Madagascar

En la Lista Roja
Los animales de la Lista Roja de la UICN (Unión Internacional para la
Conservación de la Naturaleza) están en distintos grados de peligro.
Los que aparecen como «en peligro crítico» podrían desaparecer
pronto en su estado silvestre.

Vaquita marina
Esta marsopa es el mamífero
marino más amenazado. Se
estima que solo quedan unas 10.

Mérgulo piquicorto
Miles de estas aves marinas han
sido víctimas del crudo vertido
por los grandes petroleros.

Iguana azul
Este reptil solo vive en la isla
Gran Caimán. Su número aumenta
gracias al esfuerzo de conservación.

Rana arlequín
Es una de las varias ranas
arlequín en peligro crítico
debido a una enfermedad fúngica.

Chinchilla de cola corta
Cazado por su suave pelaje
gris, este pequeño roedor está
casi extinto en estado silvestre.

Guacamayo jacinto
Se hizo raro por ser cazado y
vendido como mascota. En cien
años solo se han avistado dos.

Lince ibérico
Si se extingue, será el primer
gran felino en desaparecer
en 10 000 años.

Gorila occidental
Muchos ejemplares se han
matado por su carne, o han
muerto por enfermedades.

**Murciélago de nariz
foliácea de Lamotte**
Este mamífero africano está
en peligro principalmente por
la pérdida de su hábitat.

Lémur grande del bambú
En 20 años de estudios se
han detectado menos de 100.

Lémur negro de ojos azules
Como muchos otros lémures,
puede extinguirse en breve por
la pérdida de su hábitat forestal.

Esturión ruso
Este pez ha sido diezmado
por sus huevas, conocidas como
caviar.

Buitre picofino
Muchos de ellos murieron por
alimentarse de cadáveres
de ganado medicado para que
trabajara más tiempo.

Camello bactriano
Actualmente quedan menos
de 1000 en estado silvestre.

Tiburón fluvial birmano
No se ha avistado ningún
ejemplar desde hace años;
puede haberse extinguido.

Orangután de Sumatra
Solo quedan 15 000 individuos,
ya que sus bosques han
sido talados.

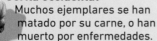

Animales **amenazados**

En el mundo hay miles de especies de animales. Muchas están en peligro de extinción, sobre todo a causa de la destrucción de sus hábitats por el hombre. Algunos no han sido vistos en su hábitat desde hace más de 50 años y son declarados «extintos en estado silvestre».

Esturión ruso
Mares Caspio, Negro y de Azov; ríos Ural, Volga y Danubio

Camello bactriano
Desierto de Gobi (Mongolia y China)

Buitre picofino
India y Pakistán

Orangután de Sumatra
Sumatra (Indonesia)

Lémur grande del bambú
Madagascar

Tiburón fluvial birmano
Desembocadura del río Irawadi (Myanmar)

Rinoceronte de Java
Java (Indonesia)

Parantica davidi
Filipinas

Atún rojo del sur
Este gran pez óseo (osteíctio) está desapareciendo por su captura masiva para la alimentación humana.

Kakapo («loro nocturno»)
Cazado por los primeros humanos asentados en Nueva Zelanda; hoy solo sobreviven unos 200.

Equidna de hocico largo de Attenborough
Nueva Guinea

Bettong cola de escoba
Australia Occidental

Rinoceronte de Java
Hoy solo existen unos 50 adultos en los restos de bosque húmedo tropical de Java.

Parantica davidi
Una de las mariposas más amenazadas del mundo; solo existe en Filipinas.

Equidna de hocico largo de Attenborough
Una de las tres especies de equidna de hocico largo en peligro crítico.

Bettong cola de escoba
Este marsupial, conocido como *woylie*, ha declinado recientemente; solo quedan unos 5000.

Atún rojo del sur
Mares australes

Kakapo
Islas frente a la costa de Nueva Zelanda

QUE QUEDAN: CADA AVE ESTÁ PROTEGIDA ¡Y TODAS TIENEN NOMBRE!

América

Paloma migratoria
Antes abundante, una bandada podía reunir dos millones de aves.

Rascón de Laysan
El hábitat de esta ave hawaiana fue ocupado por ratas y conejos alóctonos.

Glaucopsyche xerces
Su hábitat de dunas en California fue eliminado por la expansión urbana.

Sapo dorado
Su extinción pudo deberse a la pérdida de hábitat o a una enfermedad fúngica.

Pato del Labrador
Su extinción no la causó la caza. ¡Se dice que su carne sabía muy mal!

Tortuga gigante de Pinta
El último miembro de la especie, el Solitario Jorge, murió en 2012.

Comadrejita de vientre rojo
Su hábitat de bosque en Argentina fue convertido en pastos.

Guará (lobo de las Malvinas)
Fue cazado hasta la extinción por los colonos.

Eurasia

Alca gigante
Cazada sobre todo por su carne y sus plumas.

Uro eurasiático
Bóvido enorme desaparecido por la caza excesiva.

Tritón del lago Yunnan
Se extinguió debido a la introducción de peces y ranas exóticos.

Baiji
El delfín fluvial chino desapareció cuando la industria ocupó su hábitat.

León marino del Japón
Competía por la pesca y fue diezmado por los pescadores.

Mamut lanudo
Perdió parte de su hábitat tras la última glaciación.

Paloma migratoria
Extinta en 1914

Mariposa azul
Glaucopsyche xerces
Extinta en 1943

Rascón de Laysan
Extinto en 1944

Tortuga gigante de la isla Pinta
Extinta en 2012

Guará
Se supone extinto en 1876

Sapo dorado
Visto por última vez en 1989

Comadrejita de vientre rojo
Vista por última vez en 1962

Pato del Labrador
Extinto en 1878

Alca gigante
La última se mató en 1852

Cuaga
Extinto en 1883

Pájaro elefante (*Aepyornis*)
Extinto en Madagascar en el siglo XVII

Animales extintos

Las especies de este mapa desaparecieron, o se extinguieron, hace relativamente poco, casi siempre por la acción humana. Pero en el reino animal se producen extinciones naturales desde hace millones de años.

África

Cuaga
Sus marcas distintivas lo convertían en un blanco fácil para los cazadores.

Rachistia aldabrae
Un descenso de la pluviosidad, posiblemente debido al cambio climático, supuso la extinción de este caracol.

Lémur gigante
Especie del tamaño de un gorila que se extinguió hace unos 400 años en Madagascar.

Pájaro elefante
Enorme ave no voladora, extinguida por la caza.

Dodo
Ave no voladora extinguida hace menos de un siglo a consecuencia de la llegada de humanos junto con animales domésticos a la isla Mauricio.

Australasia

Bilbi menor
Probablemente fue eliminado por la acción de gatos y zorros.

Ualabí oriental
Su extinción se debió en parte a la introducción de gatos, que lo cazaban.

Canguro rata del desierto
Se creía extinto, pero se recuperó, y se declaró extinto de nuevo en 1994.

Emú negro
Endémico de la isla King, fue exterminado por los colonos y sus perros.

Tilacino (lobo marsupial)
Cazado por los humanos asentados en Tasmania, su última guarida.

Moa
Fue víctima de la caza excesiva y de la pérdida de su hábitat.

Mamut lanudo
Extinto c. 1700 a.C.

Uro eurasiático
Extinto en 1627

Baiji
Último avistamiento confirmado en 2004

Tritón del lago Yunnan
Visto por última vez en 1979

León marino de Japón
Último avistamiento confirmado en 1951

Canguro rata del desierto
Último avistamiento confirmado en 1935, aunque se informó de otros hasta la década de 1980

Rachistia aldabrae
(Atolón de Aldabra, océano Índico)
Visto por última vez en 1997

Ualabí oriental
Extinto c. 1890

Lémur gigante
Extinto c. 1600

Bilbi menor
Avistamientos registrados hasta la década de 1960

Moa
Extinto c. 1400

Dodo
(Isla Mauricio, océano Índico)
Extinto en 1690

ALREDEDOR DEL **26 POR CIENTO** DE TODOS LOS **MAMÍFEROS** ESTÁN **EN PELIGRO** DE **EXTINCIÓN**

Emú negro
Extinto c. 1802

Tilacino
Se supone extinto en 1936

MIL VECES SUPERIOR AL DE LA EXTINCIÓN NATURAL.

Planeta humano

Crecimiento urbano
Los Ángeles, en California
(EE UU), se extiende hasta
el horizonte en esta foto
tomada desde las colinas
de Hollywood. A la izquierda
pueden verse los rascacielos
del centro de la ciudad.

Introducción

Los humanos, junto con el resto de los seres vivos, formamos la biosfera: la parte viviente de la Tierra. Desde la aparición de los humanos modernos en África hace unos 200 000 años, hemos colonizado prácticamente todo el mundo, incluso los desiertos ardientes y el gélido Ártico, y al hacerlo, nuestro impacto sobre la biosfera ha sido considerable.

Impacto humano

La «huella» humana en la Tierra es amplia y profunda. Hemos transformado el paisaje, talando bosques para producir alimentos, extrayendo minerales y metales del subsuelo, y canalizando y almacenando agua para cubrir nuestras necesidades. Nuestro espacio vital se concentra en ciudades cada vez mayores, ávidas de la comida y energía que toman del territorio.

Energía
Las nuevas formas de captar la energía del Sol y el viento están reduciendo nuestro uso de combustibles fósiles. A diferencia de estos, esas fuentes de energía no se agotan.

Recursos naturales

En la corteza terrestre yacen enterradas unas reservas limitadas de minerales, metales y combustibles fósiles (carbón, petróleo y gas). Una vez se agoten esas reservas, no podremos reemplazarlas. El uso de estos combustibles también perjudica la atmósfera terrestre y contribuye al calentamiento global.

Población

Durante gran parte de la historia humana, la población creció con lentitud. En el 10 000 a. C. solo había 1-5 millones de personas en la Tierra. En torno a 1000 a. C., tras la invención de la agricultura, la población aumentó a 50 millones. Desde que se alcanzó la marca de los 1000 millones en 1804 —en los inicios de la revolución industrial—, el ritmo se ha acelerado como nunca antes.

Cada vez más, y más rápido
Desde finales de la década de 1950, la población humana ha aumentado en más del doble.

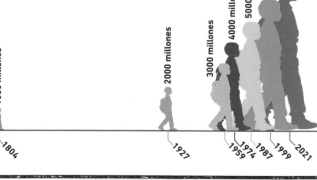

1000 millones — 1804
2000 millones — 1927
3000 millones — 1959
4000 millones — 1974
5000 millones — 1987
6000 millones — 1999
7800 millones — 2021

DESDE 1965, LA POBLACIÓN MUNDIAL SE HA DUPLICADO,

Agricultura
En 1700 se usaba para agricultura y ganadería alrededor del 7 % del suelo terrestre. Hoy día, ese porcentaje ha aumentado hasta alrededor del 50 %.

Contaminación
Los gases de los vehículos, el humo y desechos de las fábricas y los vertidos de petróleo envenenan el entorno y amenazan la vida vegetal y animal.

Conservación
Para proteger hábitats únicos, muchos países establecen zonas protegidas donde no se permiten explotaciones, industrias ni asentamientos nuevos.

Uso del agua
Construimos presas y embalses para almacenar agua necesaria para beber, para los procesos industriales, para regar cultivos y generar electricidad.

Especie triunfante

Parte de nuestro éxito como especie se debe a nuestra capacidad para usar los materiales que nos rodean para protegernos y abrigarnos. Esta capacidad convierte casi cualquier parte del planeta en un área habitable para el hombre, sin importar la dureza del entorno. Hace ya miles de años, los inuit del Ártico norteamericano hacían abrigos con piel de caribú (reno) y botas impermeables con piel de foca: hallaron una forma de vivir con los escasos recursos de las regiones árticas.

Barca inuit
El *umiak* es una embarcación abierta tradicional utilizada por los inuit. El armazón es de maderas a la deriva o barbas de ballena, cubierto con piel de morsa o foca. Estos botes se usan aún, ya que la ley permite la caza de ballenas solo con las herramientas tradicionales inuit.

Canadá
La mayoría de los 37,7 millones de canadienses viven por debajo del círculo polar.

Islandia
Glaciares, montañas y volcanes hacen inhabitable gran parte de Islandia.

Reino Unido
Alrededor del 84% de sus 68,2 millones de habitantes vive en zonas urbanas.

Ciudad de México (México)
La mayor ciudad de América.

Nueva York (EE UU)
La ciudad más poblada de EE UU. Casi la mitad de los 331 millones de habitantes de EE UU vive en los estados del este.

España
Su población ha aumentado un 50% en los últimos 50 años.

Surinam
La mayor parte del país está cubierto por densas selvas.

El Cairo (Egipto)
La mayor ciudad de África, con 21,3 millones de habitantes.

Colombia
El segundo país más populoso de Sudamérica, con 51,2 millones de habitantes.

Sáhara
Casi todo es desierto; no hay agua suficiente para cultivos o pastos.

Nigeria urbana
Estos picos indican que Nigeria tiene la mayor población de África: 211 millones.

Costa de Brasil
Concentra casi todas las grandes ciudades de la región. Al norte, la selva amazónica: con pocas carreteras, casi sin poblaciones.

Santiago de Chile
Aquí vive el 40% de los 19 millones de habitantes de Chile.

Namibia
Las áridas condiciones de los desiertos del Namib y Kalahari dificultan la ocupación humana.

Patagonia (Argentina)
Región fría y seca escasamente poblada, es en gran parte tierra de pasto para ovejas.

São Paulo (Brasil)
La mayor ciudad de Sudamérica, con casi 22 millones de habitantes.

Sudáfrica
Sus 60 millones de habitantes se concentran principalmente en el este.

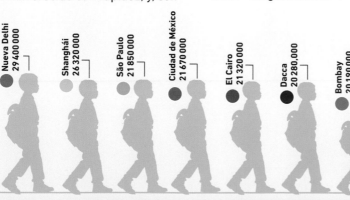

Ciudades más grandes

Más de la mitad de la población mundial vive hoy en grandes ciudades. Muchas de ellas han crecido con rapidez, y, con sus más de 10 millones de habitantes en su área metropolitana, se las conoce como «megaciudades».

Tokio 37 435 000
Nueva Delhi 29 400 000
Shanghái 26 320 000
São Paulo 21 850 000
Ciudad de México 21 670 000
El Cairo 21 320 000
Dacca 20 280 000
Bombay 20 190 000
Pekín 20 040 000
Osaka 19 220 000

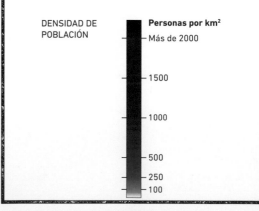

CLAVE
El mapa muestra la densidad de población, es decir, lo junta que vive la gente en un espacio. La mayor densidad se representa con extremos rojizos.

DENSIDAD DE POBLACIÓN

Personas por km²
Más de 2000
1500
1000
500
250
100

EN 1800, LA POBLACIÓN MUNDIAL NO LLEGABA A 1000 MILLONES.

Dónde vivimos

Los 7800 millones de habitantes del planeta no se distribuyen por igual: la mayoría viven donde hay recursos naturales y tierras fértiles. Algunos lugares son demasiado hostiles para la vida humana.

Siberia (Rusia)
Aquí vive poca gente, ya que el clima es demasiado frío para los cultivos. Algunos picos muestran la ubicación de ciudades surgidas en torno a pozos de petróleo y gas en la tundra helada.

Moscú (Rusia)
Es el hogar de 12,5 millones de personas.

Calcuta (India)
Centro de la India oriental.

Mongolia
Existe muy poca tierra apta para el cultivo, y la población está dispersa en comunidades de pastores nómadas.

Shanghái (China)
Es la ciudad más grande de China.

Pekín
La capital de China.

Toklo (Japón)
La mayor ciudad del mundo desde la década de 1960.

Osaka, Japón
La segunda mayor ciudad de Japón.

Nueva Delhi (India)
La capital india está en la poblada cuenca del Ganges, donde se apiñan 650 millones de personas, con una densidad de casi 400 habitantes por km².

Este de China
Aquí vive la mayor parte de los 1400 millones de habitantes de China.

Dacca (Bangladés)
La ciudad más densamente poblada del mundo, en crecimiento constante.

Manila (Filipinas)
Distritos periféricos al margen, es la ciudad más densamente poblada del mundo.

Bombay (India)
Centro de la industria del espectáculo de India, en rápido crecimiento.

Yakarta (Indonesia)
De todas las islas de Indonesia, Java, con su floreciente capital Yakarta, es la más poblada con diferencia.

EN **MANILA**, UNA MEDIA DE **296 PERSONAS VIVEN** EN UNA SUPERFICIE SIMILAR A UN **CAMPO DE FÚTBOL**

Australia
Su centro es demasiado seco para sustentar cultivos, y la población es muy escasa.

Auckland (Nueva Zelanda)
Aquí vive alrededor de un tercio de los neozelandeses.

Melbourne (Australia)
La mayoría de la población australiana vive en la costa sudeste, en ciudades como Melbourne.

Países de población más dispersa

		Población total	Personas por km²
1	Mongolia	3 278 000	2,1
2	Namibia	2 541 000	3,1
3	Australia	25 500 000	3,3
4	Islandia	341 000	3,4
5	Surinam	587 000	3,8

Sami
Norte de Escandinavia y Finlandia

Pavee
Irlanda

Inuit
Regiones árticas de Alaska, Canadá y Groenlandia, más allá de los árboles más septentrionales

Beja
Sudán, Eritrea y Egipto

Tuareg
Desierto del Sáhara

Awá
Bosques húmedos del norte de Ecuador y sur de Colombia

Fulani o peúl
África occidental

Nukak makú
Bosques tropicales de la cuenca amazónica

Ayoreo
Tierras bajas secas de Bolivia y Paraguay

Tubu
Montañas del Tibesti (Chad)

Karimojong
Norte de Uganda

San (bosquimanos)
Desierto de Kalahari: Botsuana, Namibia y Sudáfrica

HAY HASTA 40 MILLONES DE NÓMADAS EN TODO EL MUNDO

América

Inuit
Han vagado durante 4000 años por la región que llaman Nunavut (nuestra tierra).

Awá
Hablan un antiguo idioma propio, el awá pit.

Nukak makú
Son expertos cazadores que vivieron totalmente aislados hasta 1988.

Ayoreo
Combinan una forma de vida de cazadores-recolectores con la agricultura.

Europa

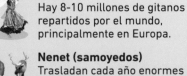
Pavee (nómadas irlandeses)
Siguen estrictas normas morales propias, recogidas en el «Código del caminante».

Sami
Pastores de renos y cazadores de pieles, han existido durante más de 5000 años.

Gitanos
Hay 8-10 millones de gitanos repartidos por el mundo, principalmente en Europa.

Nenet (samoyedos)
Trasladan cada año enormes rebaños de renos a distancias de hasta 1000 km.

África

Beja
Solo algunos de sus clanes son nómadas.

Tuareg
En su cultura, son los hombres quienes llevan velo, no las mujeres.

Tubu
Los tubus están divididos en dos pueblos, teda y daza.

Fulani o peúl
Pastorean cabras, ovejas y vacas a través de grandes zonas de África occidental.

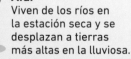
Gabra
Estos pastores montan cabañas en forma de cúpula con raíces de acacia y telas.

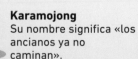
Afar
Viven de los ríos en la estación seca y se desplazan a tierras más altas en la lluviosa.

Karamojong
Su nombre significa «los ancianos ya no caminan».

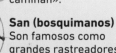
San (bosquimanos)
Son famosos como grandes rastreadores y cazadores.

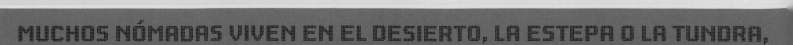
MUCHOS NÓMADAS VIVEN EN EL DESIERTO, LA ESTEPA O LA TUNDRA,

Gitanos
Europa central y oriental

Kazajos
Kazajistán y otras zonas del norte de Asia central

Nenet
Rusia ártica

Bajtiari
Suroeste de Irán

Kashgai
Suroeste de Irán

Beduinos
Oriente Próximo, sobre todo Arabia Saudita

Afar
Cuerno de África

Gabra
Desierto de Chalbi (Kenia) y tierras altas del sur de Etiopía

Yakutos
República de Sajá o Yakutia (Rusia)

Evenki
Sur de Siberia, Mongolia y extremo nororiental de China

Moken
Sur de Myanmar y costa oeste de Tailandia

Penan
Sarawak (Malasia)

Chukchi
Región siberiana del estrecho de Bering

Asia

Bajtiari
Significa «portador de buena suerte». Algunos aún buscan pastos estacionales.

Kazajos
Aún quedan muchos kazajos nómadas en Xinjiang (China).

Beduinos
Son habitantes del desierto conocidos por su hospitalidad.

Kashgai
Son agricultores conocidos por sus hermosos productos de lana.

Yakutos
Pastores de renos seminómadas.

Evenki
Mantenían pequeños rebaños de renos domesticados que les servían para desplazarse.

Chukchi
Su nombre significa «rico en renos».

Moken
Los niños moken tienen una visión acuática muy buena, y bucean en busca de comida.

Penan
En la sociedad penan todo se comparte.

Pueblos aborígenes
Australia

Australasia

Pueblos aborígenes
Habitan Australia desde hace unos 60 000 años.

Nómadas

Los nómadas se desplazan cada año en busca de pastos frescos o terrenos de caza. Son pastores, cazadores-recolectores o comerciantes ambulantes. Esta forma de vida va desapareciendo a medida que muchos se asientan en aldeas y pueblos.

LUGARES QUE NO PROPORCIONAN COMIDA SUFICIENTE PARA TODO EL AÑO.

MEDIAS DE EDAD EN EL MUNDO

La media de edad es una medida que divide a una población en dos grupos iguales: una mitad son personas más jóvenes, y la otra más viejas. Cuanto más baja es la media, más joven es la población. La media de edad mundial actual es 31 años.

Años

15-20	30-35	Sin datos
20-25	35-40	
25-30	40+	

Groenlandia
La media de edad es de 34,3 años. Más del 70 % está en el tramo 15-64, y el crecimiento de la población es del 0,19 % anual.

Pirámide de población
Una pirámide de población representa el tamaño de los grupos de edad de una comunidad. Una pirámide de una población joven corresponde a un país donde las familias son extensas pero la esperanza de vida es baja. La edad de una población crece cuando la esperanza de vida aumenta y cuando la natalidad desciende.

Canadá
Su población, con una media de edad de 41,2 años, está envejeciendo; alrededor del 16 % supera los 64 años.

España
La media de edad es de 41,3 años. La población tiene un crecimiento anual del 0,7 %.

EE UU
La media de edad de su población es de 38,5 años. Alrededor del 18,5 % está en el tramo 0-14 años, y la población crece un 0,35 % anual.

Túnez
Este país africano tiene la media de edad más alta, con 32,8, seguido por Marruecos (29,5) y Libia (28,8).

México
En este país, donde el 26,2 % de la población tiene entre 0 y 14 años, la media de edad es de 29,2 años.

Guatemala
La población más joven de Centroamérica, con una media de 22,9 años.

África
Es el continente con la población más joven, con una media de edad de 19,7 años.

Jóvenes
y viejos

Paraguay
La edad media de Paraguay, de 26,3 años, es la más baja de toda Sudamérica.

Uruguay
El país con la media de edad más alta de Sudamérica: 35,8 años.

Los países menos desarrollados tienden a tener una población más joven y de crecimiento más rápido que la de los desarrollados, cuya población envejece e incluso se reduce.

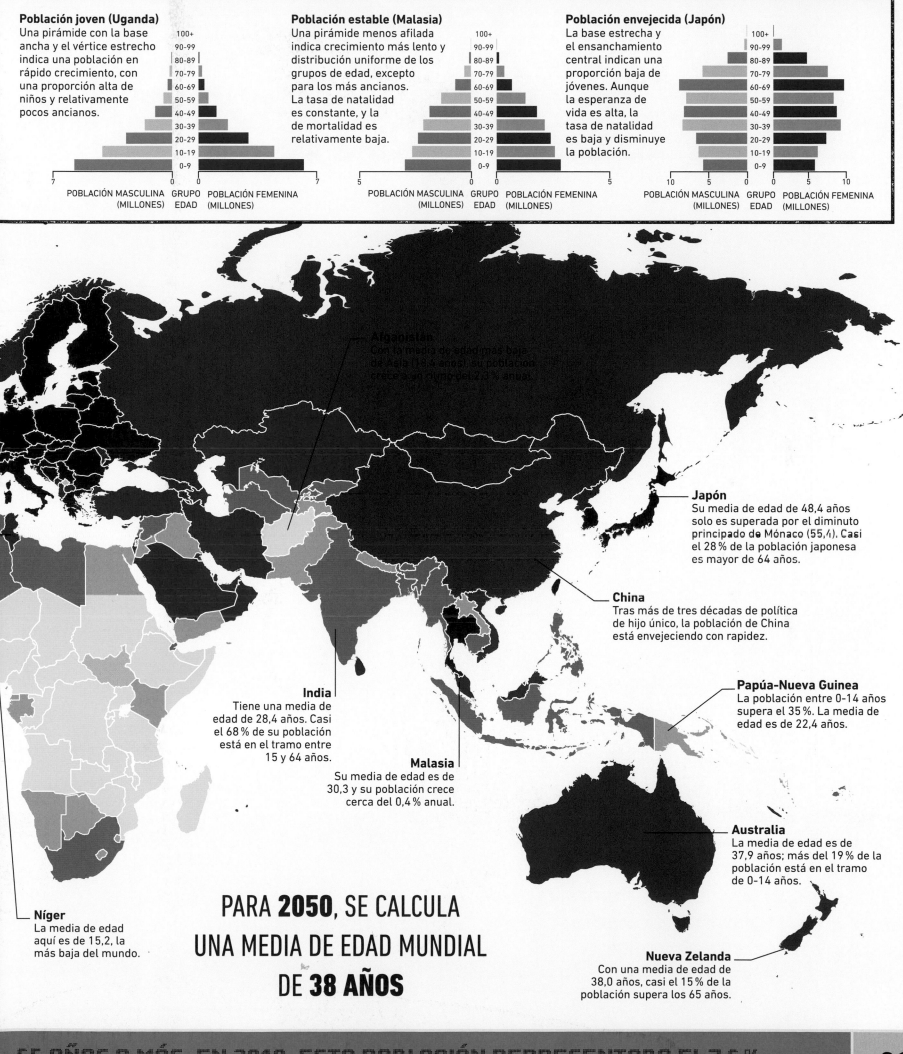

Población joven (Uganda)
Una pirámide con la base ancha y el vértice estrecho indica una población en rápido crecimiento, con una proporción alta de niños y relativamente pocos ancianos.

POBLACIÓN MASCULINA (MILLONES)   GRUPO EDAD   POBLACIÓN FEMENINA (MILLONES)

Población estable (Malasia)
Una pirámide menos afilada indica crecimiento más lento y distribución uniforme de los grupos de edad, excepto para los más ancianos. La tasa de natalidad es constante, y la de mortalidad es relativamente baja.

POBLACIÓN MASCULINA (MILLONES)   GRUPO EDAD   POBLACIÓN FEMENINA (MILLONES)

Población envejecida (Japón)
La base estrecha y el ensanchamiento central indican una proporción baja de jóvenes. Aunque la esperanza de vida es alta, la tasa de natalidad es baja y disminuye la población.

POBLACIÓN MASCULINA (MILLONES)   GRUPO EDAD   POBLACIÓN FEMENINA (MILLONES)

Afganistán
Con la media de edad más baja de Asia (18,4 años), su población crece a un ritmo del 2,3 % anual.

Japón
Su media de edad de 48,4 años solo es superada por el diminuto principado de Mónaco (55,4). Casi el 28 % de la población japonesa es mayor de 64 años.

China
Tras más de tres décadas de política de hijo único, la población de China está envejeciendo con rapidez.

Papúa-Nueva Guinea
La población entre 0-14 años supera el 35 %. La media de edad es de 22,4 años.

India
Tiene una media de edad de 28,4 años. Casi el 68 % de su población está en el tramo entre 15 y 64 años.

Malasia
Su media de edad es de 30,3 y su población crece cerca del 0,4 % anual.

Australia
La media de edad es de 37,9 años; más del 19 % de la población está en el tramo de 0-14 años.

Níger
La media de edad aquí es de 15,2, la más baja del mundo.

PARA **2050**, SE CALCULA UNA MEDIA DE EDAD MUNDIAL DE **38 AÑOS**

Nueva Zelanda
Con una media de edad de 38,0 años, casi el 15 % de la población supera los 65 años.

Salud

Mónaco: 89 años
Aquí hay solo 133 pacientes por médico, la proporción más baja del mundo después de Cuba. Casi toda la atención sanitaria es proporcionada por aseguradoras médicas privadas.

Bolivia: 71 años
La esperanza de vida en Bolivia, uno de los países más pobres de Sudamérica, es la más baja del continente.

Guinea-Bisáu: 60 años
Las ya escasas instalaciones sanitarias quedaron aún más reducidas con la guerra civil de 1998, pero la esperanza de vida ha aumentado desde entonces.

Los factores principales en la salud de las personas son el lugar donde han nacido y las condiciones en las que crecen y viven. Quienes viven en países desarrollados, más ricos, tienen comida suficiente, acceso a agua potable y una atención sanitaria profesional, pueden esperar vivir mucho más que quienes carecen de ello.

ESPERANZA DE VIDA AL NACER
Es la media de años que se espera que viva un recién nacido si sus condiciones de vida se mantienen. No obstante, la tasa de mortalidad infantil, que es el número de niños que mueren antes de cumplir cinco años, tiene una gran influencia sobre estas cifras: las personas de países con una tasa elevada tendrán una esperanza de vida menor, aunque la duración natural de la vida de la mayoría de las que superan los cinco años sea de 70-80 años.

	Sin datos
	Menos de 60
	60-65
	65-70
	70-75
	75-80
	Más de 80

Afganistán: 64 años
Aproximadamente una
de cada 156 madres muere
durante el parto o por causas
relacionadas con el embarazo:
uno de los índices más altos
del mundo.

Japón: 84 años
El sistema sanitario de
Japón ha sido calificado
como el mejor del mundo
por la OMS (Organización
Mundial de la Salud).

**Sudán del Sur:
58 años**
La prolongada
hambruna en este país
ha hecho que una
tercera parte de sus
niños sufran bajo peso.

EN **1900**, LA **ESPERANZA
DE VIDA** MUNDIAL ERA
DE **30 AÑOS**.
HOY ES DE **72,8 AÑOS**

Acceso a la asistencia sanitaria

Un buen acceso a médicos y otros profesionales
de la salud es esencial para mantenerse sanos,
recuperarse de enfermedades y vivir más tiempo.
El número de médicos por persona tiene un efecto
importante en la esperanza de vida, pero también
influyen otros factores. Mónaco, por ejemplo, tiene
pocos médicos por persona menos que Cuba, pero
la esperanza de vida en Mónaco es más de 10 años
más alta que en Cuba.

PERSONAS POR MÉDICO	
Cuba	119
Mónaco	133
Santa Lucía	156
Georgia	141
Bielorrusia	192
Bután	2173
Mozambique	11764
Níger	23255
Liberia	26315
Malaui	27777

Australia: 83 años
La esperanza de vida
entre la población
aborigen es de solo
73,6 años, muy inferior
a la media nacional.

DE MORIR ANTES DE LOS CINCO AÑOS QUE UNO NACIDO EN SUECIA.

Patógenos infecciosos

Muchas enfermedades las causan organismos microscópicos, que viven en nuestro cuerpo, y pueden transmitirse por contacto, a través de sangre o saliva, o por el aire.

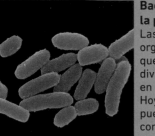

Bacteria de la peste bubónica

Las bacterias son organismos unicelulares que se multiplican por división. Caben millones en la cabeza de un alfiler. Hoy, muchas de ellas pueden ser eliminadas con antibióticos.

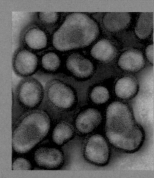

Virus de la gripe

Los virus son organismos simples más pequeños aún que las bacterias. Se extienden invadiendo y controlando células del cuerpo. Son inmunes a los antibióticos, pero el cuerpo puede fortalecerse contra ellos mediante vacunas.

La peste negra asoló Inglaterra en 1348-1350.

Las tropas que regresaban tras la I Guerra Mundial llevaron con ellas la gripe española.

En agosto de 1918 una segunda oleada de gripe española cruzó el Atlántico y golpeó la ciudad de Freetown (Sierra Leona).

3

Gripe española

Recibió este nombre porque se pensó que los primeros casos se habían dado en España, pero en realidad se registró antes en un campo de entrenamiento militar en EE UU. La enfermedad se extendió con rapidez cuando esos soldados viajaron a Europa para luchar en la I Guerra Mundial. Se estima que mató entre 20 y 50 millones de personas.

Freetown

4

Según algunos estudios, el sida empezó a propagarse entre la población humana en Camerún.

Pandemias

Una enfermedad infecciosa puede extenderse con rapidez. Si se contagia mucha gente en una población, se llama epidemia; si el efecto es mucho más extenso, o incluso mundial, se denomina pandemia.

CLAVE

El mapa muestra la propagación de las tres pandemias más letales de la historia: en la Antigüedad, en la Edad Media y en tiempos modernos.

Peste de Justiniano
Peste bubónica, 541-542 d.C.

Peste negra
Peste bubónica, 1346-1355

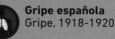

Gripe española
Gripe, 1918-1920

LA GRIPE ESPAÑOLA PUDO MATAR A 50 MILLONES DE PERSONAS, MÁS QUE

Superbacterias y nuevos virus

Bacterias y virus cambian con rapidez. Una bacteria multirresistente, o «superbacteria», se hace inmune a los antibióticos, y los científicos intentan desarrollar vacunas contra los nuevos virus. Hoy el temor a una pandemia es mayor que nunca, pues los viajes en avión pueden propagar una infección en días. A continuación están los casos de cinco virus recientes:

1 Gripe de Hong Kong (1968-1969)
En dos años causó un millón de víctimas. Solo en EE UU mató a unas 34 000 personas.

2 Gripe aviar (H5N1), Hong Kong (1997-actualidad)
El virus apareció en humanos en Hong Kong debido al contacto con aves infectadas. Ha matado a cientos de personas desde entonces.

3 Gripe A (H1N1), Ciudad de México (2009-2010)
Se desarrolló a partir de virus de aves, cerdos y humanos. Las víctimas totales sumarán muchas más de las 18 500 confirmadas hasta ahora.

4 Sida (VIH), África centro-occidental (1981-actualidad)
Provoca una enfermedad, a menudo mortal, que afecta a las defensas del cuerpo. Infecta a más de 30 millones de personas en todo el mundo.

Peste negra
En el siglo XIV, un brote de peste bubónica se propagó desde Asia y cruzó Europa, provocando la devastación a su paso. Mató a más de 50 millones de personas, la mitad en Europa, donde murió un 25 % de la población.

Constantinopla (Estambul)

Algunos expertos piensan que la peste de Justiniano no se inició en Etiopía, sino en Asia central.

La peste negra cruzó el mar por las rutas comerciales: la bacteria que la causó viajaba en las pulgas que infestaban las ratas de los barcos.

Peste de Justiniano
En su punto álgido, durante el reinado de Justiniano (emperador del Imperio romano de Oriente, o bizantino), mató al menos a 25 millones de personas. Pudo comenzar en Etiopía y luego se propagó por las rutas comerciales a través del norte de Egipto y Constantinopla (la actual Estambul) hasta Europa.

COVID-19

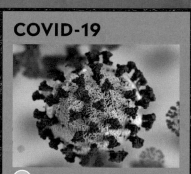

5 Dic. 2019-actualidad
Identificado por primera vez en Wuhan, China, a finales de 2019, este virus de rápida propagación puede causar problemas respiratorios graves; se registraron hasta 2,6 millones de muertes en el primer año de pandemia. Se han desarrollado vacunas para ayudar a proteger contra la enfermedad.

HASTA **2000 PERSONAS** PADECEN CADA AÑO LA **PESTE BUBÓNICA**

Los soldados que regresaban a casa tras luchar en la I Guerra Mundial llevaron la gripe española a Nueva Zelanda en 1918.

Umbral de pobreza

Se llama así al nivel mínimo de ingresos considerado suficiente para que una persona pueda cubrir sus necesidades básicas: comida, ropa, atención sanitaria y alojamiento. El coste de la vida varía entre unos países y otros, por lo que el umbral de pobreza no es el mismo en todo el mundo.

VIVIR CON MENOS DE 1,90 DÓLARES AL DÍA

El umbral internacional de pobreza extrema (1,90 dólares al día) es una medida global de pobreza absoluta. Este umbral, lo fijó el Banco Mundial en 2015 y se actualizará cuando sea necesario para reflejar el coste de la vida. El mapa muestra el porcentaje de población de cada país por debajo de ese umbral.

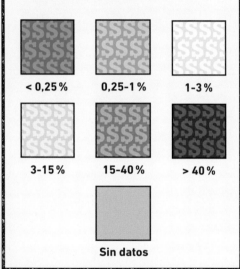

< 0,25 %	0,25-1 %	1-3 %
3-15 %	15-40 %	> 40 %

Sin datos

Pobreza

A causa de la pandemia de la COVID-19 se espera que la pobreza mundial aumente por primera vez desde el año 2000. El África subsahariana es, con mucho, la que presenta más casos de pobreza extrema: la mitad de los países de esta región tienen una tasa de pobreza superior al 35 %.

Marruecos
La desigualdad de los ingresos es la mayor del norte de África.

EE UU
El nivel de desigualdad es enorme en el país: el 1 % de los hogares más ricos acumulan 15 veces más que el total del 50 % más pobre.

Haití
Aquí se da el mayor número de casos de pobreza extrema del hemisferio occidental. El terremoto de 2010 asestó un golpe terrible a su economía.

Bolivia
Es uno de los países más pobres de América. Se ha marcado objetivos ambiciosos en cuanto a los servicios de saneamiento del país, pero solo un tercio de la población rural de Bolivia tiene acceso a sistemas de alcantarillado.

Liberia
Tiene la mayor proporción de pobres del mundo. Un 83,7 % de la población vive por debajo del umbral de 1,25 dólares al día.

Ghana
Aunque el índice de pobreza global se ha reducido claramente en los últimos 30 años, en el norte del país ha cambiado poco.

Argentina
En los diez últimos años, el descenso del desempleo ha contribuido a reducir la pobreza de forma drástica.

Desigualdad

La brecha entre ricos y pobres se está ampliando en muchos países. Impuestos, ventajas sociales para los más desfavorecidos y enseñanza gratuita, entre otras medidas, tratan de reducirla. Estos gráficos muestran qué proporción de la riqueza global de un país se halla en manos de los más ricos. Aparecen los países donde la brecha es más amplia y aquellos en los que es menos notable.

Noruega
La escasez de personas extremadamente ricas y la casi inexistencia de pobreza extrema indican una distribución de la riqueza uniforme.

Ucrania
Superó a Moldavia en 2018 como el país más pobre de Europa, aunque es probable que hasta la mitad de la economía ucraniana no esté declarada.

Rusia
La pobreza se ha agudizado en los últimos años, y la diferencia entre ricos y pobres ha aumentado. Alrededor de 19 millones de personas viven por debajo del umbral de pobreza nacional.

China
En 1981, el 85 % de la población vivía con menos de 1,25 dólares al día (el indicador de pobreza extrema entonces). En 2005 era solo el 16 %, y ese porcentaje continúa bajando. Desde la década de 1990, más de 746 millones de personas han salido del estado de pobreza.

Vietnam
Alrededor de un tercio de la población ha salido del estado de pobreza desde la década de 1980. Los ingresos medios han pasado de 100 dólares al año en 1986 a 2235 dólares a finales de 2019.

Burundi
Casi cuatro de cada cinco personas viven con menos de 1,90 dólares al día. Los conflictos de la década de 1990 duplicaron el índice de pobreza.

India
A pesar de que el país se está enriqueciendo, más del 40 % de la población –unos 500 millones de personas– vive por debajo del umbral internacional de pobreza extrema.

Sudáfrica
La población tiene ingresos medios superiores a los de hace 20 años, pero la desigualdad ha aumentado, y el 25 % de la población está desempleada.

Porcentaje de riqueza en manos del 10 % más rico

Más desigualdad						Menos desigualdad				
Sudáfrica 50,5 %	São Tome y Príncipe 49,1 %	Namibia 47,3 %	República Centroafricana 46,2 %	Mozambique 45,5 %		Noruega 19,5 %	Eslovenia 21,0 %	Islandia 21,2 %	Suecia 21,3 %	República Checa 21,5 %

LA CRISIS DE LA **COVID-19** PODRÍA LLEVAR HASTA **150 MILLONES DE PERSONAS** A LA **POBREZA EXTREMA** A FINALES DE 2021

3,20 $ DIARIOS EN 2017, Y EL 43,6 % VIVÍA CON MENOS DE 5,50 $.

El oro del mundo

Precioso, raro y valioso, el oro se ha extraído desde la antigüedad egipcia. En ocasiones, su hallazgo desató una «fiebre del oro» en miles de personas que acudían en masa al lugar con la esperanza de hacerse ricas.

Fiebre del oro de Klondike (Canadá), 1879-1899
100 000 buscadores con Klondike a la cabeza. Encontraron oro unos 4000.

Fiebre del oro de California (EE UU), 1848-1855
300.000 buscadores se lanzaron a California en busca de fortuna.

Las 10 mayores minas

Cantidades de oro extraído en 2019.

1. **Muruntau (Uzbekistán)**
   62,2 toneladas

2. **Olimpiada (Rusia)**
   43,2 toneladas

3. **Carlin (Nevada, EE UU)**
   40,9 toneladas

4. **Pueblo Viejo (República Dominicana)**
   30,6 toneladas

5. **Cortez (Nevada, EE UU)**
   29,9 toneladas

6. **Lihir (Papúa-Nueva Guinea)**
   27,4 toneladas

7. **Cadia East (Australia)**
   27,1 toneladas

8. **Grasberg (Indonesia)**
   26,8 toneladas

9. **Kibali (República Democratica del Congo)**
   25,3 toneladas

10. **Loulo-Gounkoto (Mali)**
    22,2 toneladas

Canadá
El 5 % del oro mundial procede de Canadá.

EE UU
Es el cuarto productor de oro; extrae 200 toneladas anuales (6 % del total mundial).

Ghana
Ghana es el mayor productor de oro, posición en la que superó a Sudáfrica en 2019.

Perú
Es el primer productor de Sudamérica y el sexto del mundo (4 % del total mundial).

CON TODO EL **ORO** QUE SE HA **EXTRAÍDO** A LO LARGO DE LA HISTORIA OBTENDRÍAMOS UN CUBO DE **28 M** DE LADO

Reservas oficiales de oro

Los bancos centrales de todos los países almacenan oro para respaldar su moneda. La Reserva Federal de EE UU posee las mayores reservas. También existen otras reservas internacionales, como las del Fondo Monetario Internacional.

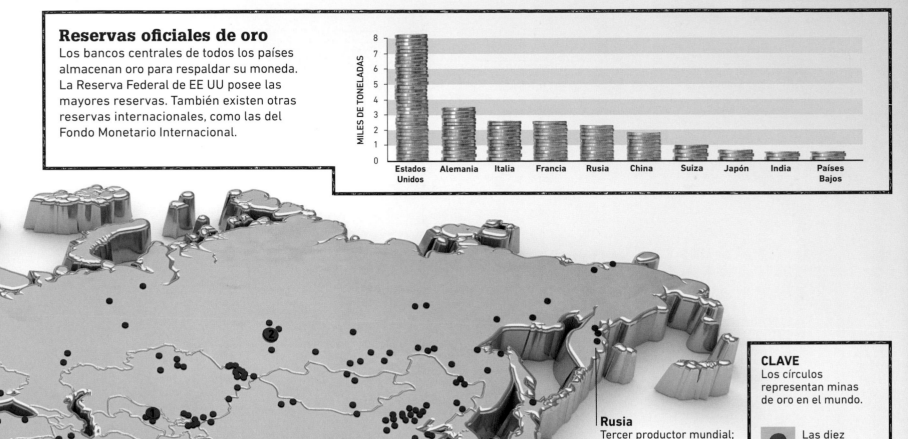

MILES DE TONELADAS

Estados Unidos · Alemania · Italia · Francia · Rusia · China · Suiza · Japón · India · Países Bajos

CLAVE
Los círculos representan minas de oro en el mundo.

● Las diez mayores

• Otras minas

Rusia
Tercer productor mundial; en 2019 extrajo 310 toneladas (9 % del total).

China
Es el mayor productor mundial de oro; en 2019 extrajo 420 toneladas (13 % del total mundial).

Indonesia
Gran parte del oro que produce —casi el 5 % del total mundial— es un subproducto de la extracción de cobre.

África
El continente produce una quinta parte del oro mundial.

Existencias de oro en el mundo

De las 198 000 toneladas de oro extraído hasta hoy, más de la mitad se ha convertido en joyas; algo menos de la quinta parte está almacenada en bancos centrales (cuadro superior); una fracción se usa en aplicaciones técnicas, como cables y revestimientos de naves espaciales; y otra aún mayor está en manos de inversores que esperan el momento propicio para vender.

Fiebre del oro de Witwatersrand (Sudáfrica), 1886
Causada por el descubrimiento del «arco de oro», un antiguo lecho lacustre rico en depósitos de oro que va desde Johannesburgo hasta y Welkom.

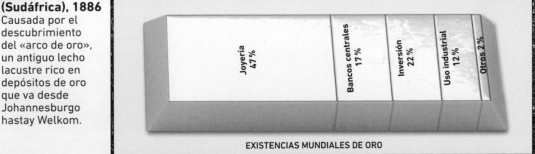

Joyería 47% · Bancos centrales 17% · Inversión 22% · Uso industrial 12% · Otros 2%

EXISTENCIAS MUNDIALES DE ORO

Australia
El segundo productor mundial de oro, con 330 toneladas extraídas en 2019 (10 % del total mundial).

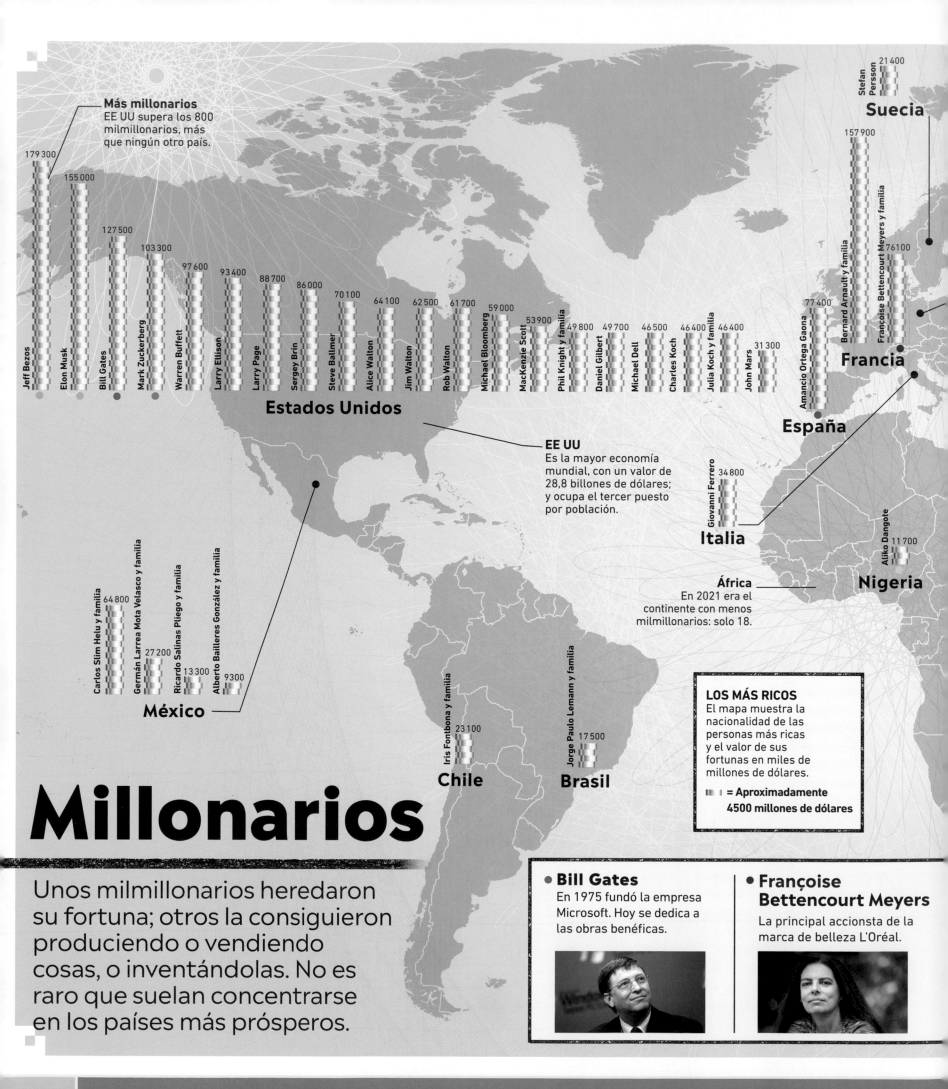

Millonarios

Más millonarios
EE UU supera los 800 milmillonarios, más que ningún otro país.

Estados Unidos

- Jeff Bezos 179 300
- Elon Musk 155 000
- Bill Gates 127 500
- Mark Zuckerberg 103 300
- Warren Buffett 97 600
- Larry Ellison 93 400
- Larry Page 88 700
- Sergey Brin 86 000
- Steve Ballmer 70 100
- Alice Walton 64 100
- Jim Walton 62 500
- Rob Walton 61 700
- Michael Bloomberg 59 000
- MacKenzie Scott 53 900
- Phil Knight y familia 49 800
- Daniel Gilbert 49 700
- Michael Dell 46 500
- Charles Koch 46 400
- Julia Koch y familia 46 400
- John Mars 31 300

EE UU
Es la mayor economía mundial, con un valor de 28,8 billones de dólares; y ocupa el tercer puesto por población.

México

- Carlos Slim Helu y familia 64 800
- Germán Larrea Mota Velasco y familia 27 200
- Ricardo Salinas Pliego y familia 13 300
- Alberto Baillères González y familia 9300

Chile
- Iris Fontbona y familia 23 100

Brasil
- Jorge Paulo Lemann y familia 17 500

Suecia
- Stefan Persson 21 400

Francia
- Bernard Arnault y familia 157 900
- Françoise Bettencourt Meyers y familia 76 100

España
- Amancio Ortega Gaona 77 400

Italia
- Giovanni Ferrero 34 800

Nigeria
- Aliko Dangote 11 700

África
En 2021 era el continente con menos milmillonarios: solo 18.

LOS MÁS RICOS
El mapa muestra la nacionalidad de las personas más ricas y el valor de sus fortunas en miles de millones de dólares.

= Aproximadamente 4500 millones de dólares

Unos milmillonarios heredaron su fortuna; otros la consiguieron produciendo o vendiendo cosas, o inventándolas. No es raro que suelan concentrarse en los países más prósperos.

● Bill Gates
En 1975 fundó la empresa Microsoft. Hoy se dedica a las obras benéficas.

● Françoise Bettencourt Meyers
La principal accionsta de la marca de belleza L'Oréal.

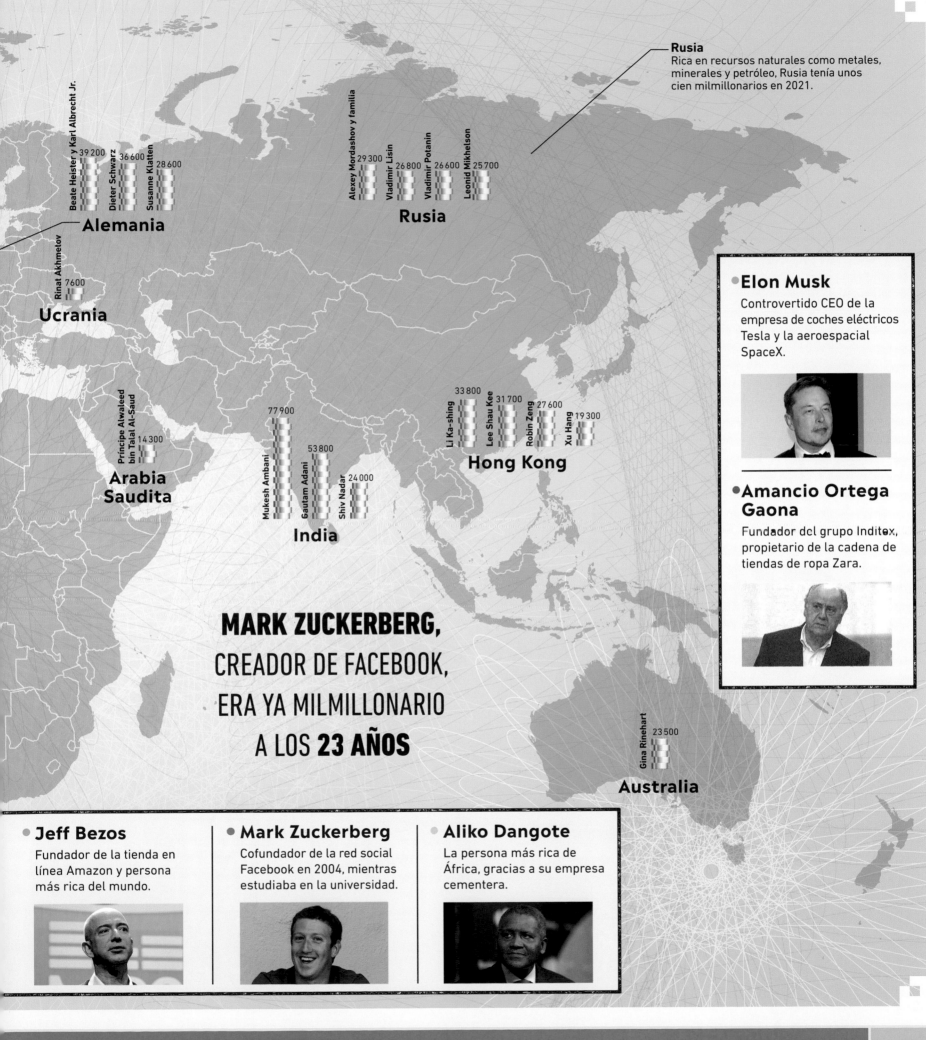

Rusia
Rica en recursos naturales como metales, minerales y petróleo, Rusia tenía unos cien milmillonarios en 2021.

Alemania

Beate Heister y Karl Albrecht Jr. 39 200
Dieter Schwarz 36 600
Susanne Klatten 28 600

Rusia

Alexey Mordashov y familia 29 300
Vladimir Lisin 26 800
Vladimir Potanin 26 600
Leonid Mikhelson 25 700

Ucrania

Rinat Akhmetov 7600

Arabia Saudita

Príncipe Alwaleed bin Talal Al-Saud 14 300

India

Mukesh Ambani 77 900
Gautam Adani 53 800
Shiv Nadar 24 000

Hong Kong

Li Ka-shing 33 800
Lee Shau Kee 31 700
Robin Zeng 27 600
Xu Hang 19 300

Australia

Gina Rinehart 23 500

MARK ZUCKERBERG, CREADOR DE FACEBOOK, ERA YA MILMILLONARIO A LOS **23 AÑOS**

•Elon Musk
Controvertido CEO de la empresa de coches eléctricos Tesla y la aeroespacial SpaceX.

•Amancio Ortega Gaona
Fundador del grupo Inditex, propietario de la cadena de tiendas de ropa Zara.

•Jeff Bezos
Fundador de la tienda en línea Amazon y persona más rica del mundo.

•Mark Zuckerberg
Cofundador de la red social Facebook en 2004, mientras estudiaba en la universidad.

•Aliko Dangote
La persona más rica de África, gracias a su empresa cementera.

CLAVE

Los animales criados para la alimentación humana aparecen en marrón; las plantas cultivadas en campos y huertos, en verde; y los productos del mar –pescado y marisco–, en azul.

- 🐂 Bovino
- 🐐 Caprino
- 🦃 Aves
- 🐷 Porcino
- 🐑 Ovino
- 🌽 Maíz
- 🌾 Arroz
- 🌾 Caña
- 🍇 Vid
- 🌾 Trigo
- ☕ Café
- 🌿 Frutales
- 🍃 Té
- 🐟 Pesca

Comercio de trigo

El trigo es el cultivo más extendido del mundo. Rusia aportó el 18 % de las exportaciones mundiales en 2019. Egipto produce trigo, pero importa 12 millones de toneladas al año.

EXPORTACIONES

MILLONES DE TONELADAS

35 / 30 / 25 / 20 / 15 / 10 / 5 / 0

Rusia · EE UU · Canadá · Francia · Ucrania

IMPORTACIONES

MILLONES DE TONELADAS

15 / 12 / 9 / 6 / 3 / 0

Egipto · Indonesia · Brasil · Filipinas · Turquía

Grandes Bancos de Terranova

En el pasado fue una de las zonas pesqueras más ricas del mundo; la pesca del bacalao se hundió por la sobrepesca.

Cinturón del grano de EE UU

El terreno llano, ideal para la gran maquinaria agrícola, y la fertilidad del suelo, hacen de la región del Medio Oeste una de las mejores tierras de cultivo del mundo.

Zona pesquera Chile-Perú

Son las mejores aguas del mundo para la pesca, pues la corriente profunda lleva nutrientes a la superficie.

Producción **alimentaria**

Los alimentos de un país dependen de su ubicación. El terreno fértil se cultiva; las zonas menos accesibles sirven para pasto del ganado, y se pesca donde las corrientes cálidas producen abundante vida marina.

Comercio de té

China es el primer productor de té, con un 40 % del total mundial. Turquía es el mayor consumidor de té, con un consumo de entre 5 y 10 tazas al día.

PRODUCCIÓN, 2018

MILES DE TONELADAS

3 / 2 / 1 / 0

China · India · Kenia · Sri Lanka · Vietnam

CONSUMO POR PERSONA, 2018

3 kg / 2 kg / 1 kg / 0

Turquía · Irlanda · Reino Unido · Rusia · Marruecos

BRASIL PRODUCE LA TERCERA PARTE DEL CAFÉ MUNDIAL, CASI

Producción de arroz en India
El arroz puede crecer en muchos lugares, siempre que disponga de mucha agua. Pero cultivarlo exige gran cantidad de trabajo humano, por lo que a menudo se hace en países con mano de obra abundante y barata, como India.

China y Japón
Son los dos países que más pescado capturan y consumen. El pescado ha sido durante siglos un elemento esencial de la dieta en las culturas china y japonesa.

SEGÚN LA **ONU** ALIMENTAR A LA CRECIENTE **POBLACIÓN** MUNDIAL EXIGE AUMENTAR UN **70 %** LA **PRODUCCIÓN** DE ALIMENTOS ANTES DE **2050**

Comercio de carne ovina

Con cuatro millones de habitantes y más de 31 millones de ovejas, no es extraño que Nueva Zelanda exporte el 90 % de su producción de carne. China importa el 50 % de su carne ovina de Nueva Zelanda y es su mayor cliente.

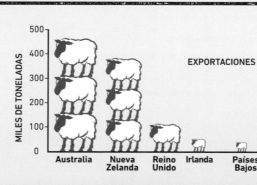

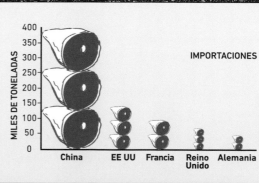

Canadá

Su índice de obesidad en adultos es del 27,7 %, más bajo que el de EE UU. La ingesta calórica diaria aproximada es de 3530 kcal.

Reino Unido

Se calcula que la obesidad supone un extra anual de 6100 millones de euros al gasto sanitario del país.

EE UU

Las grandes porciones, junto con la comida rápida y la precocinada –baratas, calóricas y ricas en grasas–, elevan el promedio de ingesta calórica diaria a 3800 kcal. La obesidad en adultos ronda el 39,6 %.

África

Es el continente con la ingesta calórica más baja, unas 2550 kcal diarias. La media mundial es de 2870 kcal.

Cuba

Aunque no es un país rico, su población está bien alimentada, con una ingesta calórica diaria de unas 3420 kcal.

Bolivia

La ingesta diaria del adulto medio en Bolivia es de unas 2100 kcal.

El peso en el mundo

Algunas islas del Pacífico, como Nauru, las islas Cook y Tonga, tienen un alto índice de obesidad. Ello se debe, en parte, a que los isleños comen sobre todo alimentos importados baratos y grasos, y en parte, a que tradicionalmente la gordura se considera signo de riqueza y fertilidad.

PORCENTAJE DE POBLACIÓN CLASIFICADA COMO OBESA

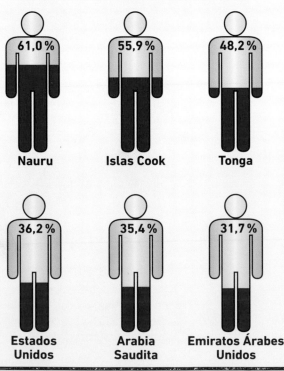

Nauru	Islas Cook	Tonga
61,0 %	55,9 %	48,2 %

Estados Unidos	Arabia Saudita	Emiratos Árabes Unidos
36,2 %	35,4 %	31,7 %

Nutrición

La energía de los alimentos es el combustible de nuestro cuerpo. El exceso de comida y las dietas poco saludables conducen a la obesidad: un peso excesivo que causa trastornos y enfermedades.

EN 2019 HABÍA 690 MILLONES DE PERSONAS SUBALIMENTADAS

China
Con 1400 millones de habitantes, China tiene que alimentar a la mayor población mundial. La ingesta diaria es de 2990 kcal.

India
Un tercio de los niños subalimentados del mundo vive en India, donde la ingesta media diaria es de 2360 kcal.

Mongolia
La ingesta calórica diaria ha aumentado de 1840 kcal en 1994 a más de 2240 kcal en la actualidad.

CALORÍAS DIARIAS
Consumo diario de kilocalorías (kcal) por persona.

- Menos de 2000
- 2000 – 2400
- 2400 – 2800
- 2800 – 3200
- 3200 – 3600
- Más de 3600
- Sin datos

Eritrea
La ingesta calórica diaria es de unas 1590 kcal, una de las más bajas del mundo.

LA **MALNUTRICIÓN** CAUSA
LA MUERTE DE **3,1 MILLONES**
DE NIÑOS CADA AÑO

Australia
El australiano medio ingiere unas 3220 kcal al día, más del doble que un eritreo.

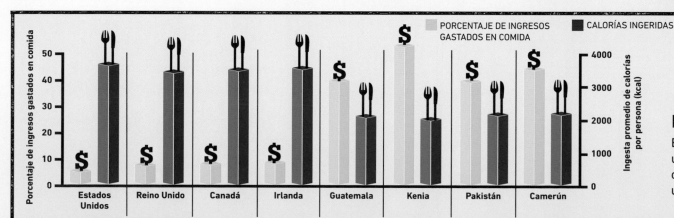

PORCENTAJE DE INGRESOS GASTADOS EN COMIDA · CALORÍAS INGERIDAS

Porcentaje de ingresos gastados en comida: Estados Unidos, Reino Unido, Canadá, Irlanda, Guatemala, Kenia, Pakistán, Camerún

Ingesta promedio de calorías por persona (kcal)

El coste de la comida

En los países pobres, la gente gasta una parte mayor de sus ingresos en comida; por eso no puede permitirse una ingesta calórica alta.

Educación

Saber leer y escribir es esencial. Nos permite aprender, sacar todo el partido de nuestras habilidades y lograr mejores empleos. Un índice alto de analfabetismo ralentiza el desarrollo y frena el enriquecimiento de los países que lo sufren.

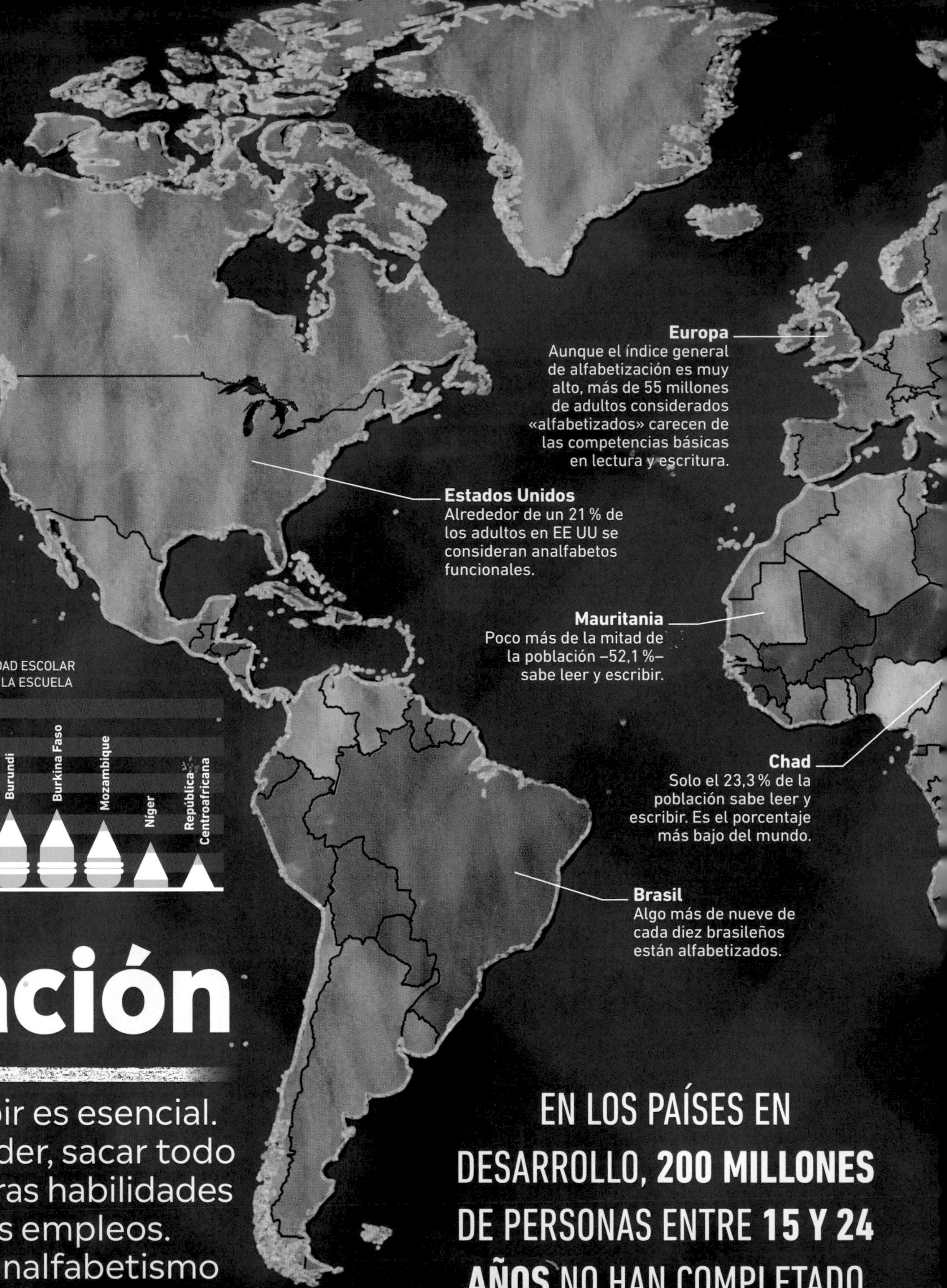

Canadá
A un 16 % de los canadienses les cuesta superar un test básico de alfabetización.

Europa
Aunque el índice general de alfabetización es muy alto, más de 55 millones de adultos considerados «alfabetizados» carecen de las competencias básicas en lectura y escritura.

Estados Unidos
Alrededor de un 21 % de los adultos en EE UU se consideran analfabetos funcionales.

Mauritania
Poco más de la mitad de la población –52,1 %– sabe leer y escribir.

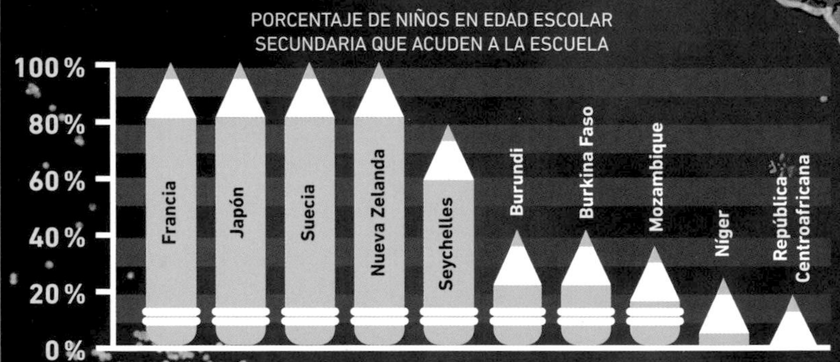

Chad
Solo el 23,3 % de la población sabe leer y escribir. Es el porcentaje más bajo del mundo.

Brasil
Algo más de nueve de cada diez brasileños están alfabetizados.

Enseñanza secundaria

Las naciones ricas pueden permitirse proporcionar educación secundaria a todos los niños, pero los gobiernos de los países más pobres no pueden ofrecer plazas para todos. Esto es especialmente evidente en el África subsahariana. En Níger, por ejemplo, solo el 24 % de los niños va al instituto.

PORCENTAJE DE NIÑOS EN EDAD ESCOLAR SECUNDARIA QUE ACUDEN A LA ESCUELA
100 %
80 %
60 %
40 %
20 %
0 %
Francia
Japón
Suecia
Nueva Zelanda
Seychelles
Burundi
Burkina Faso
Mozambique
Níger
República Centroafricana

EN LOS PAÍSES EN DESARROLLO, **200 MILLONES** DE PERSONAS ENTRE **15 Y 24 AÑOS** NO HAN COMPLETADO LA **EDUCACIÓN PRIMARIA**

EN 2014 HABÍA EN EL MUNDO 61 MILLONES DE NIÑOS EN EDAD ESCOLAR

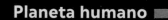

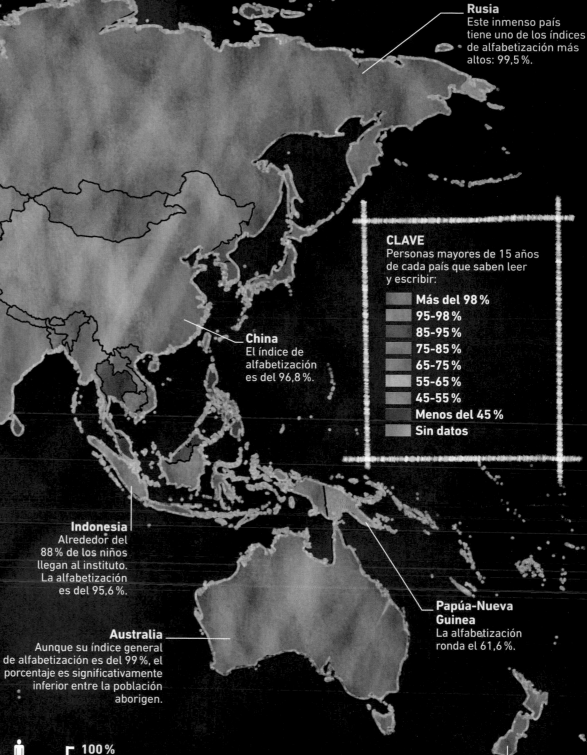

Georgia
Tiene un índice de alfabetización muy alto, de más del 99 %.

Rusia
Este inmenso país tiene uno de los índices de alfabetización más altos: 99,5 %.

China
El índice de alfabetización es del 96,8 %.

CLAVE
Personas mayores de 15 años de cada país que saben leer y escribir:

- Más del 98 %
- 95-98 %
- 85-95 %
- 75-85 %
- 65-75 %
- 55-65 %
- 45-55 %
- Menos del 45 %
- Sin datos

Somalia
Con una alfabetización de solo el 37,8 %, casi dos tercios de su población no saben leer ni escribir.

Indonesia
Alrededor del 88 % de los niños llegan al instituto. La alfabetización es del 95,6 %.

Madagascar
Casi tres cuartos de los malgaches, el 74,8 %, están alfabetizados.

Papúa-Nueva Guinea
La alfabetización ronda el 61,6 %.

Australia
Aunque su índice general de alfabetización es del 99 %, el porcentaje es significativamente inferior entre la población aborigen.

Nueva Zelanda
El 99 % de los neozelandeses está alfabetizado.

Porcentaje de adultos alfabetizados

■ Hombres   ■ Mujeres

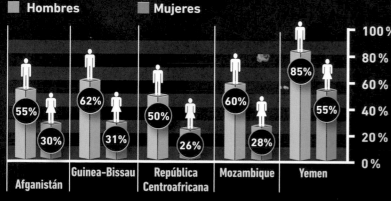

	Afganistán	Guinea-Bissau	República Centroafricana	Mozambique	Yemen
Hombres	55%	62%	50%	60%	85%
Mujeres	30%	31%	26%	28%	55%

100 %
80 %
60 %
40 %
20 %
0 %

Diferencias hombre-mujer

De los 781 millones de adultos analfabetos que había en el mundo en 2010, dos tercios eran mujeres. En algunos países se disuade a las niñas de ir a la escuela, lo que provoca grandes diferencias de alfabetización entre sexos.

Vertidos de petróleo

Los derrames de petróleo en el medio ambiente causan la devastación de la vida natural, y su limpieza es difícil y costosa.

Guerra del Golfo
Golfo Pérsico, 1991
300 000-1 200 000 toneladas
Las tropas iraquíes abrieron las válvulas en pozos y conductos de Kuwait, lo que provocó una mancha de 160 km.

Pozo 1 de Lakeview California (EE UU), 1910-1911
1 100 000 toneladas
Un pozo estalló como un géiser y derramó crudo durante un año hasta agotarse de forma natural.

Deepwater Horizon
Golfo de México, 2010
671 000 toneladas
El vertido submarino se produjo cuando una explosión destruyó la plataforma Deepwater Horizon.

Ixtoc
Golfo de México, 1979-1980
412 000-435 000 toneladas
La plataforma Ixtoc I se hundió tras una explosión y provocó un vertido que duró nueve meses.

Atlantic Empress
Trinidad y Tobago, 1979
260 000 toneladas
El mayor vertido procedente de un barco. El petrolero *Atlantic Empress* colisionó con otro barco; murieron 26 tripulantes.

Residuos
y polución

Vertidos de petróleo, residuos industriales y fugas nucleares causan daños a las personas y al ambiente. Las emisiones del transporte y la industria causan calentamiento global.

Contaminantes orgánicos persistentes (COP): Ártico canadiense
Incluyen productos industriales y pesticidas. Se desplazan con las corrientes oceánicas y atmosféricas, y se acumulan en las regiones árticas, donde contaminan los alimentos del pueblo inuit.

Plomo: La Oroya (Perú)
Una planta de fundición emite plomo tóxico desde 1922. Esto ha provocado la grave contaminación del aire y de las reservas de agua, y un nivel peligroso de plomo en la sangre de la población.

LA MAREA NEGRA DE LA **GUERRA DEL GOLFO** DE 1991 TENÍA **13 CM DE** GROSOR

Accidentes nucleares
La fisión atómica en un reactor nuclear produce energía para generar electricidad. Si un accidente en un reactor provoca fugas de material radiactivo, puede causar enfermedades como el cáncer durante años.

Chernóbil (Ucrania)
26 de abril de 1986

La explosión de un reactor liberó material radiactivo. Las enfermedades relacionadas con el mismo causaron miles de muertes.

LOS RESIDUOS RADIACTIVOS DE UN REACTOR NUCLEAR SON PELIGROSOS

Agentes químicos: Dzerzhínsk (Rusia)
En esta ciudad, donde se fabricaron armas químicas hasta 1998, el agua está saturada de sustancias tóxicas. La esperanza de vida en esta zona era de 45 años en 2007.

Productos químicos orgánicos: Sumgayit (Azerbaiyán)
Este pueblo albergó plantas químicas que liberaban 109 000 toneladas anuales de tóxicos. La incidencia de cáncer es un 51 % más alta que en el resto del país.

Níquel: Norilsk (Rusia)
La lluvia ácida y la niebla tóxica debidas al masivo complejo metalúrgico de esta ciudad industrial apenas permiten crecer árboles en 48 km a la redonda.

Sustancias químicas: Bhopal (India)
En 1984, el escape tóxico de una fábrica de pesticidas provocó entre 4000 y 15 000 víctimas. Las enfermedades y muertes relacionadas con el desastre afectan aún a miles de personas.

Contaminación del aire: Linfen (China)
Linfen, en el corazón de la industria del carbón china, es una de las ciudades más contaminadas del mundo. El polvo de carbón satura el aire, aumentando el riesgo de bronquitis, neumonía y cáncer.

Mercurio: Kalimantán central (Borneo)
Aquí se liberan al aire cada año unas 45 toneladas de mercurio, usado para la extracción en las minas de oro.

Pesticidas: Kasaragod (India)
Décadas de uso de pesticidas en plantaciones de anacardos han causado enfermedades físicas y mentales a una generación.

Desechos de curtición: Ranipet (India)
El agua contaminada por los desechos de una curtiduría produce ulceraciones de la piel.

Plomo: Kabwe (Zambia)
Una antes próspera industria del plomo ha dado lugar a que el nivel de plomo en sangre de los niños esté 5-10 veces por encima del límite tolerable.

Drenaje ácido de minas: Johannesburgo (Sudáfrica)
El agua acidificada que fluye de las viejas minas a los ríos contamina aguas y cultivos, y amenaza la vida salvaje.

Dióxido de carbono

El mapa muestra la producción de CO_2 por persona. Los países ricos tienden a producir más.

Toneladas de CO_2 por persona

	Menos de 1,5
	1,5-3,0
	3,0-5,0
	5,0-10,0
	10,0-15,0
	Más de 15,0
	Sin datos

Fukushima (Japón)
11 de marzo de 2011

Un tsunami golpeó esta central costera provocando explosiones. Más de 100 000 personas debieron ser evacuadas de sus casas.

Isla de las Tres Millas (EE UU)
28 de marzo de 1979

Un reactor de la central resultó dañado a causa del recalentamiento. La descontaminación del lugar costó casi 1000 millones de dólares.

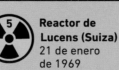

Idaho Falls (EE UU)
3 de enero de 1961

Una explosión en el prototipo de reactor SL-1 mató a tres trabajadores: los primeros muertos en este tipo de accidente.

Reactor de Lucens (Suiza)
21 de enero de 1969

El reactor, construido en una caverna, filtraba radiación. Ningún trabajador se contaminó, pero el lugar se selló para contener la radiación.

Lugares de alto riesgo

**Puente Hills:
Los Ángeles (EE UU)**
Aproximadamente
10 300 toneladas/día

Groenlandia
En la actualidad, Groenlandia produce un 30 % más de residuos de los que puede procesar, aunque está previsto que en 2021 y 2022 se inauguren dos nuevas incineradoras de basura para obtener energía.

**Ápex: Las Vegas
(EE UU)**
Aproximadamente
10 500 toneladas/día

**Isla de basura
del Pacífico occidental**
Gran cantidad de desechos acaban en los ríos, que los arrastran al mar, donde las corrientes circulares, llamadas giros, los reúnen en grandes balsas en la superficie. Este es el mayor de esos basureros.

Isla de basura del Atlántico norte
Esta mancha tiene cientos de kilómetros de diámetro. Llega a desplazarse hasta 1600 km al norte o al sur según la estación del año.

**Vertedero Bordo Poniente:
Nezahualcoyotl (México)**
Unas 12 000 toneladas diarias.

Gabón
Los países más pobres, como Gabón, producen menos basura porque, en conjunto, la gente compra menos y adquiere más productos locales, con menos envases, y recicla más.

Basura
y desechos

A medida que mejora el nivel de vida y crecen las ciudades, también lo hace la cantidad de basura producida. La mayor parte va a parar a vertederos, que son caros, ocupan mucho terreno y son nocivos para el medio ambiente. El reciclaje es una forma de ayudar a controlar la acumulación de la basura global.

**Isla de basura
del Pacífico sur**
El giro del Pacífico sur parece contener menos desechos plásticos, con diferencia, que otras islas de basura.

Isla de basura del Atlántico sur
Las primeras evidencias de esta mancha se descubrieron en 2011. La mayoría de las partículas plásticas de las islas de basura oceánicas son demasiado pequeñas para apreciarlas a simple vista.

Los campeones del reciclaje
Solo unos pocos países reciclan actualmente más de la mitad de sus residuos; Alemania encabeza esta lista, con el 56,1 % de los residuos en 2019. Esta cifra supone un gran aumento desde 1991, cuando el país reciclaba solo el 3 % de su basura.

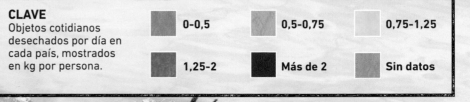

CLAVE
Objetos cotidianos
desechados por día en
cada país, mostrados
en kg por persona.

0-0,5	0,5-0,75	0,75-1,25
1,25-2	Más de 2	Sin datos

Laogang: Shanghái (China)
Aproximadamente 10 000 toneladas/día

Sudokwon: Incheon (Corea del Sur)
Aprox. 18 000-20 000 toneladas/día

Moldavia
Moldavia vierte cada año más de un
millón de toneladas de residuos en
el suelo, de los que solo clasifica y
recicla el 10 %.

Isla de basura del Pacífico oriental
Junto con la del Pacífico occidental,
conforma la Gran Mancha de Basura del
Pacífico. Los científicos calculan que la
región oriental contiene tres millones de
toneladas de desechos plásticos.

Australia
En 2019 solo se recicló el 12 %
del plástico doméstico australiano,
pero al año siguiente el gobierno
anunció un presupuesto de 190
millones de dólares para nuevas
infraestructuras de reciclaje.

**Isla de basura
del océano Índico**

PORCENTAJE DE BASURA
RECICLADA

100
90
80
70
60
50
40
30
20
10
0

Alemania · Singapur · Corea del Sur · Taiwán · Países Bajos · Austria · Eslovenia

UNA BOTELLA DE **PLÁSTICO** PUEDE TARDAR **450 AÑOS** EN **DESCOMPONERSE**

Noruega
Toda su población tiene agua potable en su casa.

EE UU
Una familia con cuatro miembros utiliza unos 1500 litros al día, la mayor parte en el baño y el inodoro.

Haití
Tras el terremoto de 2010, más de 1,5 millones de haitianos se alojaron en campos de refugiados sin agua potable. Varios miles murieron de cólera, una enfermedad que se propaga en aguas sucias.

Mauritania
En este país de clima desértico solo el 68 % de la población dispone de agua potable, y con frecuencia la gente debe caminar lejos para obtenerla.

Perú
Tiene grandes reservas de agua en sus montañas, pero la mayoría de la población vive en ciudades costeras, donde el clima es cálido y seco. Por ello el agua puede ser escasa y cara.

AGUA POTABLE
El mapa muestra el porcentaje de población con agua potable en cada país. Se incluyen el agua canalizada hasta las casas y la recogida en depósitos, pozos y fuentes.

- Más del 97 %
- 95-97 %
- 85-95 %
- 70-85 %
- Menos del 70 %
- Sin datos

Agua potable

El grifo de las casas proporciona un suministro inmediato de agua para beber. Sin embargo, millones de personas en todo el mundo deben ir a buscarla a un depósito o un pozo. Para una de cada tres personas, los recursos de agua potable están contaminados y son peligrosos.

Cultivos sedientos
La agricultura en climas secos es, con mucho, la actividad humana que más agua consume. Usa mucha más que los hogares y acapara el uso del agua en muchos países. Por eso los países de Asia central donde los agricultores riegan campos de algodón encabezan la lista de consumidores.

Rusia

Los ríos y lagos de Rusia proporcionan gran cantidad de agua, pero la calidad del suministro no es fiable, y mucha gente compra agua embotellada.

Uso doméstico de agua

Estos vasos muestran cuántos litros de agua usa cada persona al día para beber, lavarse, cocinar y limpiar. En Camboya, cada persona gasta solo 19 litros al día; en EE UU usa 30 veces más.

| **Camboya** | **Kenia** | **Brasil** | **Kuwait** | **EE UU** |
| 19,6 | 34,4 | 234 | 501 | 593 |

India

El 19 % de la población mundial sin acceso al agua potable vive en la India. Unos 850 niños menores de 5 años mueren diariamente por enfermedades diarreicas.

Indonesia

Gran parte del agua está contaminada con vertidos industriales y residuos. El 70 % de la población carece de agua potable.

SEGÚN LA **ONU,** CADA PERSONA DEBERÍA DISPONER DE **50 LITROS** DE **AGUA POTABLE** AL DÍA

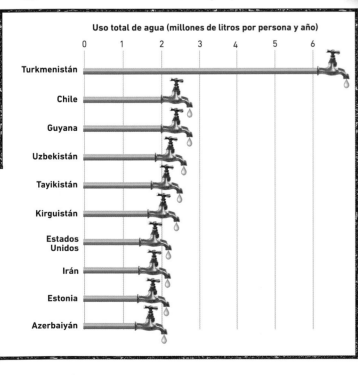

Uso total de agua (millones de litros por persona y año)

0   1   2   3   4   5   6

- Turkmenistán
- Chile
- Guyana
- Uzbekistán
- Tayikistán
- Kirguistán
- Estados Unidos
- Irán
- Estonia
- Azerbaiyán

Australia

Las terribles sequías sufridas por este árido país han hecho que se replantee su empleo del agua. Las autoridades han iniciado el reciclaje de aguas residuales y fomentan el de aguas grises (las generadas en el hogar por el uso de baños y lavadoras).

Arenas bituminosas de Athabasca (Canadá)

Estas inmensas reservas de crudo en forma de betún se hallan en la superficie. Para extraer el petróleo se necesitan cantidades enormes de agua y energía, con mucho más daño ambiental que en la extracción normal.

Mar del Norte

Contiene las mayores reservas de gas natural y crudo de Europa occidental.

Francia

Posee pocas reservas de crudo y se centra en la producción de energía nuclear.

EE UU

Los estadounidenses consumen alrededor del 16 % de la energía fósil mundial.

Trinidad y Tobago

El consumo de gas natural por persona es el más alto del mundo, y sus reservas disminuyen con rapidez.

Venezuela

Posiblemente sea el país con la mayor cantidad de petróleo, casi el 17 % de las reservas mundiales.

Nigeria

Es el mayor productor de crudo de África, pero los conflictos y la falta de recursos limitan su producción.

¿Cuánto queda?

Al ritmo creciente al que se consumen los combustibles fósiles, llegará un día en que las reservas mundiales (la cantidad existente en el subsuelo) se agotarán. La estimación de su volumen aumenta y disminuye en la medida en que se gastan las más antiguas y se descubren otras nuevas. Estas son las previsiones de cuánto tiempo podrían durar.

Carbón: 110 años
Gas natural: 54 años
Petróleo: 53 años

Estimación en 2021

Campos de gas en Texas

EE UU es el mayor productor mundial de gas natural. Texas proporciona casi la cuarta parte del gas de EE UU, tanto de campos terrestres como marinos.

Energía **fósil**

Más del 80 % de la energía total procede de combustibles fósiles: petróleo, gas natural y carbón. Son los restos de plantas y otros organismos enterrados durante millones de años. Al quemarse, liberan energía, pero también gases que contaminan la atmósfera.

CASI TODOS LOS **COMBUSTIBLES FÓSILES** SE FORMARON HACE UNOS **300-360 MILLONES** DE **AÑOS**

Islas Malvinas

Según las prospecciones, alrededor de estas islas controladas por Reino Unido existe el doble de petróleo que en el mar del Norte. Argentina reclama sus derechos sobre las islas y sobre el crudo.

Rusia
Tiene las mayores reservas de gas natural del mundo, y las segundas de carbón. En Rusia se consume tres veces más gas que carbón.

RESERVAS DE COMBUSTIBLE
Los combustibles fósiles se forman a lo largo de millones de años por compresión de los restos de organismos muertos. El petróleo y el gas natural quedan atrapados en bolsas subterráneas y se extraen por perforación. El carbón se puede explotar en minas de superficie o a grandes profundidades. El mapa muestra las zonas con explotaciones importantes de cada combustible.

◼ Yacimiento de petróleo
◼ Yacimiento de gas
◼ Yacimiento de carbón

China
Es el mayor productor de carbón, aunque sus reservas son las cuartas a escala mundial.

Oriente Medio
Es la región más rica en crudo, con casi la mitad de las reservas mundiales.

Campo petrolero Ghawar (Arabia Saudita)
Produce más petróleo que cualquier otro yacimiento, y es el responsable de más de la mitad de la inmensa producción de crudo de Arabia Saudita desde 1938.

Australia
Es uno de los mayores exportadores mundiales de carbón y el mayor consumidor por persona.

Mayores consumidores

En 2007 China superó a EE UU como el mayor consumidor de combustibles fósiles, sobre todo carbón. Sin embargo, dado que la población de EE UU es mucho menor, el estadounidense medio quema cuatro veces más combustible que el chino medio.

Mayor consumidor de gas
EE UU

Mayor consumidor de carbón
China

Mayor consumidor de petróleo
EE UU

Refinería de petróleo en Nueva Orleans (EE UU)

Energías alternativas

Hay varios tipos de energías alternativas; algunas de ellas son además renovables (página siguiente).

Eólica
Las turbinas eólicas, enormes rotores con palas giratorias montadas sobre altos mástiles, captan la energía del viento y la convierten en electricidad mediante un generador.

Solar
La energía del Sol se puede usar para calentar agua o para producir altas temperaturas y generar así electricidad. Los paneles fotovoltaicos convierten la luz solar en electricidad.

Nuclear
Los núcleos de los átomos se fisionan (dividen) en una central nuclear y liberan gran cantidad de energía. Pero este proceso también genera peligrosos residuos radiactivos.

Geotérmica
Una central geotérmica obtiene vapor o agua caliente subterráneos que utiliza para generar electricidad o calentar directamente edificios.

Hidráulica
En un embalse, el agua se acumula a un lado de la presa, cuyas compuertas se abren para que la fuerza del agua liberada active los generadores incorporados a esta.

Biomasa (biogás y biocombustibles)
Biomasa es toda materia orgánica que puede quemarse para generar calor o electricidad. Al descomponerse, los restos agrícolas, residuos de depuradoras y basuras liberan biogás, que se puede usar como combustible. También se obtienen biocombustibles líquidos a partir de materia vegetal.

Energías alternativas

Los combustibles fósiles –carbón, petróleo y gas– contaminan mucho, por lo que se fomenta el uso de otras fuentes de energía más limpias, y algunas renovables.

Canadá
Cuarto productor de energía hidráulica, sexto de nuclear, y noveno de eólica.

EE UU
Primer productor de nuclear geotérmica y biocombustibles; segundo de eólica y solar, y tercero de hidráulica.

México
Noveno de geotérmica.

Brasil
Segundo productor de electricidad a partir de biocombustibles e hidráulica y octavo de eólica.

Argentina
Décimo productor de electricidad a partir de biocombustibles.

Islandia
Octavo productor de geotérmica.

Alemania
Tercer productor de eólica, cuarto de solar y biocombustibles, y octavo de nuclear.

Noruega
Octavo productor de hidráulica.

Países Bajos
Octavo en biocombustibles.

Reino Unido
Sexto en eólica y séptimo en solar.

Francia
Tercero de nuclear, séptimo de biocombustibles y de eólica, noveno de solar y décimo de hidráulica.

España
Quinto productor de energía eólica y noveno de nuclear y biocombustibles.

Italia
Sexto productor de energía solar, séptimo de geotérmica, y décimo de eólica.

LAS CENTRALES HIDROELÉCTRICAS APORTAN EL 90 POR CIENTO DE LA ENERGÍA EN NORUEGA

CLAVE
Los diez mayores productores de energía de cada tipo.

↑ Energía eólica   ⛭ Energía geotérmica

▦ Energía solar   ≋ Energía hidráulica

☢ Energía nuclear   🌿 Biocombustibles

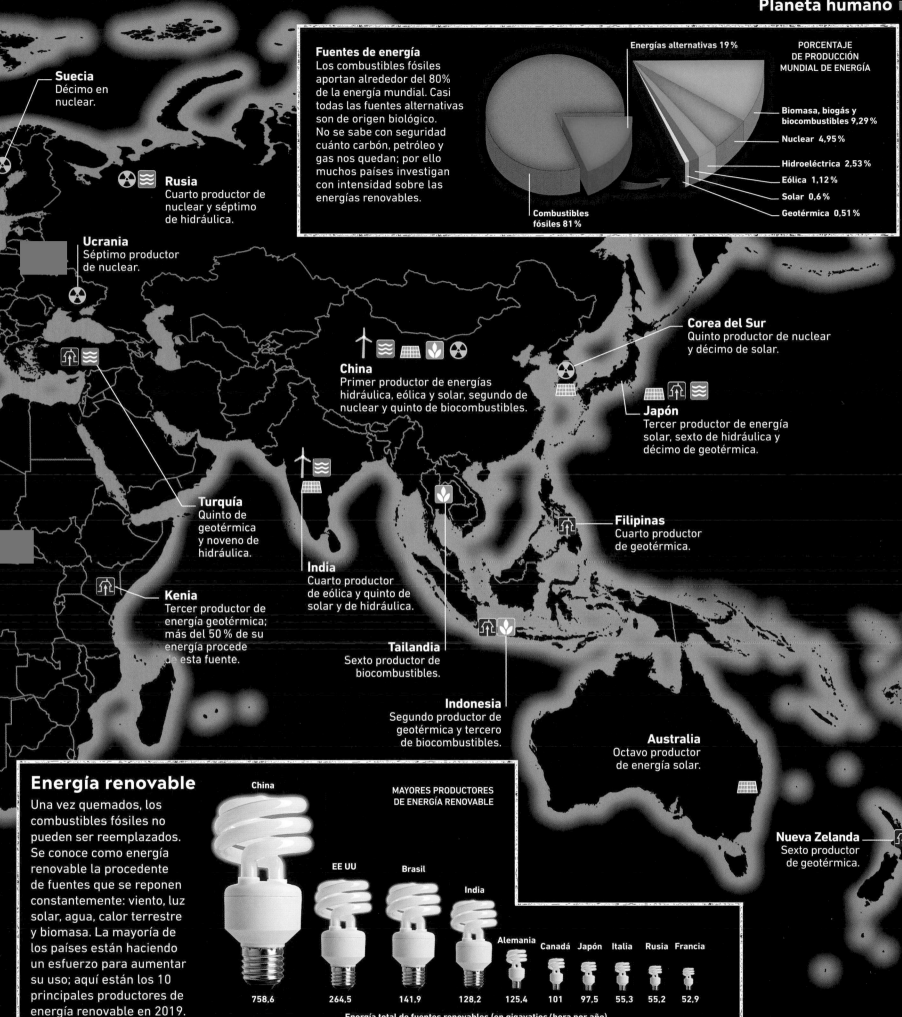

Suecia
Décimo en nuclear.

Rusia
Cuarto productor de nuclear y séptimo de hidráulica.

Ucrania
Séptimo productor de nuclear.

Fuentes de energía
Los combustibles fósiles aportan alrededor del 80% de la energía mundial. Casi todas las fuentes alternativas son de origen biológico. No se sabe con seguridad cuánto carbón, petróleo y gas nos quedan; por ello muchos países investigan con intensidad sobre las energías renovables.

Energías alternativas 19 %

PORCENTAJE DE PRODUCCIÓN MUNDIAL DE ENERGÍA

Biomasa, biogás y biocombustibles 9,29 %
Nuclear 4,95 %
Hidroeléctrica 2,53 %
Eólica 1,12 %
Solar 0,6 %
Geotérmica 0,51 %

Combustibles fósiles 81 %

China
Primer productor de energías hidráulica, eólica y solar, segundo de nuclear y quinto de biocombustibles.

Corea del Sur
Quinto productor de nuclear y décimo de solar.

Japón
Tercer productor de energía solar, sexto de hidráulica y décimo de geotérmica.

Turquía
Quinto de geotérmica y noveno de hidráulica.

Filipinas
Cuarto productor de geotérmica.

Kenia
Tercer productor de energía geotérmica; más del 50 % de su energía procede de esta fuente.

India
Cuarto productor de eólica y quinto de solar y de hidráulica.

Tailandia
Sexto productor de biocombustibles.

Indonesia
Segundo productor de geotérmica y tercero de biocombustibles.

Australia
Octavo productor de energía solar.

Nueva Zelanda
Sexto productor de geotérmica.

Energía renovable
Una vez quemados, los combustibles fósiles no pueden ser reemplazados. Se conoce como energía renovable la procedente de fuentes que se reponen constantemente: viento, luz solar, agua, calor terrestre y biomasa. La mayoría de los países están haciendo un esfuerzo para aumentar su uso; aquí están los 10 principales productores de energía renovable en 2019.

MAYORES PRODUCTORES DE ENERGÍA RENOVABLE

China 758,6
EE UU 264,5
Brasil 141,9
India 128,2
Alemania 125,4
Canadá 101
Japón 97,5
Italia 55,3
Rusia 55,2
Francia 52,9

Energía total de fuentes renovables (en gigavatios / hora por año)

Cambio climático

El clima de la Tierra se calienta y se enfría en ciclos, pero en el último siglo el calentamiento ha sido muy rápido. La mayoría de los científicos cree que ello está relacionado con el dióxido de carbono y otros gases liberados por la acción humana, que atrapan el calor saliente en la atmósfera y calientan el planeta.

Parque Nacional de los Glaciares (Montana, EE UU)
Los glaciares de este centro de investigación del cambio climático llevan retirándose desde la «pequeña glaciación» (un período frío que finalizó en 1850). En fechas recientes, el retroceso se ha acelerado: los expertos lo atribuyen al calentamiento global artificial.

Casquete glaciar de Groenlandia
En un verano medio se funde en torno a un 20 % del hielo de Groenlandia; en un momento del verano de 2012, los científicos registraron la desaparición del 97 %.

EL PARQUE NACIONAL DE LOS **GLACIARES (EE UU)** TIENE **25 GLACIARES**. EN 1910, TENÍA **150**

Calentamiento de los océanos
Las mediciones realizadas por satélite muestran que el océano Antártico se calienta 0,2 °C por década, mucho más rápido que los demás.

CAMBIO DE TEMPERATURAS
Este mapa, creado por científicos de la NASA, muestra las temperaturas medias globales de los años 2013-2017 comparadas con las de 1950-1980. Las regiones que en 2013-2017 están más calientes que en el período anterior aparecen en tonos rojizos; las que están más frías, en azules.

°C				
-2	-1	0	1	2

● **Otros indicios de cambio climático**

Banquisa ártica

Desde hace unas décadas, toda la región ártica se está calentando más que cualquier otra parte del planeta, y el efecto más evidente se da en la banquisa, la capa de unos 3 m de grosor de agua de mar congelada que se forma en la superficie de los océanos polares. En 2020, la banquisa ártica se redujo a su segunda extensión más baja desde que los satélites empezaron a controlarla en 1979.

Subida del nivel del mar

El nivel global de los mares está aumentando, pero los datos de los satélites indican que lo hace más en ciertos lugares. El nivel del mar alrededor de Filipinas, por ejemplo, está aumentando casi tres veces la media mundial, lo que hace que este país de baja altitud esté en la lista de la ONU de los países más vulnerables al cambio climático.

Contracción de lagos

El lago Chad se ha reducido en un 90 % desde 1960 debido al cambio de patrón de las lluvias monzónicas, que llevan menos agua. Con menos lluvia para los cultivos, la población local ha tenido que utilizar más agua del lago, reduciéndolo todavía más. Los científicos creen que el cambio pudo ser desencadenado por el calentamiento de la superficie de los océanos.

Retroceso de glaciares del Himalaya

La retirada de glaciares en el norte de India ha sido achacada a la «nube marrón asiática»: una neblina de partículas procedente de las ciudades de Asia meridional. Aunque la nube bloquea parte de la luz solar, enfriando así el terreno, tiene un efecto global de calentamiento, pues absorbe y retiene calor del mismo modo que el dióxido de carbono.

Glaciar fundido

El glaciar Muir, en Alaska (EE UU), lleva en recesión más de 80 años. Se ha retirado ya más de 12 km y ha perdido 800 m de grosor. La recesión puede verse en las imágenes inferiores. El glaciar ya no es visible hoy desde el punto en que se tomaron las fotos.

13 de agosto de 1941

31 de agosto de 2004

Nivel global del mar

Según las mediciones de los satélites, el nivel global del mar ha ascendido de forma constante unos 3 mm por año desde 1993. Durante los cien años anteriores a 1993 subía una media de solo 1,7 mm por año.

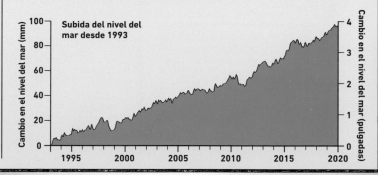

Subida del nivel del mar desde 1993

Santuario de aves migratorias del golfo de la Reina Maud (Canadá ártico)

Alert (Canadá)

Kluane/Wrangell-St. Elias/ Glacier Bay/Tatshenshini-Alsek (Alaska y Columbia Británica, EE UU)
Alberga algunos de los glaciares más espectaculares del mundo.

Parque Nacional del Noreste de Groenlandia
Fue la mayor zona protegida del mundo, ocupada por el casquete glaciar de Groenlandia.

Parque Nacional de Yellowstone (Wyoming, EE UU)
El primer parque nacional del mundo, fundado en 1872. Grandes herbazales de altura y de llanura proporcionan el hábitat ideal para las manadas de bisontes que lo habitan.

Área marina protegida de la fractura Charlie-Gibbs (océano Atlántico)

Norte de Canadá
El permafrost (suelo permanentemente helado) hace que esta vasta región sea inaccesible para el hombre, conservando la tundra ártica para los lobos y caribús.

Monumento nacional marino de Papahānaumokuākea
Hawái, 1 508 000 km².

Desierto del Sáhara
El mayor desierto cálido del mundo. Soporta poca vida humana al margen de sus oasis dispersos.

Monumento nacional marino de las islas remotas del Pacífico
Océano Pacífico Central, 1 270 500 km².

Islas Galápagos

Reservas Naturales de Air y el Teneré (Níger)

Marae Moana
Islas Cook, 1 976 000 km².

Bosque húmedo amazónico
El norte y el oeste de esta enorme selva apenas tiene alguna carretera y no sufre impacto humano. Algunas zonas se inundan todos los años hasta grandes alturas, y hay partes nunca taladas, es decir, de selva virgen.

Parque Nacional de Jaú (Amazonia brasileña)
Una de las mayores zonas de bosque húmedo protegido del mundo, y la mayor de la cuenca amazónica. Abarca todo el río Jaú, cuyas aguas son negras debido a los minerales de la materia orgánica disuelta que arrastra.

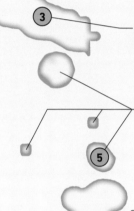

ESPACIOS NATURALES

El mapa muestra el nivel de influencia humana en el mundo. Los colores se basan en el «valor natural», que mide la lejanía de un lugar respecto a la actividad humana (asentamientos permanentes, carreteras y estructuras construidas). Esta medida del alejamiento de las actividades humanas indica cuánta vida silvestre queda allí.

Clave

Vida silvestre rica — Vida silvestre pobre

ÁREAS PROTEGIDAS EN EL MUNDO
Las marcas azules muestran algunas de las áreas naturales protegidas. En ellas suelen estar prohibidas las actividades nocivas, como la caza y la minería. Comprenden reservas naturales y marinas, parques nacionales y otras.

Las 5 mayores áreas protegidas

ALREDEDOR DEL **50 POR CIENTO** DE LA **POBLACIÓN** DEL MUNDO VIVE EN EL **1 POR CIENTO** DE LA **TIERRA**

Parque Nacional Yugyd Va (Rusia)
Uno de los mayores parques naturales de Europa, compuesto por bosques, en los Urales septentrionales.

Siberia
La fría y remota parte nororiental de Rusia posee bosques, montañas y tundra prácticamente intactos.

Gran polinia siberiana (Rusia)

Santuario Pelagos de mamíferos marinos del Mediterráneo

Lugar Patrimonio de la Humanidad del lago Baikal (Rusia)

Reserva Natural Qiangtang (China)
La meseta tibetana está apartada y muy poco poblada. Desde su punto más remoto hasta las ciudades próximas de Lhasa o Korla hay tres semanas de viaje: un día en coche y los 20 restantes a pie.

Outback (Australia)
El *outback* (interior australiano) comprende las zonas calientes y secas donde apenas hay habitantes, la mayoría aborígenes. Varias autopistas atraviesan incluso sus partes más remotas.

Reserva de caza Selous (Tanzania)

Área de conservación transfronteriza Kavango-Zambeze
El hogar de numerosas especies, en su centro están las cataratas Victoria.

Zona marina protegida de Chagos (océano Índico)
Incluye 55 diminutas islas bajo control británico, rodeadas por una inmensa reserva marina.

Parque natural del Mar de Coral
Nueva Caledonia, 1 293 000 km².

Parque marino de la Gran Barrera de Coral (Australia)
El mayor sistema de arrecifes coralinos del mundo.

Área protegida de la región marina Ross Sea
Antártida, 1 550 000 km².

Tierras silvestres

Las tierras silvestres son lugares inalterados por la acción humana. Algunas están habitadas por pueblos indígenas, cuyo modo de vida tiene un impacto mínimo en el paisaje y la vida silvestre.

Hacia el cielo
En esta foto de Dubái se alza
sobre la niebla el Burj Khalifa,
el edificio más alto del mundo.
Dubái es la ciudad más grande
de los Emiratos Árabes Unidos.

Introducción

La ingeniería y la tecnología nos permiten proezas asombrosas. Construimos rascacielos que alcanzan las nubes, puentes que cruzan cañones y túneles que atraviesan montañas o discurren bajo el mar. Nuestros sistemas de transporte y redes de ordenadores mantienen conectados lugares y personas. Incluso somos capaces de explorar otros planetas.

Mundo en movimiento

El transporte ha encogido nuestro mundo. Gracias a reactores, autopistas y trenes de alta velocidad, es posible realizar viajes de larga distancia en tiempos impensables hace solo unas décadas. Esta revolución del transporte comenzó con la invención del ferrocarril a inicios del siglo xx y no ha parado desde entonces.

El tren recibe electricidad de la catenaria (sistema de cables suspendidos sobre las vías).

Tren eléctrico de alta velocidad
Lanzados en 1999, los Velaro están en servicio en Alemania, España, Francia, Reino Unido, China, Rusia, Bélgica, Turquía y Países Bajos. Están propulsados por electricidad y pueden alcanzar velocidades superiores a los 350 km/h.

Tecnología menguante

Pocas ramas de la tecnología han avanzado tan rápido como la computación. El ENIAC, que fue desarrollado por el ejército estadounidense en 1946, fue el primer ordenador programable de uso general y contenía más de 100 000 componentes. Desde entonces, los componentes electrónicos se han hecho cada vez más pequeños. Un ordenador portátil actual es controlado por un microchip diminuto capaz de incorporar más de mil millones de componentes.

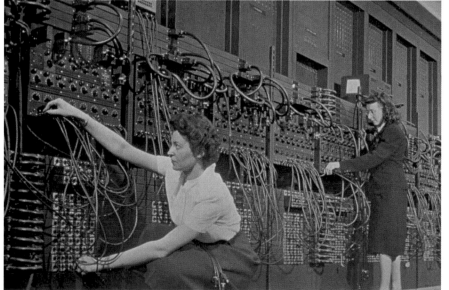

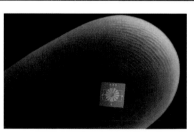

Maravilla moderna
Este diminuto ordenador de tan solo 1 mm² se implanta en el ojo para ayudar a personas con glaucoma.

Ancestro gigantesco
El ENIAC pesaba 30 toneladas y ocupaba una habitación entera. Sus operadores lo programaban conectando y desconectando clavijas y regulando interruptores.

EN 2020, FUGAKU LOGRÓ SER EL ORDENADOR MÁS RÁPIDO DEL MUNDO.

Primeras locomotoras de vapor

Puffing Billy es la locomotora de vapor más antigua que aún sobrevive. Construida en 1813 para transportar carbón en el norte de Inglaterra, su velocidad máxima era de unos 10 km/h.

El carbón transportado en el ténder se quemaba para calentar agua en la caldera y producir el vapor que impulsaba las ruedas.

El morro apuntado permite cortar el aire con más facilidad y aumentar la velocidad.

Construcción

A fines del siglo XIX empezó la revolución del acero y el hormigón: las estructuras de vigas de acero hicieron posibles unas construcciones más altas, y la invención del hormigón armado (reforzado con barras de acero interiores) introdujo un nuevo material extraordinariamente sólido y duradero. Juntos, el acero y el hormigón armado dieron origen a los rascacielos modernos y cambiaron el aspecto de las ciudades del mundo.

● **Hormigón antiguo**
Los romanos eran expertos en la construcción con hormigón. Lo usaron en el Coliseo y en el Panteón de Roma.

● **¿La ciudad más antigua con rascacielos?**
Shibam (Yemen) tiene unos 500 edificios de pisos hechos con ladrillos de adobe, la mayoría datados en el siglo XVI.

● **El primero con estructura de acero**
El edificio de la Home Insurance Company, de 10 plantas, en Chicago (EE UU), terminado en 1885, tenía estructura de acero.

● **El primero de hormigón armado**
El primer rascacielos de hormigón armado fue el edificio Ingalls, en Cincinnati (EE UU). Tiene 15 plantas y fue construido en 1903.

Manhattan, ayer y hoy
El puente de Brooklyn cruza el East River de Nueva York. La vista de la isla de Manhattan, hoy erizada de rascacielos, ha cambiado drásticamente desde la inauguración del puente en 1883.

Infraestructuras

Los sistemas de construcción e ingeniería de los que dependemos a diario –de la red de alcantarillado a las líneas eléctricas o autopistas– se conocen como infraestructuras. Sin estos sistemas, nuestra forma de vida actual sería imposible.

● **Primera central telefónica**
La primera centralita de conexión de llamadas se creó en New Haven (Connecticut, EE UU) en 1878.

● **Ferrocarril interurbano**
La línea ferroviaria Manchester-Liverpool, inaugurada en 1830, fue la primera interurbana.

Autopista Ulm-Stuttgart (1950)
Alemania fue el primer país en construir autopistas, en la década de 1930.

Tráfico aéreo

EN **2019**, HARTSFIELD-JACKSON (ATLANTA) OPERÓ **2569 VUELOS** DIARIOS DE MEDIA

Los diez aeropuertos con más tráfico de pasajeros en 2019

Cerca de 9100 millones de pasajeros aéreos transitaron por los 100 aeropuertos principales del mundo en 2019. Por el aeropuerto con más tráfico, el Internacional Hartsfield-Jackson de Atlanta (Georgia, EE UU), pasaron de media 275 000 pasajeros diarios en 2019 y operó 904 301 vuelos durante el año. La actividad cayó drásticamente en 2020, cuando la COVID-19 paralizó el mundo.

PUESTO	AEROPUERTO	PASAJEROS ANUALES
1	Internacional Hartsfield–Jackson Atlanta (EE UU)	110 531 300
2	Internacional de Pekín (China)	100 011 438
3	Internacional de Los Ángeles (EE UU)	88 068 013
4	Internacional de Dubái (Dubái)	86 396 757
5	Internacional de Tokio (Japón)	85 505 054
6	Internacional O'Hare (Chicago, EE UU)	84 649 115
7	Londres-Heathrow (Reino Unido)	80 888 305
8	Internacional de Shanghái-Pudong (China)	76 153 455
9	París-Charles de Gaulle (Francia)	76 150 009
10	Internacional de Dallas-Fort Worth (EE UU)	75 066 956

Los controladores aéreos tienen el difícil trabajo de asegurar las rutas, despegues y aterrizajes de los miles de aviones que cruzan el cielo. Este mapa muestra casi 6000 rutas de vuelos comerciales.

EN 2019 SE REALIZARON EN EL MUNDO 38,3 MILLONES DE VUELOS DE

PASAJEROS POR AÑO

Jeju	13,4 millones	Seúl
Melbourne	9,1 millones	Sidney
Sapporo	8,7 millones	Tokio
Fukuoka	7,9 millones	Tokio
Bombay	7,1 millones	Nueva Delhi
Pekín	6,8 millones	Shanghái
Hanói	6,8 millones	Ciudad Ho Chi Minh
Hong Kong	6,7 millones	Taiwán
Yakarta	5,3 millones	Surabaya
Tokio	5,3 millones	Okinawa

Rutas aéreas importantes

El mapa del tráfico aéreo en el mundo parece una enorme telaraña, con rutas que conectan los principales centros financieros, comerciales e industriales, y las ciudades más pobladas. El gráfico muestra las rutas más concurridas en 2017 por número de pasajeros.

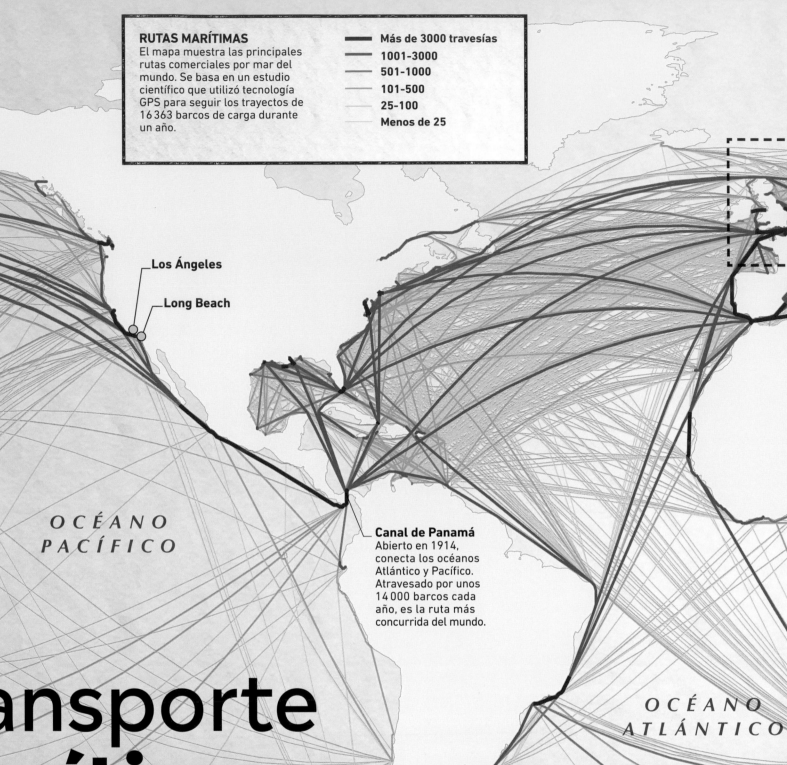

RUTAS MARÍTIMAS
El mapa muestra las principales rutas comerciales por mar del mundo. Se basa en un estudio científico que utilizó tecnología GPS para seguir los trayectos de 16 363 barcos de carga durante un año.

Más de 3000 travesías
1001-3000
501-1000
101-500
25-100
Menos de 25

Los Ángeles

Long Beach

OCÉANO PACÍFICO

Canal de Panamá
Abierto en 1914, conecta los océanos Atlántico y Pacífico. Atravesado por unos 14 000 barcos cada año, es la ruta más concurrida del mundo.

OCÉANO ATLÁNTICO

Transporte
marítimo

Todos los países necesitan vender los artículos que producen y comprar los que necesitan. El transporte por mar desempeña un papel clave en el comercio mundial: traslada alimentos, combustible y todo tipo de productos.

MÁS DEL **80 POR CIENTO** DEL **COMERCIO MUNDIAL** SE **TRANSPORTA** POR **MAR**

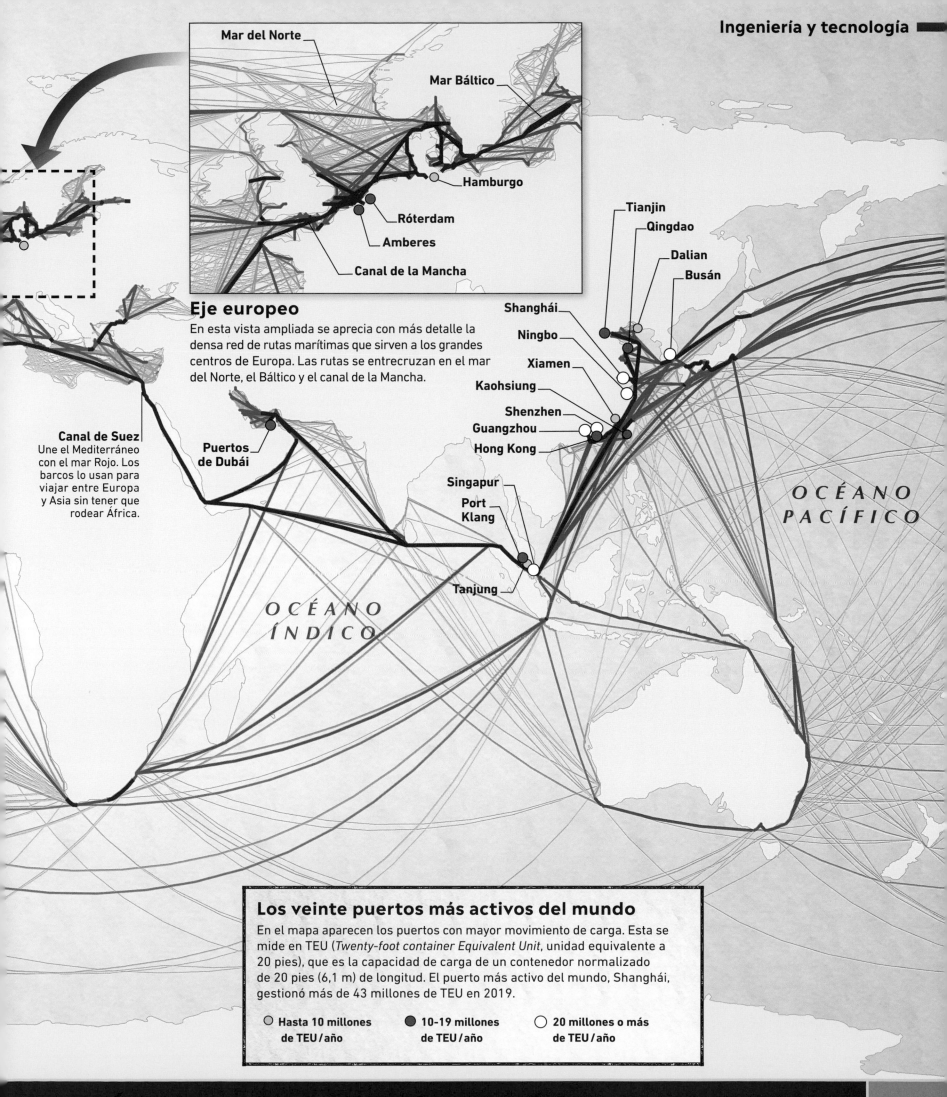

Mar del Norte

Mar Báltico

Hamburgo

Róterdam

Amberes

Canal de la Mancha

Eje europeo

En esta vista ampliada se aprecia con más detalle la densa red de rutas marítimas que sirven a los grandes centros de Europa. Las rutas se entrecruzan en el mar del Norte, el Báltico y el canal de la Mancha.

Tianjin

Qingdao

Dalian

Busán

Shanghái

Ningbo

Xiamen

Kaohsiung

Shenzhen

Guangzhou

Hong Kong

Canal de Suez
Une el Mediterráneo con el mar Rojo. Los barcos lo usan para viajar entre Europa y Asia sin tener que rodear África.

Puertos de Dubái

Singapur

Port Klang

Tanjung

O C É A N O
Í N D I C O

O C É A N O
P A C Í F I C O

Los veinte puertos más activos del mundo

En el mapa aparecen los puertos con mayor movimiento de carga. Esta se mide en TEU (*Twenty-foot container Equivalent Unit*, unidad equivalente a 20 pies), que es la capacidad de carga de un contenedor normalizado de 20 pies (6,1 m) de longitud. El puerto más activo del mundo, Shanghái, gestionó más de 43 millones de TEU en 2019.

- ● Hasta 10 millones de TEU/año
- ● 10-19 millones de TEU/año
- ○ 20 millones o más de TEU/año

Trenes

A principios del siglo XIX, el ferrocarril cambió el mundo de forma radical al abrir posibilidades nuevas de viaje y comercio. Hoy en día, con las carreteras colapsadas por el tráfico, ha resurgido con fuerza.

EuroNight 453 (Francia-Rusia)
Tren transeuropeo que conecta París y Moscú a lo largo de 3315 km.

The Canadian (Canadá)
Espectacular ruta de 4466 km entre Vancouver y Toronto por montañas, praderas y los Grandes Lagos.

California Zephyr (EE UU)
Sigue la ruta de la primera línea transcontinental estadounidense (terminada en 1869) entre San Francisco y Chicago.

Salta-Antofagasta (Chile-Argentina)
La línea principal más larga de Sudamérica, con 941 km.

Puentes ferroviarios más altos

El puente ferroviario de Najiehe, abierto a finales de 2016, perderá el título de «más alto del mundo» cuando se termine en 2022 el que cruza el río Chenab (India), a 359 m de altura.

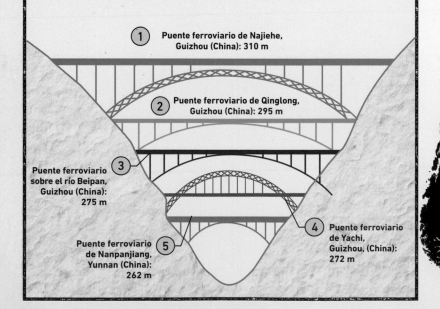

1. Puente ferroviario de Najiehe, Guizhou (China): 310 m
2. Puente ferroviario de Qinglong, Guizhou (China): 295 m
3. Puente ferroviario sobre el río Beipan, Guizhou (China): 275 m
4. Puente ferroviario de Yachi, Guizhou, (China): 272 m
5. Puente ferroviario de Nanpanjiang, Yunnan (China): 262 m

Trenes más rápidos

El Maglev de Shanghái no tiene ruedas: suspendido sobre una vía, es impulsado por imanes. Solo recorre 30 km. Los otros trenes de alta velocidad aquí listados cubren trayectos de largo recorrido.

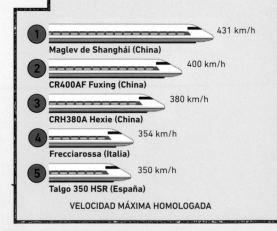

1. Maglev de Shanghái (China) — 431 km/h
2. CR400AF Fuxing (China) — 400 km/h
3. CRH380A Hexie (China) — 380 km/h
4. Frecciarossa (Italia) — 354 km/h
5. Talgo 350 HSR (España) — 350 km/h

VELOCIDAD MÁXIMA HOMOLOGADA

Transiberiano (Rusia)
El trayecto más largo del mundo
en tren atraviesa siete zonas
horarias a lo largo de 9288 km,
desde Moscú, en el oeste, hasta
Vladivostok, en la costa del Pacífico.

HAY **1 MILLÓN**
DE KILÓMETROS
DE **VÍAS** EN
EL MUNDO

**Guangzhou-
Lhasa (China)**
El tramo del paso
de Tanggula es la
sección de línea
férrea más alta del
mundo, a 5072 m.

**Alejandría-
Asuán (Egipto)**
Esta línea sigue
el valle del Nilo,
con sus antiguas
pirámides y
templos, a través
de El Cairo y
Luxor.

**Dibrugarh-
Kanyakumari
(India)**
La línea más larga
de India, con 4286 km.

Los túneles ferroviarios más largos

En 2016, el túnel de San Gotardo —un túnel de 57,1 km que
avanza bajo los Alpes Suizos— superó al túnel de Seikan y
se convirtió en el túnel ferroviario más largo del mundo.

**Túnel de Yulhyeon,
Gyeonggi (Corea del Sur):**
50,3 km — 4

**Túnel del lago Songshan,
Dongguan (China):**
38,8 km — 5

**Eurotúnel,
bajo el canal
de la Mancha:**
50,4 km — 3

**Túnel de San Gotardo,
Alpes Suizos (Suiza):**
57,1 km — 1

**Túnel de Seikan,
bajo el estrecho de
Tsugaru (Japón):**
53,8 km — 2

**Indian Pacific
(Australia)**
Ruta de 4352 km
que une Sídney,
en la costa
oriental, con
Perth, en la
occidental.

**Blue Train
(Sudáfrica)**
El lujoso
«Tren Azul»
viaja entre
Ciudad del
Cabo y Pretoria
por viñedos,
montañas
y el árido
paisaje del
Karoo.

Carreteras y pasos de montaña

① Trollstigen (Noruega)
Su nombre significa «escalera del trol»: 11 curvas muy pronunciadas recorren la ladera de una montaña.

② Paso Stelvio (Italia)
Una de las carreteras más altas de los Alpes: sus 60 curvas suponen todo un reto tanto para los motoristas como para los ciclistas.

③ Khardung La (India)
Famoso paso de alta montaña en la parte de Ladakh de Cachemira; fue construido en 1976 y se abrió a vehículos de motor en 1988.

④ Semo La (Tíbet, China)
Posiblemente se trate del paso accesible a vehículos más alto de todo el mundo; su altura de 5565 m fue confirmada en 1999.

⑤ Irohazaka (Japón)
Cada una de las 48 cerradas curvas de esta carretera está bautizada con uno de los 48 caracteres del silabario japonés.

Prolongación de la autopista Dempster
Carretera de hielo sobre el río Mackenzie helado y el océano Ártico; proporciona una ruta invernal a la aislada comunidad de Tuktoyaktuk.

Autopista Bonn-Colonia
Construida en 1932, fue la primera vía diseñada exclusivamente para coches, con carriles separados y sin intersecciones con otras carreteras.

Carretera de invierno Tibbit-Contwoyto
Carretera de hielo construida sobre lagos helados; se abre durante unas diez semanas a partir de finales de enero.

Ruta de Cabot
Rodea el extremo norte de la isla Cabo Bretón, en Nueva Escocia; recibe su nombre por Giovanni Caboto, explorador italiano del siglo XVI.

Ruta 66
Carretera de 3940 km que sigue el trayecto de los emigrantes a California durante la Gran Depresión.

Autopista de la Costa del Pacífico
Esta célebre carretera estatal (Ruta 1) recorre la costa californiana desde el condado de Orange, en el sur, hasta los bosques de secuoyas gigantes del norte.

Ruta Natchez
La Natchez Trace Parkway sigue el camino utilizado durante miles de años por los nativos norteamericanos y sus animales antes de la construcción de la carretera actual.

Tapón de Darién (Panamá)
Tramo de 58 km de bosque tropical que interrumpe la carretera Panamericana.

Carretera Panamericana
Con unos 48 000 km, atraviesa 18 países desde Alaska hasta el extremo sur de Argentina.

Red viaria

Hay unos 104 millones de kilómetros de carreteras, desde autopistas urbanas de varios carriles hasta carreteras estacionales de hielo que aprovechan lagos o mares helados.

Carretera de Los Yungas (Bolivia)
Carretera de montaña de un solo carril muy transitada por camiones, pero sin protección en precipicios verticales de 600 m. Cada año mueren en ella hasta 300 personas.

Vías más concurridas

① Autopista 401 (Canadá)
Es la autopista más transitada de Norteamérica: por ella circulan más de 440 000 vehículos al día en el tramo de Toronto. También es una de las más anchas del mundo, con 18 carriles en algunos tramos.

② Interestatal 405 (EE UU)
Se extiende hacia el norte desde la ciudad de Irvine, en el condado de Orange, hasta San Fernando, una ruta que se conoce como el segmento norte de la autopista de San Diego. Esta autopista es la más concurrida y congestionada de EE UU, pues la recorren hasta 379 000 vehículos al día.

LA AUTOPISTA 401 EN ONTARIO (CANADÁ)

Islas de Estonia
Las carreteras de hielo entre las islas y el continente solo se abren al tráfico si el hielo tiene 22 cm de grosor en todo el trayecto.

Siberia
Tiene pocas carreteras permanentes, en parte debido a la dificultad de construir fundamentos estables en el permafrost.

Carretera de los Huesos
La autopista de Kolima, o M56, atraviesa los lugares habitados más fríos de la Tierra, con temperaturas invernales por debajo de -50 °C.

EL PUENTE GEORGE WASHINGTON DE NUEVA YORK LO CRUZAN 104 MILLONES DE VEHÍCULOS AL AÑO

Carretera del Karakórum
Una de las más altas del mundo, a 4693 m de altura. Conecta China y Pakistán.

Estatal 94
Serpentea por los bellos parajes neozelandeses del estrecho de Milford.

Puentes de récord

① Viaducto de Millau
Este puente francés es el más alto del mundo sobre pilares. Tiene un pilar de 343 m, más alto que la torre Eiffel.

② Puente del río Beipan
A 565 m sobre el cañón del río Beipan, en China, es el puente más alto del mundo.

③ Bang Na Expressway
Esta autopista elevada de seis carriles y 55 km de longitud en Tailandia es el puente de carretera más largo del mundo.

④ Puente de la bahía de Qingdao
El más largo sobre el agua: lo sustentan 5238 inmensos pilares de hormigón.

⑤ Viaducto del lago Pontchartrain
Dos puentes paralelos de 38 km de largo próximos a Nueva Orleans (EE UU).

⑥ Gran puente Akashi-Kaikyō
El puente colgante más largo (3911 m), sujeto por 300 000 km de cable de acero; conecta dos islas japonesas.

Garden Route
La Tuinroete recorre la costa sudafricana desde Ciudad del Cabo hasta Port Elizabeth.

Gran Carretera del Océano
Esta carretera, que sigue una bella ruta costera, está dedicada a los australianos caídos en la I Guerra Mundial.

VIADUCTO DE MILLAU (FRANCIA)

CLAVE
Una carretera puede estar pavimentada (con hormigón, piedra, asfalto u otro material duro) o no. Las primeras son más resistentes y duraderas.

— Carreteras famosas
— Rutas turísticas
— Carreteras de hielo

Torre CN
553 m
Toronto (Canadá)
1976

World Trade Center Uno
541 m
Nueva York (EE UU)
2013

Commerzbank
259 m
Frankfurt (Alemania)
1997

Torre Willis (Sears)
442 m
Chicago (EE UU)
1973

Pirámide Transamérica
260 m
San Francisco (EE UU)
1972

The Shard
310 m
Londres (RU)
2012

Central Park Tower
472 m
Nueva York (EE UU)
2021

Torre Caja Madrid
250 m
Madrid (España)
2008

Trump Ocean Club
293 m
Panamá (Panamá)
2011

Empire State
381 m
Nueva York (EE UU)
1931

Gran Torre Santiago
300 m
Santiago (Chile)
2012

Torre John Hancock
344 m
Chicago (EE UU)
1969

Torre Eiffel
324 m
París (Francia)
1889

Pirámide de Keops
147 m
Guiza (Egipto)
c. 2560-2540 a.C.

Carlton Centre Office
223 m
Johannesburgo (Sudáfrica)
1973

Abraj al-Bait, Torre del Reloj
601 m
La Meca (Arabia Saudita)
2012

Rascacielos

Desde las antiguas pirámides hasta los hoteles más lujosos, el poder ha exhibido su estatus a través de edificaciones impresionantes, cada vez más altas.

Grandes edificios

Para ser llamada «edificio», una torre debe ser habitable (oficinas o viviendas). No se consideran así las «estructuras sostenidas», como las torres con cables tensores. Pueden medirse hasta su cubierta (como en estas páginas) o hasta el extremo de postes o antenas. Estos son algunos de los más altos.

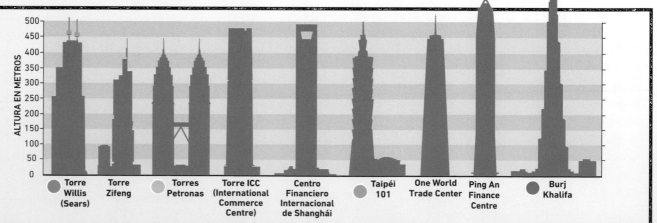

828 m

ALTURA EN METROS

Torre Willis (Sears) · Torre Zifeng · Torres Petronas · Torre ICC (International Commerce Centre) · Centro Financiero Internacional de Shanghái · Taipéi 101 · One World Trade Center · Ping An Finance Centre · Burj Khalifa

EL BURJ KHALIFA TIENE **163** PLANTAS UNIDAS POR **57** ASCENSORES DOBLES

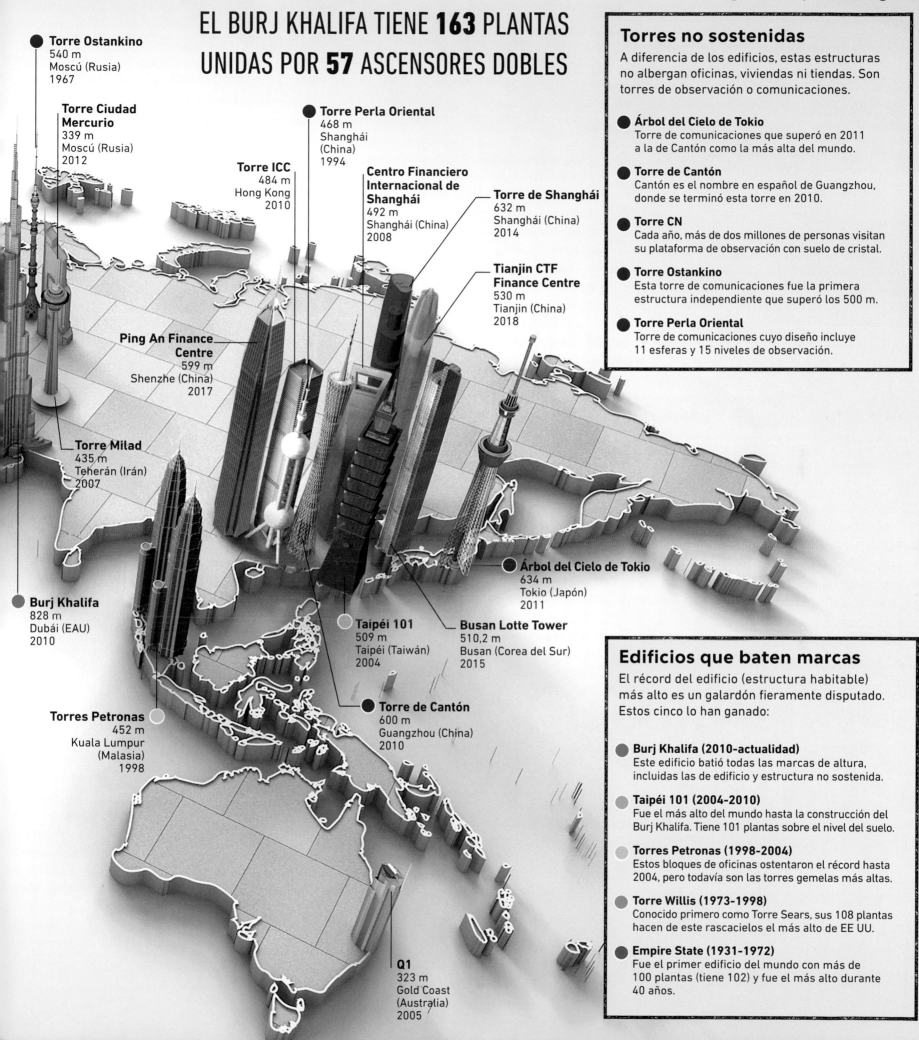

Torre Ostankino
540 m
Moscú (Rusia)
1967

Torre Ciudad Mercurio
339 m
Moscú (Rusia)
2012

Torre ICC
484 m
Hong Kong
2010

Torre Perla Oriental
468 m
Shanghái (China)
1994

Centro Financiero Internacional de Shanghái
492 m
Shanghái (China)
2008

Torre de Shanghái
632 m
Shanghái (China)
2014

Tianjin CTF Finance Centre
530 m
Tianjin (China)
2018

Ping An Finance Centre
599 m
Shenzhe (China)
2017

Torre Milad
435 m
Teherán (Irán)
2007

Burj Khalifa
828 m
Dubái (EAU)
2010

Torres Petronas
452 m
Kuala Lumpur (Malasia)
1998

Taipéi 101
509 m
Taipéi (Taiwán)
2004

Busan Lotte Tower
510,2 m
Busan (Corea del Sur)
2015

Árbol del Cielo de Tokio
634 m
Tokio (Japón)
2011

Torre de Cantón
600 m
Guangzhou (China)
2010

Q1
323 m
Gold Coast (Australia)
2005

Torres no sostenidas

A diferencia de los edificios, estas estructuras no albergan oficinas, viviendas ni tiendas. Son torres de observación o comunicaciones.

● **Árbol del Cielo de Tokio**
Torre de comunicaciones que superó en 2011 a la de Cantón como la más alta del mundo.

● **Torre de Cantón**
Cantón es el nombre en español de Guangzhou, donde se terminó esta torre en 2010.

● **Torre CN**
Cada año, más de dos millones de personas visitan su plataforma de observación con suelo de cristal.

● **Torre Ostankino**
Esta torre de comunicaciones fue la primera estructura independiente que superó los 500 m.

● **Torre Perla Oriental**
Torre de comunicaciones cuyo diseño incluye 11 esferas y 15 niveles de observación.

Edificios que baten marcas

El récord del edificio (estructura habitable) más alto es un galardón fieramente disputado. Estos cinco lo han ganado:

● **Burj Khalifa (2010-actualidad)**
Este edificio batió todas las marcas de altura, incluidas las de edificio y estructura no sostenida.

● **Taipéi 101 (2004-2010)**
Fue el más alto del mundo hasta la construcción del Burj Khalifa. Tiene 101 plantas sobre el nivel del suelo.

● **Torres Petronas (1998-2004)**
Estos bloques de oficinas ostentaron el récord hasta 2004, pero todavía son las torres gemelas más altas.

● **Torre Willis (1973-1998)**
Conocido primero como Torre Sears, sus 108 plantas hacen de este rascacielos el más alto de EE UU.

● **Empire State (1931-1972)**
Fue el primer edificio del mundo con más de 100 plantas (tiene 102) y fue el más alto durante 40 años.

Conexiones de Internet

Internet ha revolucionado nuestra vida. Con un clic de ratón podemos intercambiar al instante noticias, ideas e imágenes con personas que están en el otro extremo del mundo. Y podemos comprar o vender bienes sin movernos de casa.

Un minuto en Internet

Actualmente hay conectados a Internet tres veces más ordenadores, teléfonos y dispositivos que habitantes en el mundo. Como resultado, en solo un minuto se pueden estar realizando una increíble cantidad de actividades en la red.

4,7 millones de vídeos vistos

4,1 millones de búsquedas en Google

59 millones de mensajes enviados

347 222 *stories* vistas

764 000 horas de Netflix vistas

1 millón de euros de ventas en línea

EN EL MUNDO HAY 4540 MILLONES DE USUARIOS DE INTERNET.

EN **OCTUBRE DE 2012,**
HABÍA MÁS DE **10 000 MILLONES**
DE PÁGINAS WEB

Velocidad de conexión

Hoy en día, la mayoría de las conexiones a Internet son de banda ancha, mediante líneas telefónicas digitales, satélites o cables de fibra óptica. Son mucho más rápidas que las conexiones antiguas a través de líneas telefónicas de cobre y un módem. Con el aumento del teletrabajo debido a la COVID-19, la velocidad de Internet se ha convertido en un aspecto clave. He aquí una selección de las velocidades de descarga en diferentes países en 2020. Los usuarios de Internet de Liechtenstein tenían la banda ancha más rápida del mundo con una velocidad de descarga máxima de 230 megabits por segundo en promedio.

200.°: CHINA 2,09
101.°: INDIA 13,46
76.°: GROENLANDIA 18,65
47.°: REINO UNIDO 37,82
20.°: ESTADOS UNIDOS 71,30
5.°: LUXEMBURGO 118,05
4.°: GIBRALTAR 183,1
3.°: ANDORRA 213,41
2.°: JERSEY 218,37
1.°: LIECHTENSTEIN 229,98

VELOCIDAD DE CONEXIÓN MÁXIMA (MILLONES DE BITS/S) Y PUESTO MUNDIAL

Red de conectividad

El mapa muestra cómo se conectan a través de Internet las ciudades del mundo: cuanto más clara la línea, más conexiones. Conexiones no equivalen a usuarios; por ejemplo, en un cibercafé una sola conexión puede ser usada por mucha gente.

—— Las líneas muestran conexiones a Internet entre ciudades

Satélites y basura espacial

El primer satélite artificial, el *Sputnik 1*, fue lanzado por la Unión Soviética en 1957. Desde entonces se han acumulado en torno a la Tierra miles de satélites y otros objetos, lo que supone un serio riesgo para los viajes espaciales.

Anillo orbital geosíncrono
Esta concentración de satélites en forma de anillo se halla a más de 35 700 km sobre el ecuador terrestre. Es muy útil para un satélite situarse en un punto concreto sobre la superficie en rotación de la Tierra.

Peligro veloz

Los puntos en el transbordador espacial muestran los impactos acumulados durante el programa de la NASA (1983-2002). La gran mayoría de los desechos espaciales miden menos de 1 cm y son partículas de propelentes sólidos y de pintura. Pero incluso las motas de polvo actúan como balas a velocidades de hasta 42 000 km/h.

Los puntos claros son daños de menos de 25 mm de diámetro.

Los puntos oscuros son daños de más de 25 mm de diámetro.

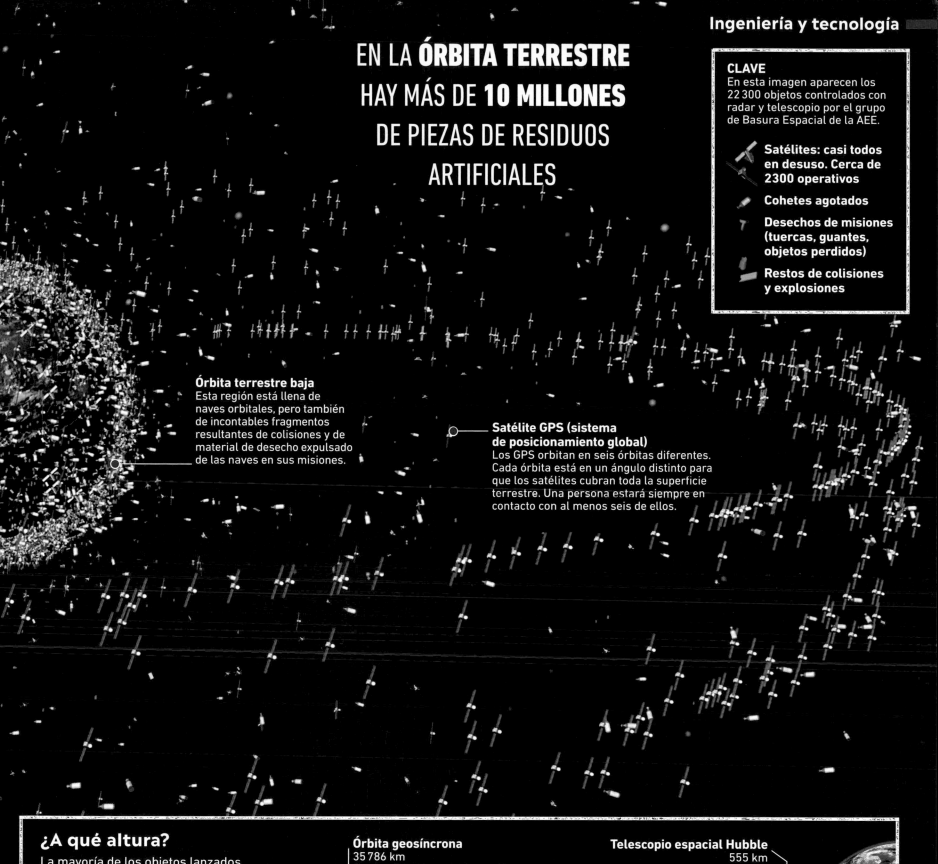

EN LA **ÓRBITA TERRESTRE** HAY MÁS DE **10 MILLONES** DE PIEZAS DE RESIDUOS ARTIFICIALES

CLAVE
En esta imagen aparecen los 22 300 objetos controlados con radar y telescopio por el grupo de Basura Espacial de la AEE.

Satélites: casi todos en desuso. Cerca de 2300 operativos

Cohetes agotados

Desechos de misiones (tuercas, guantes, objetos perdidos)

Restos de colisiones y explosiones

Órbita terrestre baja
Esta región está llena de naves orbitales, pero también de incontables fragmentos resultantes de colisiones y de material de desecho expulsado de las naves en sus misiones.

Satélite GPS (sistema de posicionamiento global)
Los GPS orbitan en seis órbitas diferentes. Cada órbita está en un ángulo distinto para que los satélites cubran toda la superficie terrestre. Una persona estará siempre en contacto con al menos seis de ellos.

¿A qué altura?
La mayoría de los objetos lanzados al espacio están en órbita terrestre baja (OTB). En las OTB inferiores (160 km), los objetos circundan la Tierra en 87 minutos a 28 100 km/h. Ciertas órbitas son especialmente útiles: los satélites fotográficos usan órbitas polares heliosíncronas, que pasan sobre el ecuador siempre a la misma hora local, por lo que las sombras son las mismas.

Órbita geosíncrona
35 786 km
A esta altura, los satélites orbitan a la misma velocidad de rotación que la Tierra, por lo que permanecen en el mismo punto sobre la superficie.

Telescopio espacial Hubble
555 km
Satélites polares heliosíncronos
600-800 km
2000 km

ZONA DE ÓRBITA TERRESTRE ALTA

ZONA DE ÓRBITA TERRESTRE MEDIA

ZONA DE ÓRBITA TERRESTRE BAJA

Satélites de GPS
22 200 km
Objetos que orbitan cada 12 horas, o dos veces al día.

Estación Espacial Internacional
410 km

UNOS POCOS **PAÍSES,** COMO **LIECHTENSTEIN** Y **COSTA RICA,** NO TIENEN **FUERZAS ARMADAS**

Reino Unido
Su gasto militar en 2010 fue de 56 000 millones de dólares, el quinto más alto del mundo.

EE UU
Gasta unos 934 000 millones de dólares al año en su ejército, más que los siete países siguientes con más gasto juntos.

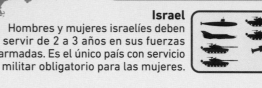

Francia
Posee el tercer mayor arsenal nuclear, con 300 cabezas nucleares activas.

Israel
Hombres y mujeres israelíes deben servir de 2 a 3 años en sus fuerzas armadas. Es el único país con servicio militar obligatorio para las mujeres.

CLAVE
El importe total del gasto militar de todos los países en 2010 fue de 1,83 billones de dólares: un incremento del 50 % respecto a 2001 y equivalente a 235 dólares por habitante del planeta, casi el doble del gasto de 2001. El mapa muestra la cantidad total de vehículos militares, maquinaria y armas en posesión de los principales países.

Hasta 10 grandes buques (incluidos portaaviones, cruceros, destructores, fragatas y corbetas)

Hasta 10 submarinos

Hasta 500 aeronaves de combate

Hasta 1000 tanques

Hasta 500 cabezas nucleares

Egipto
Todos los varones egipcios de entre 18 y 30 años de edad deben servir entre 1 y 3 años en el ejército.

Brasil
Sus fuerzas armadas son las mayores de Sudamérica. El ejército tiene un papel importante también en la educación, en la atención sanitaria y en la construcción de carreteras y vías férreas.

Fuerzas armadas

Casi todos los países tienen un ejército, una fuerza organizada de soldados y armas que los defienden ante amenazas. Son muchos los gobiernos que consideran que un ejército grande y bien equipado disuadirá a otros de atacar su país.

La guerra del futuro
Los ejércitos utilizan cada vez más los drones para la vigilancia o el ataque con misiles. Con estos vehículos aéreos no tripulados y controlados desde tierra se reduce el riesgo de sufrir bajas.

Irán
Asigna al presupuesto militar 152 dólares por habitante.

Rusia
Actualmente mantiene 6400 cabezas nucleares; en 1986 almacenaba 45 000, aunque esto fue durante la Guerra Fría, cuando aún estaba unida al resto de repúblicas de la Unión Soviética.

Corea del Norte
Cuenta con uno de los mayores ejércitos del mundo, estimado en 1,25 millones de miembros. El de Corea del Sur tiene 599 000.

Corea del Sur
Mantiene un cuerpo de 3,1 millones de reservistas por si estallan las hostilidades con Corea del Norte.

China

Gasta en personal militar y armamento 178 200 millones de dólares al año: solo es superada por EE UU.

Pakistán
Sus fuerzas armadas están entre las mayores contribuidoras a los cuerpos de paz de Naciones Unidas; tiene desplegados cerca de 8000 soldados.

India
India y Pakistán han librado tres guerras desde 1947. La tensión continua entre ambos países ha llevado a India a gastar en defensa el 2,1 % de su PIB.

Arabia Saudita
Su arsenal armamentístico de alta tecnología es suministrado principalmente por EE UU, Francia y Reino Unido. Su gasto militar es el séptimo más alto del mundo, y el porcentaje de su PIB dedicado a ello (10 %) también es uno de los mayores.

Personal militar
El ejército chino, con más de dos millones de soldados, encabeza la lista de los mayores del mundo, pero solo supone al país 1,5 soldados por cada mil habitantes. En Corea del Norte, nada menos que uno de cada cinco varones de entre 17 y 54 años pertenece al ejército.

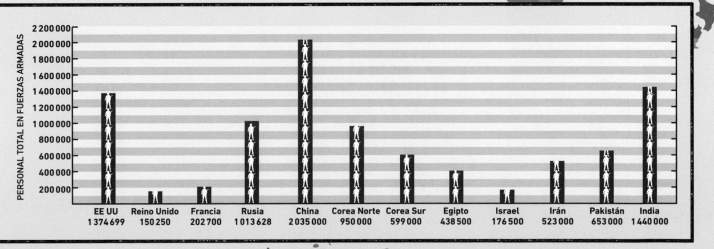

PERSONAL TOTAL EN FUERZAS ARMADAS

EE UU	Reino Unido	Francia	Rusia	China	Corea Norte	Corea Sur	Egipto	Israel	Irán	Pakistán	India
1 374 699	150 250	202 700	1 013 628	2 035 000	950 000	599 000	438 500	176 500	523 000	653 000	1 440 000

Historia

**Estatuas de
la isla de Pascua**
Las estatuas gigantes o moai
de esta pequeña isla del
Pacífico alcanzan los 10 m
de altura. Fueron talladas
con herramientas de piedra,
principalmente entre 1250 y
1500, por los polinesios que
poblaron la isla.

Introducción

La historia está llena de acontecimientos, desde el auge y la caída de civilizaciones hasta las guerras y revoluciones que barren el pasado para comenzar de nuevo. Ha habido grandes obras arquitectónicas e innovaciones importantes, desde las primeras herramientas de piedra que permitieron cazar hasta radiotelescopios capaces de «ver» el espacio profundo.

La gran esfinge
Esta estatua de Guiza, en Egipto, tiene cabeza humana y cuerpo de león. Se considera que data de hace unos 4500 años.

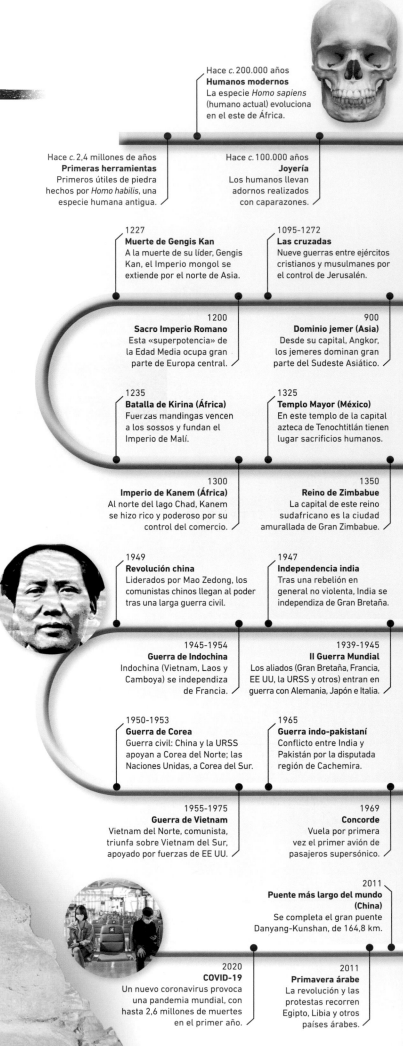

Hace *c.* 200.000 años
Humanos modernos
La especie *Homo sapiens* (humano actual) evoluciona en el este de África.

Hace *c.* 2,4 millones de años
Primeras herramientas
Primeros útiles de piedra hechos por *Homo habilis*, una especie humana antigua.

Hace *c.* 100.000 años
Joyería
Los humanos llevan adornos realizados con caparazones.

1227
Muerte de Gengis Kan
A la muerte de su líder, Gengis Kan, el Imperio mongol se extiende por el norte de Asia.

1095-1272
Las cruzadas
Nueve guerras entre ejércitos cristianos y musulmanes por el control de Jerusalén.

1200
Sacro Imperio Romano
Esta «superpotencia» de la Edad Media ocupa gran parte de Europa central.

900
Dominio jemer (Asia)
Desde su capital, Angkor, los jemeres dominan gran parte del Sudeste Asiático.

1235
Batalla de Kirina (África)
Fuerzas mandingas vencen a los sossos y fundan el Imperio de Malí.

1325
Templo Mayor (México)
En este templo de la capital azteca de Tenochtitlán tienen lugar sacrificios humanos.

1300
Imperio de Kanem (África)
Al norte del lago Chad, Kanem se hizo rico y poderoso por su control del comercio.

1350
Reino de Zimbabue
La capital de este reino sudafricano es la ciudad amurallada de Gran Zimbabue.

1949
Revolución china
Liderados por Mao Zedong, los comunistas chinos llegan al poder tras una larga guerra civil.

1947
Independencia india
Tras una rebelión en general no violenta, India se independiza de Gran Bretaña.

1945-1954
Guerra de Indochina
Indochina (Vietnam, Laos y Camboya) se independiza de Francia.

1939-1945
II Guerra Mundial
Los aliados (Gran Bretaña, Francia, EE UU, la URSS y otros) entran en guerra con Alemania, Japón e Italia.

1950-1953
Guerra de Corea
Guerra civil: China y la URSS apoyan a Corea del Norte; las Naciones Unidas, a Corea del Sur.

1965
Guerra indo-pakistaní
Conflicto entre India y Pakistán por la disputada región de Cachemira.

1955-1975
Guerra de Vietnam
Vietnam del Norte, comunista, triunfa sobre Vietnam del Sur, apoyado por fuerzas de EE UU.

1969
Concorde
Vuela por primera vez el primer avión de pasajeros supersónico.

2011
Puente más largo del mundo (China)
Se completa el gran puente Danyang-Kunshan, de 164,8 km.

2020
COVID-19
Un nuevo coronavirus provoca una pandemia mundial, con hasta 2,6 millones de muertes en el primer año.

2011
Primavera árabe
La revolución y las protestas recorren Egipto, Libia y otros países árabes.

EN LA HISTORIA DE LA HUMANIDAD, LA VIRUELA ES EL ÚNICO

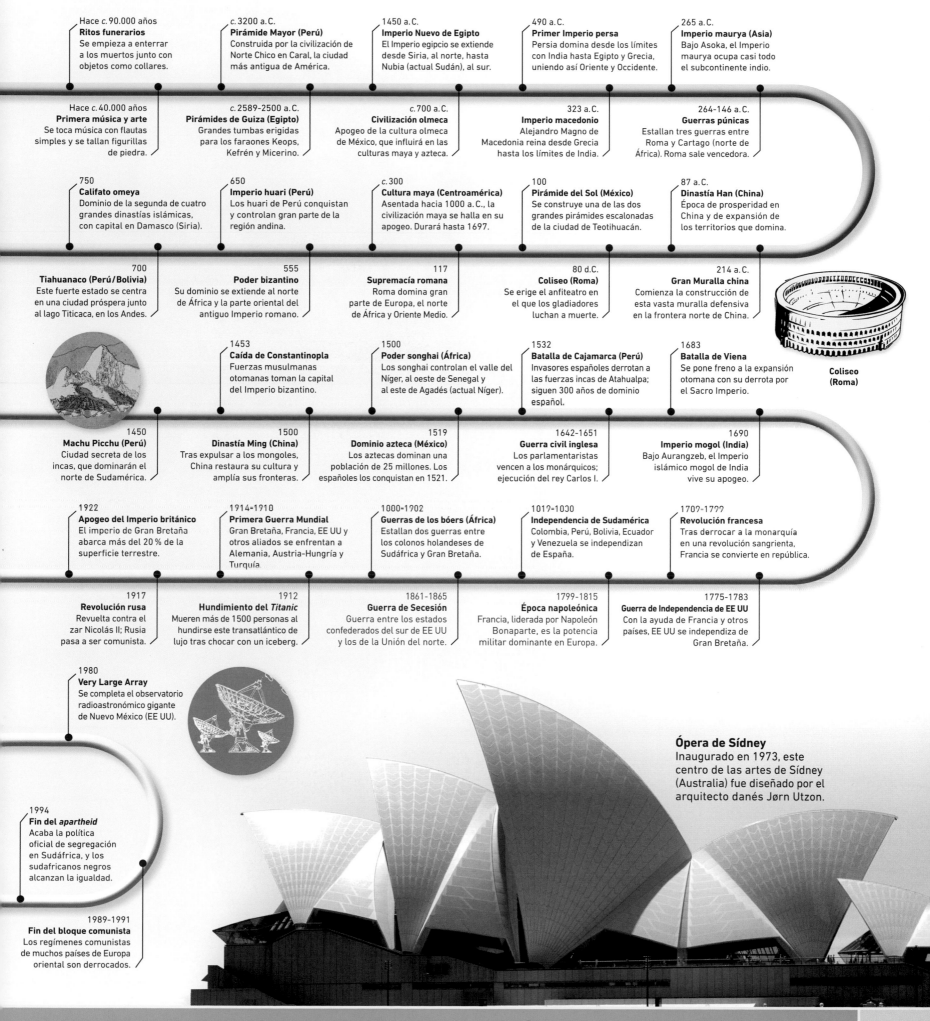

Hace *c.*90.000 años
Ritos funerarios
Se empieza a enterrar
a los muertos junto con
objetos como collares.

***c.*3200 a.C.**
Pirámide Mayor (Perú)
Construida por la civilización de
Norte Chico en Caral, la ciudad
más antigua de América.

1450 a.C.
Imperio Nuevo de Egipto
El Imperio egipcio se extiende
desde Siria, al norte, hasta
Nubia (actual Sudán), al sur.

490 a.C.
Primer Imperio persa
Persia domina desde los límites
con India hasta Egipto y Grecia,
uniendo así Oriente y Occidente.

265 a.C.
Imperio maurya (Asia)
Bajo Asoka, el Imperio
maurya ocupa casi todo
el subcontinente indio.

Hace *c.*40.000 años
Primera música y arte
Se toca música con flautas
simples y se tallan figurillas
de piedra.

***c.*2589-2500 a.C.**
Pirámides de Guiza (Egipto)
Grandes tumbas erigidas
para los faraones Keops,
Kefrén y Micerino.

***c.*700 a.C.**
Civilización olmeca
Apogeo de la cultura olmeca
de México, que influirá en las
culturas maya y azteca.

323 a.C.
Imperio macedonio
Alejandro Magno de
Macedonia reina desde Grecia
hasta los límites de India.

264-146 a.C.
Guerras púnicas
Estallan tres guerras entre
Roma y Cartago (norte de
África). Roma sale vencedora.

750
Califato omeya
Dominio de la segunda de cuatro
grandes dinastías islámicas,
con capital en Damasco (Siria).

650
Imperio huari (Perú)
Los huari de Perú conquistan
y controlan gran parte de la
región andina.

***c.*300**
Cultura maya (Centroamérica)
Asentada hacia 1000 a.C., la
civilización maya se halla en su
apogeo. Durará hasta 1697.

100
Pirámide del Sol (México)
Se construye una de las dos
grandes pirámides escalonadas
de la ciudad de Teotihuacán.

87 a.C.
Dinastía Han (China)
Época de prosperidad en
China y de expansión de
los territorios que domina.

700
Tiahuanaco (Perú/Bolivia)
Este fuerte estado se centra
en una ciudad próspera junto
al lago Titicaca, en los Andes.

555
Poder bizantino
Su dominio se extiende al norte
de África y la parte oriental del
antiguo Imperio romano.

117
Supremacía romana
Roma domina gran
parte de Europa, el norte
de África y Oriente Medio.

80 d.C.
Coliseo (Roma)
Se erige el anfiteatro en
el que los gladiadores
luchan a muerte.

214 a.C.
Gran Muralla china
Comienza la construcción de
esta vasta muralla defensiva
en la frontera norte de China.

**Coliseo
(Roma)**

1453
Caída de Constantinopla
Fuerzas musulmanas
otomanas toman la capital
del Imperio bizantino.

1500
Poder songhai (África)
Los songhai controlan el valle del
Níger, al oeste de Senegal y
al este de Agadés (actual Níger).

1532
Batalla de Cajamarca (Perú)
Invasores españoles derrotan a
las fuerzas incas de Atahualpa;
siguen 300 años de dominio
español.

1683
Batalla de Viena
Se pone freno a la expansión
otomana con su derrota por
el Sacro Imperio.

1450
Machu Picchu (Perú)
Ciudad secreta de los
incas, que dominarán el
norte de Sudamérica.

1500
Dinastía Ming (China)
Tras expulsar a los mongoles,
China restaura su cultura y
amplía sus fronteras.

1519
Dominio azteca (México)
Los aztecas dominan una
población de 25 millones. Los
españoles los conquistan en 1521.

1642-1651
Guerra civil inglesa
Los parlamentaristas
vencen a los monárquicos;
ejecución del rey Carlos I.

1690
Imperio mogol (India)
Bajo Aurangzeb, el Imperio
islámico mogol de India
vive su apogeo.

1922
Apogeo del Imperio británico
El imperio de Gran Bretaña
abarca más del 20 % de la
superficie terrestre.

1914-1918
Primera Guerra Mundial
Gran Bretaña, Francia, EE UU y
otros aliados se enfrentan a
Alemania, Austria-Hungría y
Turquía.

1880-1902
Guerras de los bóers (África)
Estallan dos guerras entre
los colonos holandeses de
Sudáfrica y Gran Bretaña.

1819-1830
Independencia de Sudamérica
Colombia, Perú, Bolivia, Ecuador
y Venezuela se independizan
de España.

1789-1799
Revolución francesa
Tras derrocar a la monarquía
en una revolución sangrienta,
Francia se convierte en república.

1917
Revolución rusa
Revuelta contra el
zar Nicolás II; Rusia
pasa a ser comunista.

1912
Hundimiento del *Titanic*
Mueren más de 1500 personas al
hundirse este transatlántico de
lujo tras chocar con un iceberg.

1861-1865
Guerra de Secesión
Guerra entre los estados
confederados del sur de EE UU
y los de la Unión del norte.

1799-1815
Época napoleónica
Francia, liderada por Napoleón
Bonaparte, es la potencia
militar dominante en Europa.

1775-1783
Guerra de Independencia de EE UU
Con la ayuda de Francia y otros
países, EE UU se independiza de
Gran Bretaña.

1980
Very Large Array
Se completa el observatorio
radioastronómico gigante
de Nuevo México (EE UU).

Ópera de Sídney
Inaugurado en 1973, este
centro de las artes de Sídney
(Australia) fue diseñado por el
arquitecto danés Jørn Utzon.

1994
Fin del *apartheid*
Acaba la política
oficial de segregación
en Sudáfrica, y los
sudafricanos negros
alcanzan la igualdad.

1989-1991
Fin del bloque comunista
Los regímenes comunistas
de muchos países de Europa
oriental son derrocados.

VIRUS ERRADICADO MEDIANTE LA VACUNACIÓN.

Australopithecus

El homínino *Australopithecus* evolucionó hace unos 4,2 millones de años en el este de África. Se conocen seis especies. Una de ellas, *A. afarensis*, puede ser el antecesor de los humanos. Los fósiles muestran que medía 1,5 m de alto y tenía un cerebro relativamente pequeño, pero caminaba erguido.

Paranthropus

Las tres especies de *Paranthropus* tenían una cresta ósea en el cráneo para anclar potentes músculos masticadores. *P. boisei* fue apodado «cascanueces» por sus grandes mandíbulas y molares.

Valle de Neander (Alemania)
Un esqueleto parcial de *H. neanderthalensis*, hallado en una cueva en 1856, fue el primer fósil identificado como resto humano.

Fósiles humanos

Los hallazgos fósiles han ayudado a reconstruir la historia de la evolución humana. A los humanos actuales -*Homo sapiens*- y sus antepasados se les llama homíninos. *Sahelanthropus tchadensis*, el primer homínino, era un animal simiesco que vivió en África hace 7 millones de años. Las especies posteriores partieron de África y se difundieron por el mundo.

Laetoli (Tanzania)
Las huellas de al menos dos *Australopithecus afarensis* se descubrieron conservadas en ceniza volcánica.

Garganta de Olduvai (Tanzania)
Se hallaron fósiles y herramientas de piedra de *P. boisei* y de *H. habilis*.

Sudáfrica
Se han hallado restos fósiles de *Australopithecus*, *Paranthropus*, *H. habilis* y *H. sapiens*.

Australopithecus, simiesco
6 especies

4   millones de años atrás   3

Cuevas de Zhoukoudian (China)
Algunos de los fósiles más importantes de *H. erectus* se hallaron en estas cuevas calizas a 50 km de Pekín.

Flores, Indonesia
Los restos de *H. floresiensis* proceden de una única cueva de esta isla.

Java (Indonesia)
Los fósiles humanos más antiguos de Asia oriental -de *Homo erectus*- proceden de esta isla.

Homo: una gran familia

Nosotros y nuestros antepasados extintos integramos el género *Homo*. Un segundo término latino, como *sapiens*, completa el nombre de la especie.

Homo habilis
(Hace 2,4-1,4 millones de años)
Se cree que *H. habilis* fue la primera especie de hominino que hizo útiles de piedra.

Homo georgicus
(Hace 1,8 millones de años)
Conocido por un solo yacimiento en Georgia, este pudo ser el primer hominino en abandonar África.

Homo ergaster
(Hace 1,9-1,5 millones de años)
Similar en altura y constitución a los humanos actuales, era muy distinto de sus antepasados simiescos.

Homo erectus
(Hace 1,8 millones-200 000 años)
Al igual que *H. ergaster*, se sabe que usó bifaces (piezas de piedra talladas con filo cortante).

Homo antecessor
(Hace 1,2 millones-500 000 años)
Se convirtió en el primer hominino en llegar a Europa occidental, hace unos 780 000 años.

Homo heidelbergensis
(Hace 600 000-250 000 años)
Musculoso y con un gran cerebro, podía cazar animales grandes y fabricar herramientas complejas.
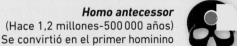

Homo floresiensis
(Hace 95 000-17 000 años)
Apodado «hobbit», medía poco más de 1 m. Vivió hasta tiempos muy recientes.

Homo neanderthalensis, («hombre de Neandertal»)
(Hace 200 000-30 000 años)
Hábil en la caza, fabricaba y usaba herramientas de piedra y enterraba a sus muertos.

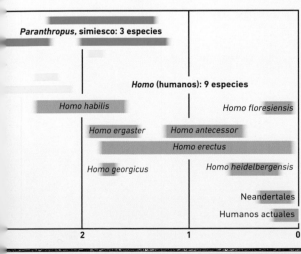

Paranthropus, simiesco: 3 especies

Homo (humanos): 9 especies

Homo habilis	Homo floresiensis
Homo ergaster	Homo antecessor
Homo erectus	
Homo georgicus	Homo heidelbergensis
	Neandertales
	Humanos actuales

2   1   0

Genealogía

Este cuadro muestra el «árbol genealógico» de los homininos de *Australopithecus* en adelante. Los expertos siguen estudiando las relaciones entre las distintas especies de homininos.

Culturas prehistóricas

Primera música

La música, como el arte, es muy anterior a la escritura, pues hoy se sabe que hace más de 40 000 años ya se tocaban flautas de hueso y otros instrumentos musicales.

◆ Yacimiento con instrumentos musicales

Flauta de asta, Hohle Fels (Alemania), hace 43 000 años

Primeras joyas

La joyería servía de adorno hace más de 100 000 años en lugares tan lejanos como Israel y Sudáfrica.

◆ Yacimiento con joyas y adornos

Collar de caparazones, Balzi Rossi (Italia)

Música, religión, arte y tecnología comenzaron hace tanto tiempo que no puede precisarse. No obstante, hay rastros de antiguas culturas, como los lugares de enterramiento ritual, que los arqueólogos pueden datar.

East Wenatchee (Washington, EE UU)

Walker (Minnesota, EE UU)

Pinturas de Horseshoe Canyon (Utah, EE UU)

Cactus Hill (Virginia, EE UU)

Clovis (Nuevo México, EE UU)

Salado (Texas, EE UU)

Wicklow Pipes (Irlanda)

Collar de caparazones, Cro-Magnon (Francia)

Cuevas de Lascaux (Francia)

Cuevas de Altamira y El Castillo (España). El Castillo conserva las pinturas más antiguas que se conocen, hechas hace unos 48 000 años, posiblemente por neandertales.

Talla de la Venus de Brassempouy (Francia)

Caballito de marfil, Lourdes (Francia)

Cuentas de caparazones, Grotte des Pigeons (Marruecos)

Sáhara argelino

Pinturas de Serra de Capivara (Brasil)

Evolución de las herramientas de piedra

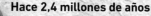

Hace 2,4 millones de años
Las primeras herramientas, llamadas olduvayenses, fueron obra de una antigua especie humana africana llamada *Homo habilis*. Las herramientas de este estilo de Europa y Asia son mucho más recientes y de especies posteriores, incluidos los neandertales.

● Yacimiento olduvayense

Hace 1,8 millones de años
Los útiles achelenses de nuestros antepasados posteriores, como *H. erectus*, incluyeron un nuevo invento, el bifaz, de borde muy afilado.

● Yacimiento achelense

Hace 200 000 años
Las herramientas musterienses abarcaron el Paleolítico Medio (que terminó *c.* 30 000 a.C.) e incluían formas especializadas.

● Yacimiento musteriense

Hace 13 000 años
Las herramientas de piedra más antiguas descubiertas en América son las de la cultura de Clovis, de hace 13 000 años.

● Yacimiento clovis

Pinturas de la cueva de las Manos (Argentina)

Cueva del Milodón (Chile)

LA PRIMERA AGUJA DE COSER CONOCIDA TIENE UNOS 25 000 AÑOS;

Flautas, cueva de Höhle
Fels y Geissenklösterle
(Alemania)

Bisovava (Rusia)

Talla de hueso del
«hombre león» (Alemania)

Tumbas de Sungir (Rusia)

León corriendo tallado en
marfil (República Checa)

Placa de Tata (Hungría):
misterioso objeto hecho por un
neandertal hace 100 000 años

Krapina
(Croacia)

Tiflis (Georgia)

Abrigo rocoso de Pechka (Armenia)

Cuevas de Balzi
Rossi (Italia)

Cueva de
Shanidar (Irak)

Kashafrud
(Irán)

Riwat
(Pakistán)

Majuangou
(China)

Disco tallado
en hueso,
Xiaogushan
(China)

LAS **VASIJAS DE ARCILLA** MÁS **ANTIGUAS CONOCIDAS** SON **CHINAS** Y TIENEN UNOS **20 000** AÑOS

Qafzeh
(Israel)

Cuentas de
caparazones,
Skhūl (Israel)

Cueva de Chauvet
(Francia)

Gebelein
(Egipto)

Pinturas de
Bhimbetka
(India)

Flautas de
hueso, Jiahu
(China)

Bose (China)

Isampur
(India)

Gona (Etiopía): herramientas
más antiguas del mundo

Isla de Socotra
(Yemen)

Konso-Gardula
(Etiopía)

Omo
(Etiopía)

Turkana (Kenia)

Lokalalei (Kenia)

Garganta de
Olduvai (Tanzania)

Ríos Gemelos
(Zambia)

Cueva de Inanke
(Zimbabue)

Sterkfontein
(Sudáfrica)

Abrigo rocoso
Apolo 11
(Namibia)

Swartkrans
(Sudáfrica)

Cuentas de
caparazones,
cueva de Blombos
(Sudáfrica)

Primeros entierros

Nuestros ancestros
ya enterraban a
sus muertos junto
con objetos como
cuentas u otros
adornos hace
al menos unos
100 000 años.

◆ Yacimiento
funerario

**Calavera con
caparazones, Balzi
Rossi (Italia), hace
25 000 años**

Primeras pinturas

El ser humano pinta y talla
superficies de piedra desde
hace por lo menos unos
40 000 años. Algunas
pinturas muestran escenas
de danza y caza.

◆ Yacimiento con pinturas

**Cueva de Inanke (Zimbabue),
hace 10 000-5000 años**

La primera escultura

Entre las primeras
esculturas conocidas
se hallan numerosas
figurillas humanas
y animales talladas
en piedra y hueso.
Algunas datan de
hace 40 000 años.

◇ Yacimiento con
obras de arte

**«Hombre león»
(Alemania), hace
40 000 años**

Parque
Nacional
de Kakadu
(Australia)

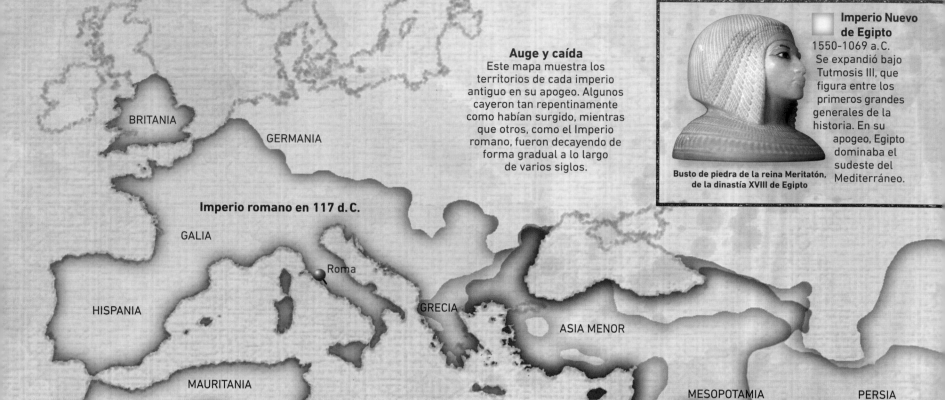

Imperios antiguos

Al desarrollarse, algunas de las civilizaciones del mundo antiguo ansiaron incrementar su poder y riquezas sometiendo a sus vecinos. Algunos conquistadores lograron crear vastos imperios.

Imperio Nuevo de Egipto
1550-1069 a.C. Se expandió bajo Tutmosis III, que figura entre los primeros grandes generales de la historia. En su apogeo, Egipto dominaba el sudeste del Mediterráneo.

Busto de piedra de la reina Meritatón, de la dinastía XVIII de Egipto

Auge y caída
Este mapa muestra los territorios de cada imperio antiguo en su apogeo. Algunos cayeron tan repentinamente como habían surgido, mientras que otros, como el Imperio romano, fueron decayendo de forma gradual a lo largo de varios siglos.

Imperio romano en 117 d.C.

BRITANIA

GERMANIA

GALIA

Roma

HISPANIA

GRECIA

ASIA MENOR

MAURITANIA

MESOPOTAMIA

Babilonia

PERSIA

Primer Imperio persa en 490 a.C.

Pasargada

EGIPTO

Tebas

Imperios en retirada
Cuanto mayor se hace un imperio, más complejo y caro se vuelve de gobernar. El emperador romano Trajano conquistó Mesopotamia en 117 d.C., pero su sucesor Adriano la abandonó casi de inmediato por dicha razón.

Imperio Nuevo de Egipto en 1450 a.C.

Civilizaciones de América

Las culturas olmeca y maya, al igual que los imperios de Eurasia y África, se expandieron al fusionarse y crecer sus comunidades. En lugar de una conquista violenta, el principal medio para ello es probable que fueran los intercambios culturales y el comercio.

Civilización olmeca
c. 700 a.C.

Civilización maya
c. 300 d.C.

Área del mapa ampliada

EN SU APOGEO, EL IMPERIO HAN DE CHINA GOBERNABA A 60 MILLONES

Civilización olmeca
1500-400 a.C.
La olmeca, la primera gran cultura de Centroamérica, floreció en el actual México. Los olmecas fueron agricultores expertos y comerciaron por toda la región. Desarrollaron uno de los primeros sistemas de escritura de América.

Máscara de piedra olmeca

Primer Imperio persa
550-336 a.C.
Ciro el Grande y su ejército conquistaron vastas extensiones de Asia central y obtuvieron grandes riquezas de los reinos que conquistaron. El sucesor de Ciro, Darío I, construyó bellas ciudades, carreteras e incluso un canal del río Nilo al mar Rojo.

Cuenco de plata persa

Imperio de Alejandro Magno
330-323 a.C.
Alejandro fue un general hijo del rey de Macedonia, reino al norte de Grecia. En su apogeo, su imperio abarcaba casi todo el mundo que conocían los griegos. Tras su muerte, la cultura griega predominó en el Mediterráneo oriental y el oeste de Asia durante siglos.

Moneda con la efigie de Alejandro Magno

BACTRIA

Imperio de Alejandro Magno en 323 a.C.

La Ruta de la Seda
Esta ruta comercial de China a Roma tuvo una importancia vital para ambos imperios. Se intercambiaba seda china por vidrio, lino y oro de Occidente.

Imperio chino Han en 87 a.C.

Chang'an

CHINA

Pataliputra

INDIA

Imperio maurya en 265 a.C.

ALEJANDRO MAGNO VENCIÓ EN TODAS SUS BATALLAS

Imperio maurya
321-185 a.C.
Chandragupta Maurya fue el primer líder en conquistar todo el subcontinente indio. Más tarde, su hijo Asoka se convirtió al budismo y gobernó pacíficamente durante 42 años.

Figura maurya

Imperio Han
206 a.C.-220 d.C.
A los cuatro siglos de dominio Han se les llama la edad dorada de la antigua China. Fue una época de paz y prosperidad en la que China se convirtió en una gran potencia mundial.

Vasija han

Imperio romano
27 a.C.-476 d.C.
Roma, cuna de una de las civilizaciones más influyentes de la historia, dominó gran parte de Europa, Asia occidental y el norte de África. Muchos de sus acueductos, canales y calzadas siguen hoy en uso.

Busto del emperador Claudio

Civilización maya
500-900 d.C.
Los mayas crearon una de las culturas más avanzadas del mundo antiguo. Desarrollaron un preciso calendario anual basado en su sofisticado conocimiento de la astronomía.

Estatuilla maya

Maravillas antiguas

Los antiguos viajeros y autores griegos como Heródoto, Filón de Bizancio y Antípater alabaron las obras arquitectónicas de su tiempo. Los edificios y estatuas que describieron se conocieron como las siete maravillas del mundo. Hoy admiramos muchas otras estructuras asombrosas que arquitectos, canteros y escultores construyeron con herramientas relativamente simples.

Stonehenge
c. 2500 a.C., Wiltshire (Inglaterra)

Carnac
c. 3200 a.C., Bretaña (Francia). Monumento de la Edad de Piedra de más de 3000 menhires.

Puente del Gard
19 d.C., Nimes (Francia)

Coliseo
80 d.C., Roma (Italia)

Budas de Bamiyán
Siglo VI, Bamiyán (Afganistán).

Área del mapa ampliada

Gran Muralla china
214 a.C.

Ejército de terracota
210 a.C., Xi'an (China)

Gran Pirámide
300 a.C., Cholula (México)

Pirámide del Sol
100 d.C., Teotihuacán (México)

Obelisco de Axum
c.100 a.C.-600 d.C., Axum, Etiopía

Gran estupa de Sanchi
Siglo III a.C., Sanchi (India). Estructura de piedra más antigua de India, erigida por Asoka el Grande para albergar las reliquias de Buda.

Pirámide Mayor de Caral
c. 3200 a.C., Valle de Supe (Perú). Construida por la civilización de Norte Chico en la misma época que las pirámides egipcias.

Maravillas del mundo

En la Antigüedad se realizaron obras increíbles de ingeniería, arquitectura y escultura por todo el globo.

Las siete maravillas del mundo

Únicamente las pirámides de Guiza siguen en pie. Los jardines colgantes, el coloso y el faro fueron destruidos por terremotos, y el mausoleo y la estatua de Zeus, a causa de inundaciones e incendios. El templo de Artemisa fue destruido por los godos.

Pirámides de Guiza
Tumbas de los faraones Keops, Kefrén y Micerino.

Jardines colgantes de Babilonia
Nabucodonosor II proyectó estos jardines en terrazas para su esposa, Amitis.

Mausoleo de Halicarnaso
Tumba del gobernador persa Mausolo, famosa por su tamaño y ricas tallas.

Templo de Artemisa
Dedicado a la diosa griega de la caza, la castidad y la maternidad.

Coloso de Rodas
Gran estatua de bronce y hierro de 22 m de altura del dios del Sol griego Helios.

Faro de Alejandría
La hoguera de este enorme faro era visible por la noche desde una distancia de 50 km.

Estatua de Zeus en Olimpia
Esta estatua de 13 m de altura del rey de los dioses griegos fue obra de Fidias.

Santa Sofía
537 d.C., Estambul (Turquía)

Acrópolis
Siglo V a.C., Atenas (Grecia)

Templo de Artemisa
c. 550 a.C., Éfeso (Turquía)

Mausoleo de Halicarnaso
351 a.C., Bodrum (Turquía)

Estatua de Zeus
456 a.C., Olimpia (Grecia)

Coloso de Rodas
290 a.C., Rodas (Grecia)

Faro de Alejandría
c. 280 a.C., Alejandría (Egipto)

Jardines colgantes de Babilonia
c. 600 a.C., Al-Hillah (Irak)

Petra
Siglo IV a.C. (Jordania)

Pirámides de Guiza
c. 2589-2500 a.C., El Cairo (Egipto)

Templos de Abu Simbel
c. 1257 a.C., Abu Simbel (Egipto)

LA **GRAN PIRÁMIDE** DE KEOPS, EN GUIZA, PUEDE PESAR HASTA **6,5** MILLONES DE TONELADAS

Otras maravillas antiguas

Estas maravillas no entraron en la lista de las siete: o los griegos no las conocían o fueron construidas con posterioridad.

Coliseo
Anfiteatro destinado sobre todo a la lucha de gladiadores.

Santa Sofía
Gran iglesia bizantina, luego mezquita ricamente decorada.

Petra
Ciudad excavada en la piedra, capital de los nabateos.

Templos de Abu Simbel
Dos templos construidos para honrar al faraón Ramsés II.

Pont-du-Gard
Acueducto romano que llevaba agua a Nîmes.

Acrópolis de Atenas
Ciudadela donde se encuentra el Partenón.

Gran Pirámide de Cholula
La más grande del mundo, posee una iglesia en su cima.

Pirámide del Sol de Teotihuacán
Un templo corona la cima.

Stonehenge
Monumento prehistórico de enormes piedras en círculo.

Budas de Bamiyán
Enormes estatuas talladas en un monte, destruidas en 2001.

Gran Muralla china
Llegó a tener 6259 km en la frontera norte de China.

Ejército de terracota
8000 guerreros de tamaño real enterrados junto al primer emperador de China.

Obelisco de Axum
Un grupo de obeliscos conmemorativos tallados en enormes bloques de piedra.

Momias famosas

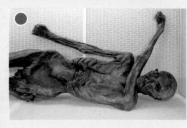

Ötzi, el hombre del hielo
Murió hace unos 5300 años a causa de una tormenta de nieve en los Alpes. Sepultado por la nieve, su cuerpo quedó congelado hasta que en 1991 fue descubierto en un glaciar.

El faraón Tutankamón
La momia de Tutankamón fue hallada en una tumba del Valle de los Reyes en 1922. Llevaba una máscara de oro y reposaba en tres cajas de oro, una dentro de la otra. La tumba, sellada desde hacía 3200 años, contenía estatuas, muebles y joyas.

Hombre de Tollund
Dinamarca, 400 a.C.

Momias de turbera

Jeremy Bentham
Reino Unido, 1832

Esqueletos de Cladh Hallan
Escocia, 1600-1120 a.C.

Momias de turbera

Klement Gottwald
República Checa, 1953

Frailes franciscanos de Basilea
Suiza, c. 1550

José dos Santos Ferreira Moura
Portugal, 1887

Momias guanches
Tenerife, islas Canarias
c. 1000-1400

Momia de Grottarossa
Italia, 160-180

Momias de San Domenico Maggiore
Italia, c. 1490-1570

Uan Muhuggiag
Libia, c. 3500 a.C.

Vissarion Korkoliacos
Grecia, 1991

Hombre del hielo canadiense
Columbia Británica (Canadá),
c. 1450-1700

Momias de las Aleutianas
Alaska (EE UU),
hasta c. 1800

Momias anasazi
Arizona, Nuevo México, Utah y Colorado (EE UU), c. 100-1200

Momia de Spirit Cave
Nevada (EE UU), c. 7400 a.C.

Elmer McCurdy
Oklahoma (EE UU), 1911

Esqueletos de Windover
Florida (EE UU),
6000-5000 a.C.

Momias preincas del desierto
Perú, c. 1000

Momias de Chiribaya
Perú, c. 1100-1300

Momias de Tiahuanaco
Chile, 800-1200

Eva Perón
Argentina,
1952

Momias accidentales

En ocasiones, los cuerpos se momifican accidentalmente a causa de la sequedad del aire y el suelo, el frío de las montañas y regiones polares, o el agua ácida de los pantanos y ciénagas.

1 Momias de Guanajuato (México)
En 1865-1958, la gente de Guanajuato que no podía pagar el impuesto sobre tumbas tuvo que desenterrar a sus parientes. El clima seco había momificado a algunos.

2 Momias de turbera europeas
En las turberas del norte de Europa se han hallado momias. Las más antiguas son de hace unos 10 000 años.

3 Hombre de Lindow
En 1984 se descubrió el cuerpo de un hombre en un pantano de Lindow Moss, Cheshire (Inglaterra). Murió entre 2 a.C. y 119 d.C., quizá en un sacrificio religioso.

4 La expedición perdida de Franklin
La expedición de sir John Franklin al Ártico, en 1845, se perdió. Tres de sus hombres fueron hallados momificados en la isla Beechey (Canadá).

5 Momias de Groenlandia
Ocho inuits momificados que fallecieron en torno a 1475 fueron hallados en Nuuk, Groenlandia, en 1972. Sus cuerpos se habían secado por congelación.

Momias deliberadas

A lo largo del tiempo, muchas culturas han conservado los cuerpos de sus difuntos. Normalmente se retiran los órganos internos y los fluidos corporales antes de embalsamar.

1 Valle de los Reyes
En la década de 1880 se encontraron 56 momias -faraones incluidos- en el Valle de los Reyes de Egipto. En 2019, unos arqueólogos egipcios decubrieron 30 momias más en esta zona.

2 Momias de Kabayan
Entre 1200 y 1500, los ibalis de las islas Filipinas momificaban a sus líderes secándolos al fuego y depositándolos en cuevas.

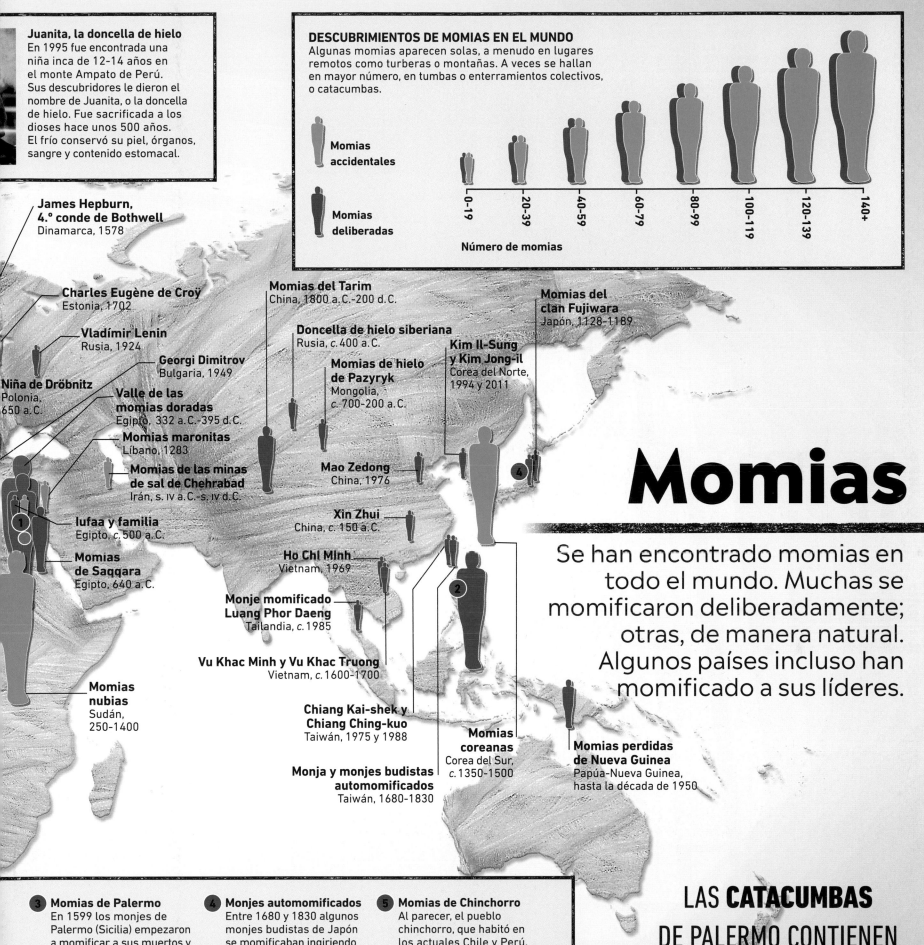

Juanita, la doncella de hielo
En 1995 fue encontrada una niña inca de 12-14 años en el monte Ampato de Perú. Sus descubridores le dieron el nombre de Juanita, o la doncella de hielo. Fue sacrificada a los dioses hace unos 500 años. El frío conservó su piel, órganos, sangre y contenido estomacal.

DESCUBRIMIENTOS DE MOMIAS EN EL MUNDO
Algunas momias aparecen solas, a menudo en lugares remotos como turberas o montañas. A veces se hallan en mayor número, en tumbas o enterramientos colectivos, o catacumbas.

Momias accidentales

Momias deliberadas

0-19   20-39   40-59   60-79   80-99   100-119   120-139   140+

Número de momias

James Hepburn, 4.º conde de Bothwell
Dinamarca, 1578

Charles Eugène de Croÿ
Estonia, 1702

Vladímir Lenin
Rusia, 1924

Georgi Dimitrov
Bulgaria, 1949

Niña de Dröbnitz
Polonia, 650 a. C.

Valle de las momias doradas
Egipto, 332 a. C.-395 d. C.

Momias maronitas
Líbano, 1283

Momias de las minas de sal de Chehrabad
Irán, s. IV a. C.-s. IV d. C.

Iufaa y familia
Egipto, c. 500 a. C.

Momias de Saqqara
Egipto, 640 a. C.

Momias nubias
Sudán, 250-1400

Momias del Tarim
China, 1800 a. C.-200 d. C.

Doncella de hielo siberiana
Rusia, c. 400 a. C.

Momias de hielo de Pazyryk
Mongolia, c. 700-200 a. C.

Mao Zedong
China, 1976

Xin Zhui
China, c. 150 a. C.

Ho Chi Minh
Vietnam, 1969

Monje momificado Luang Phor Daeng
Tailandia, c. 1985

Vu Khac Minh y Vu Khac Truong
Vietnam, c. 1600-1700

Chiang Kai-shek y Chiang Ching-kuo
Taiwán, 1975 y 1988

Monja y monjes budistas automomificados
Taiwán, 1680-1830

Momias del clan Fujiwara
Japón, 1128-1189

Kim Il-Sung y Kim Jong-il
Corea del Norte, 1994 y 2011

Momias coreanas
Corea del Sur, c. 1350-1500

Momias perdidas de Nueva Guinea
Papúa-Nueva Guinea, hasta la década de 1950

Momias

Se han encontrado momias en todo el mundo. Muchas se momificaron deliberadamente; otras, de manera natural. Algunos países incluso han momificado a sus líderes.

3 Momias de Palermo
En 1599 los monjes de Palermo (Sicilia) empezaron a momificar a sus muertos y guardarlos en catacumbas. Luego, los laicos pudientes pagaron a los monjes para que los momificaran.

4 Monjes automomificados
Entre 1680 y 1830 algunos monjes budistas de Japón se momificaban ingiriendo un té especial que hacía su cuerpo tóxico para los gusanos, y se les sepultaba vivos en tumbas de piedra.

5 Momias de Chinchorro
Al parecer, el pueblo chinchorro, que habitó en los actuales Chile y Perú, fue el primero en practicar la momificación. Las momias más antiguas se remontan a 5000 a. C.

LAS **CATACUMBAS** DE PALERMO CONTIENEN UNAS **8000 MOMIAS**

UN FARAÓN PARA MOMIFICARLO, EXTRAÍAN SU CEREBRO POR LA NARIZ.

Norteamérica

Mayas y aztecas construyeron grandes templos-pirámide. En el Templo Mayor de la capital azteca Tenochtitlán (hoy México D.F.) tenían lugar sacrificios humanos.

Templo Mayor (México)

Angel Mounds
Evansville, Indiana (EE UU), 1000 d.C.

Parkin Indian Mound
Parkin, Arkansas (EE UU), 1350

Cahokia Mounds y Monks Mound
Collinsville, Illinois (EE UU), 600-1400

Taos Pueblo
Nuevo México (EE UU), entre finales del siglo XIII y mediados del siglo XVI

Kincaid Mounds
Brookport, Illinois (EE UU), 1050-1400

Casas grandes del Chaco
Cañón de Chaco, Nuevo México (EE UU), 900 y 1150

Asentamiento de Moundville
Alabama (EE UU), 1000-1450

Templo Mayor
México D.F. (México), construido en 1325, reconstruido seis veces

Ocmulgee Great Temple Mound
Macon, Georgia (EE UU), 950-1150

Calixtlahuaca
Toluca (México), 1100-1520

El Castillo
Chichen Itzá (México), siglos IX-XII

Templo de las Inscripciones
Chiapas (México), 683 d.C.

Machu Picchu
Vilcabamba, Cuzco (Perú), 1450

Cusco y Coricancha
Vilcabamba, Cuzco (Perú), 1430

Isla del Sol
Lago Titicaca (Bolivia), siglo XV

El Fuerte de Samaipata
Bolivia, siglo XIV

Sacsayhuamán
Cuzco (Perú), entre inicios del siglo XV y mediados del siglo XVI

Ollantaytambo
Cuzco (Perú), mediados del siglo XV

Estatuas moai
Isla de Pascua (Chile), entre 1100 y 1650

Notre Dame de París
Francia, 1163-1345

Catedral de San Pablo (1er edificio)
Londres (Inglaterra), 604 d.C.

Abadía de Cluny
Borgoña (Francia), 910 d.C.

Alhambra
Granada (España), siglo XIV

Bronces de Benín
Reino de Benín (actual Nigeria), siglos XIII-XVI

Tombuctú
Malí, siglo XII

Palacios Reales de Abomey
Dahomey (actual Benín), 1695

Maravillas medievales

La Edad Media duró desde el siglo V hasta el final del siglo XV, cuando el mundo conocido se amplió gracias a las exploraciones de navegantes como Colón. En la época medieval se realizaron grandes obras arquitectónicas en todo el mundo.

Sudamérica

A finales del siglo XIV los incas poseían un gran imperio en el oeste de Sudamérica. La ciudad de Machu Picchu estaba en una remota montaña en los límites del imperio.

Machu Picchu

Torre inclinada de Pisa
Italia, 1173-1300

Catedral de San Basilio
Moscú (Rusia),
1555-1561

Kremlin de Moscú
Rusia, 1485-1495

Basílica de San Pedro
Ciudad del Vaticano,
1506-1626

Europa
La basílica de San Pedro, construida
al inicio del Renacimiento, es una
de las iglesias mayores
y más ricas del mundo.
Su enorme cúpula
mide 138 m
de altura.

Basílica
de San Pedro,
Ciudad del
Vaticano

CLAVE
Situación y fecha de las
maravillas medievales.

● Maravillas
con imagen

● Otras
maravillas

**Mausoleo
del imán Reza**
Mashhad (Irán),
818 d.C.

**Ani, ciudad
armenia**
Provincia de Kars
(Turquía), siglo V d.C.

Taj Mahal
Agra (India),
1632-1648

**Gran Muralla china
(dinastía Ming)**
siglo XIV

Gran Canal
China,
siglos V a XV

**Templo de
Kiyomizu**
Kioto (Japón),
798 d.C.

LA **TORRE DE PISA** TIENE UNA INCLINACIÓN DE **3,99** GRADOS

**Gran mezquita
de Yenné**
Malí, 1200-1330

**Mezquita del profeta
(Al-Masjid al-Nabawi)**
Medina (Arabia Saudita), 622 d.C.

**Gran Mezquita
(Al-Masjid al-Haram)**
La Meca (Arabia Saudita),
siglo VII d.C.

**Torre de porcelana
de Nankín**
Río Yangtsé (China),
principios del siglo XV,
reconstruida en 2010

**Templo del
Sol de Konarak**
India, siglo XIII

Angkor Wat
Angkor (Camboya)
1113-1150

**Palacio de
Sigiriya**
Sri Lanka,
siglo V d.C.

**Iglesias talladas
de Lalibela**
Etiopía, siglo XIII

Asia
El gran templo budista
de Borobudur (Java) tiene
seis pisos rectangulares
escalonados y tres terrazas
circulares, y lo adornan
2672 paneles tallados y
504 estatuas.

Borobudur

Borobudur
Java (Indonesia),
siglo IX d.C.

**Ciudad de
Gran Zimbabue**
Cerca de Masvingo
(Zimbabue), siglo XI

África
En Lalibela, once iglesias
-con ventanas, puertas y
techos- fueron excavadas
en la roca de los montes.
Cada una está tallada en
un solo bloque de piedra, y
están unidas por túneles.

Iglesia tallada en la
roca de Lalibela

SE ERIGIÓ SOBRE UNA PLATAFORMA PARA PROTEGERLA DE INUNDACIONES.

Imperios medievales

Entre 500 y 1500 d. C. hubo potencias que dominaron durante un tiempo vastas extensiones de Europa y Asia, y difundieron el islam y el cristianismo por el mundo conocido. En África, algunos soberanos unían grandes regiones por primera vez, y los imperios de América se desarrollaban al margen del resto del mundo.

Casco otomano

Sacro Imperio Romano Germánico en 1200 d. C.

Frankfurt

Imperio bizantino en 555 d. C.

Imperio otomano en 1683 d. C.

Estambul

Constantinopla

Damasco

Califato omeya en 750 d. C.

Imperio de Malí en 1350 d. C.

Imperio songhai en 1500 d. C.

Gao

Kumbi Saleh

Imperio de Kanem en 1300 d. C.

Njimi

Ka-ba (Kangaba)

Antigua Ghana
Siglo vi-1076
El reino de Ghana se enriqueció con el oro extraído de su valle y exportado por las rutas comerciales transaharianas. Fue conquistado por los bereberes en 1076.

Imperio de Malí
c. 1230-1600
Imperio africano occidental que se enriqueció con el comercio del oro y el desarrollo de la agricultura a orillas del Níger.

Imperio asante en 1750 d. C.

Kumasi

Imperio asante
1670-1902
Sociedad sofisticada y disciplinada a las que las estrategias y la adopción de las armas de fuego occidentales le permitieron la expansión militar.

Cabeza trofeo asante

São Salvador (M'banza-Congo)

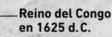
Reino del Congo en 1625 d. C.

Reino del Congo
1390-1914
Gobernado por un *manikongo* (rey) y dividido en seis regiones. El comercio de esclavos atlántico lo debilitó, y los portugueses acabaron haciéndose con el control.

Imperio etíope
1137-1974
Alrededor del año 1200 la dinastía gobernante Zagew de este imperio cristiano talló iglesias directamente en el suelo rocoso en la ciudad de Lalibela.

Reino de Zimbabue 1350 d. C.
Gran Zimbabue

Reino de Zimbabue
1220-1450
Famoso por su capital, Gran Zimbabue, donde la élite vivía en un recinto de piedra. Controlaban las minas de oro y el marfil, y comerciaban con Oriente Medio y China.

América

Imperio azteca en 1519 d. C.

Imperio huari en 650 d. C.

Cultura chimú en 1470 d. C.

Imperio inca en 1525 d. C.

Imperio de Tiahuanaco en 700 d. C.

Eurasia y África

Imperio mongol en 1227 d.C.

Imperio mongol
1206-1368
Fundado por Gengis Kan en 1206. Numerosas conquistas violentas obtuvieron el mayor imperio terrestre continuo de la historia.

Casco mongol

● Karakorum

China Ming en 1500 d.C.

● Pekín

China Ming
1368-1644
Fundada por Zhu Yuanzhang, líder de una revuelta que derrocó a los mongoles. En esta época socialmente estable se reconstruyeron el Gran Canal y la Gran Muralla.

Imperio mogol en 1690 d.C.

📍 Shayahanabad (antigua Delhi)

Espada mogol

📍 Angkor

Imperio jemer en 900 d.C.

EN SU **APOGEO**, EL **IMPERIO MONGOL** REINABA SOBRE **100 MILLONES** DE PERSONAS

◻ **Sacro Imperio Romano Germánico**
962-1806
Uno de los imperios más duraderos fue este estado cristiano sin capital. En 1356, Frankfurt se convirtió en sede de las elecciones imperiales.

◻ **Imperio bizantino**
330-1453
Imperio cristiano de lengua griega surgido del Imperio romano de Oriente, conservó tanto la cultura romana como la griega.

Colgante de un collar bizantino

◻ **Imperio mogol**
1526-1857
Los mogoles llevaron el gobierno centralizado, la educación y la tolerancia religiosa al sur de Asia.

◻ **Imperio jemer**
802-siglo xv
Imperio hindú y budista influido por la cultura india. Su arquitectura llegó a su apogeo con la construcción del templo de su capital, Angkor.

◻ **Imperio azteca**
1428-1521
Los aztecas, que se llamaban a sí mismos mexicas, dominaron gran parte del México actual desde su capital, erigida sobre un lago artificial.

Dios azteca de la muerte

◻ **Imperio inca**
1438-1536
El mayor imperio de la América prehispánica. Los incas adoraban a Inti, dios solar, y fueron capaces de construir ciudades a gran altura en los Andes.

◻ **Imperio songhai**
1375-1591
Surgido tras el declive del Imperio de Malí. La ciudad de Tombuctú se convirtió en un centro intelectual islámico.

Moneda songhai

◻ **Cultura chimú**
c. 850-1470
Destacó por su cerámica, tejidos y joyas. Su territorio abarcaba regiones costeras junto a los Andes, y en 1470 fue conquistada por el Imperio inca.

◻ **Califato omeya**
661-1031
Fue la segunda de las cuatro grandes dinastías musulmanas del califato (reino) árabe.

◻ **Imperio de Kanem**
700-1387
Poderoso imperio africano. El islam se convirtió en su principal religión durante la segunda dinastía, bajo el dominio de los sayfawa.

◻ **Imperio huari**
540-1100
Primer imperio del Nuevo Mundo en que las grandes ciudades sirvieron para gobernar y residir, y no solo para ceremonias religiosas.

Figura de madera huari

◻ **Imperio de Tiahuanaco**
400-950
Nacido a orillas del lago Titicaca, en la frontera entre Perú y Bolivia, se expandió rápidamente por las áreas circundantes.

◻ **Imperio otomano**
1299-1922
Estado islámico fundado por los turcos otomanos, con la rica ciudad de Constantinopla (actual Estambul) como capital desde 1453.

Castillos

Castillos, fuertes y ciudades amuralladas:
a lo largo de la historia, soberanos y naciones
han tratado de construir estructuras
inexpugnables para mantener a
raya a sus enemigos y
afianzar su poder.

Castillos europeos

Solían ser residencias
fortificadas de nobles o
monarcas, pero a veces
solo eran defensivos.

Burghausen (Alemania)
El complejo más grande
de su tipo en Europa, con
un castillo principal y un
patio interior protegido
por cinco exteriores.

**Crac de los Caballeros
(Siria)** Castillo cruzado
del siglo XII. Tiene un
muro exterior con 13
torres separado de la
muralla interior por
un foso.

**Fuerte Columbia,
Washington (EE UU)**

**Fuerte Union,
Nuevo
México
(EE UU)**

**Castillo de San
Felipe de Barajas,
Cartagena de
Indias (Colombia)**

**Antiguas ciudadelas
amuralladas de
Chan Chan (Perú)**

**Fortificaciones
de Valdivia
(Chile)**

**Castillo de Santa Maria
da Feira (Portugal)**

**Castillo de São Jorge
Lisboa (Portugal)**

**Ribat de
Monastir
(Túnez)**

**Loropéni
(Burkina Faso)**

**Castillo de la
costa del Cabo
(Ghana)**

**Castillo de
Elmina (Ghana)**

Prisiones costeras

Estos dos castillos en la
costa de Ghana tienen
una historia oscura:
sirvieron de enlaces
fortificados a lo largo de
la ruta del comercio de
esclavos en el siglo XVI.

Fuertes después de la época de los castillos

Se convirtieron en centros militares
vitales. Sus muros bajos, gruesos y en
ángulo podían desviar balas de cañón.

LOS TURCOS OTOMANOS SITIARON LA CIUDAD FORTIFICADA DE CANDÍA,

Castillos de Asia

Estos castillos reflejan estilos de construcción propios, con un aspecto diferente de los europeos pero con el mismo fin.

Himeji (Japón) Construido como fortaleza en 1333, fue reconstruido varias veces entre los siglos XIV y XVII. Con una red de 83 edificios protegida por muros de 26 m y tres fosos, es el mayor castillo de Japón.

Fuerte de Mehrangarh (India) Este fuerte, a 122 m sobre la ciudad de Jodhpur, oculta entre sus muros distintos palacios. Construido por el soberano Rao Jodha en 1459, para acceder es preciso atravesar siete puertas.

Ciudades fortificadas

Rodeadas de murallas, suelen tener un castillo o residencia real.

Ciudad Prohibida (China) Antiguo palacio imperial de Pekín, tiene 980 edificios rodeados por una muralla y un foso de 52 m de anchura.

Gran Zimbabue Para los muros de piedra de esta ciudad real, en su día capital del reino de Zimbabue, no se utilizó cemento.

Kremlin de
Moscú (Rusia)

Ciudadela
de Kirkuk
(Irak)

Uqair
(Arabia Saudita)

Ciudadela de
Bam (Irán)

Fuerte
de Rohtas
(Pakistán)

Fortaleza
de Gyantse
(Tíbet, China)

Fortaleza
Wan Ping
(China)

Fortaleza de
Tuon Cheng
(China)

Fuerte Glanville
(Australia)

Fuerte
Queenscliff
(Australia)

Fuerte Denison
(Australia)

EL **CASTILLO DE WINDSOR**, FUE LA RESIDENCIA REAL INGLESA DURANTE **900** AÑOS

Fuerte Independence (EE UU) Este fuerte en estrella, completado en 1851, defendía el puerto de Boston. Había cañones en sus cinco bastiones en punta.

Castillo de Buena Esperanza (Sudáfrica) Fue construido por la Compañía Neerlandesa de las Indias Orientales entre 1666 y 1679 para proteger a sus colonos.

ÉPOCA DE LAS BATALLAS

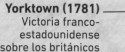

Contemporánea
1914-

Moderna revolucionaria
1780-1914

Moderna temprana
1500-1780

Medieval
500-1500

Antigua
Antes de 500 d.C.

Yorktown (1781)
Victoria franco-estadounidense sobre los británicos que condujo a la independencia de EE UU.

Waterloo (1815)
Una coalición europea derrotó a Napoleón, poniendo fin así a su dominio en Europa.

Viena (1683)
La derrota del Imperio otomano por el Sacro Imperio detuvo la expansión del islam en Europa.

Antietam (1862)
La batalla más sangrienta de un solo día en la historia de EE UU, con 23 000 bajas.

Armada Invencible (1588)
Los ingleses derrotaron a una gran flota española, que perdió 63 barcos.

Little Bighorn (1876)
Victoria de los lakota, cheyenne del norte y arapajó frente al ejército de EE UU liderado por el general Custer.

Batalla de Francia (1940)
Invasión y ocupación alemana de Francia durante la Segunda Guerra Mundial.

El Álamo (1836)
Los revolucionarios texanos causaron numerosas bajas a las fuerzas mexicanas que asaltaban el fuerte del Álamo. México venció, pero Texas obtuvo la independencia al año siguiente.

Argel (1957)
Campaña de guerrilla contra las autoridades franco-argelinas.

Gettysburg (1863)
Punto de inflexión en la guerra de Secesión que despejó el camino para la victoria de la Unión sobre los estados confederados.

Alcazarquivir (1578)
Marruecos y el Imperio otomano derrotaron al reino de Portugal. Casi todos los portugueses murieron o fueron apresados.

Hitos militares

Los cambios en la tecnología del armamento han afectado al desarrollo de las batallas. Cuanto más mortíferas son las armas, más lejos permanecen los contendientes unos de otros, hasta hoy, en que a veces no llegan a encontrarse ni verse.

(1) Batalla de Crécy (1346)
Batalla clave de la guerra de los Cien Años entre Inglaterra y Francia. Los nuevos arcos de largo alcance dejaron atrás el combate cuerpo a cuerpo, y con él la caballería medieval.

(2) Batalla del Somme (1916)
Británicos y franceses atacaron a los alemanes durante la Primera Guerra Mundial en la que fue la primera batalla en que se usaron tanques y una de las más sangrientas de la historia.

(3) Batalla de Inglaterra (1940)
Esta campaña que enfrentó a Gran Bretaña y Alemania en la Segunda Guerra Mundial fue la primera que tuvo lugar enteramente en el aire.

(4) Batalla del Mar del Coral (1942)
Por primera vez, los barcos de esta batalla ni se avistaron ni dispararon directamente unos sobre otros.

Bahía de Cochinos (1961)
Exiliados cubanos entrenados por la CIA intentaron invadir Cuba y derrocar al líder comunista Fidel Castro.

Carabobo (1821)
Victoria de los patriotas de Simón Bolívar sobre los monárquicos, partidarios de España. Llevó a la independencia de Venezuela.

Kirina (1235)
Fuerzas mandingas derrotaron al rey de los sosso y crearon el Imperio de Malí en África occidental.

Cajamarca (1532)
Derrota del Imperio inca por los conquistadores españoles que dio lugar al dominio español durante los tres siglos siguientes.

Riachuelo, río Paraguay (1865)
Batalla naval río arriba. Derrota de Paraguay por Brasil (aliado con Argentina y Uruguay) durante la guerra de la Triple Alianza (1864-1870).

LOS **TURCOS OTOMANOS** TOMARON CONSTANTINOPLA EN 1453 USANDO **CAÑONES** POR **PRIMERA VEZ** EN UNA GRAN BATALLA

Sitios

Un sitio o asedio consiste en el bloqueo militar de una ciudad o fortaleza con el fin de conquistarla tras agotar a sus defensores. Los sitiadores pueden atacar para acelerar el resultado.

① Sitio de Cartago (149-146 a.C.)
Uno de los asedios más largos de la historia. Los romanos rodearon Cartago (en el actual Túnez) y esperaron tres años a que se rindiera. Después esclavizaron a sus habitantes.

② Sitio de Jerusalén (1099)
Durante la Primera Cruzada, los defensores musulmanes de Jerusalén perdieron el control de la ciudad cuando los cristianos construyeron dos grandes torres de asedio con ruedas y escalaron las murallas.

Austerlitz (1805)
Con fuerzas menores, el Imperio francés aplastó a Rusia y Austria. Fue una de las mayores victorias de Napoleón.

Accio (31 a.C.)
Roma declaró la guerra a Marco Antonio y Cleopatra de Egipto. La victoria romana marcó el inicio del Imperio romano.

Monte del Tejón (1211)
Victoria del soberano mongol Gengis Kan sobre la dinastía Jin de China. Una de las batallas más sangrientas de la historia.

Huai-Hai (1948)
Gran batalla final en la Guerra civil china que condujo a la victoria comunista.

Termópilas (480 a.C.)
Los griegos, con un ejército muy pequeño, mantuvieron a raya a las tropas del emperador persa Jerjes durante tres días.

Stalingrado (1942-1943)
El largo sitio de esta ciudad soviética causó un sufrimiento enorme en ambos bandos y acabó en una grave derrota para la Alemania nazi.

Batalla de Inchon (1950)
Clara victoria de las Naciones Unidas frente a fuerzas norcoreanas durante la guerra de Corea.

Caída de Constantinopla (1453)
Tras un asedio de cuatro meses, el Imperio bizantino cayó ante el Imperio otomano invasor.

Batalla de Phillora (1965)
Una de las mayores batallas con tanques de la guerra indo-pakistaní, con victoria decisiva del ejército indio.

Iwo Jima (1945)
EE UU tomó esta isla para acabar invadiendo Japón. Murieron más de 21 000 japoneses.

Wuhan (1938)
Más de un millón de soldados y 200 aviones soviéticos y chinos no lograron impedir la toma de la ciudad por los japoneses.

Omdurmán (1898)
Una fuerza reducida británica y egipcia masacró a un ejército sudanés numeroso, pero mal armado.

El Alamein (1942)
Gran batalla con tanques de la II Guerra Mundial. Victoria británica sobre Italia y Alemania.

Dien Bien Phu (1954)
Los revolucionarios comunistas del Vietminh sitiaron y derrotaron a los franceses, poniendo fin así a la guerra de Indochina. Al año siguiente comenzaron otros veinte años de lucha en Vietnam.

Isandlwana (1879)
Aplastante victoria de los zulúes sobre los británicos, pese a estar armados principalmente con lanzas y escudos de piel.

Kalinga (262-261 a.C.)
El Imperio maurya, bajo Asoka el Grande, se enfrentó a la república de Kalinga. Murieron al menos 100 000 kalinganos.

Surabaya (1945)
La batalla más cruenta de la Revolución indonesia contra británicos y neerlandeses, celebrada como Día de los Héroes en Indonesia.

Mar del Coral (1942)
Batalla naval de la II Guerra Mundial entre Japón y EE UU y Australia. Fue la primera vez que se enfrentaron portaaviones.

Campos de **batalla**

Antes los ejércitos combatían durante uno o varios días en un único campo de batalla. En el siglo xx, las armas de largo alcance transformaron la guerra: las batallas pasaron a librarse en áreas del tamaño de países enteros.

SE CONVIRTIÓ AL BUDISMO TRAS LA SANGRIENTA BATALLA DE KALINGA.

Los últimos imperios

Haití
Primera nación negra en conseguir la independencia. Iniciada en una revuelta de esclavos, la revolución duró más de diez años y terminó en 1804.

Indias Occidentales
Controladas por Gran Bretaña, Francia, Dinamarca, los Países Bajos y Estados Unidos. Solo Haití y la República Dominicana eran independientes en esta época.

Liberia
Establecida en 1822 por EE UU como colonia para esclavos afroamericanos liberados.

En el siglo XVI, toda Sudamérica, casi toda Centroamérica y parte de Norteamérica fueron colonizadas por España y Portugal. Las revoluciones que tuvieron lugar en el siglo XIX condujeron a la independencia de todos estos territorios.

Mapa

Alaska · Groenlandia · ISLANDIA · CANADÁ · GRAN BRETAÑA · FRANCIA · ESPAÑA · PORTUGAL · GIBRALTAR · ESTADOS UNIDOS DE AMÉRICA · OCÉANO ATLÁNTICO · RÍO DE ORO · Islas Hawái · OCÉANO PACÍFICO · Bahamas · Puerto Rico · CUBA · HONDURAS BRITÁNICA · Jamaica · Antillas · ISLAS DE CABO VERDE · GAMBIA · GUINEA PORTUGUESA · COSTA DE ORO · SIERRA LEONA · TRINIDAD Y TOBAGO · GUAYANA BRITÁNICA · GUAYANA HOLANDESA · GUAYANA FRANCESA · ISLAS MALVINAS

EL MUNDO EN 1900

- Imperio otomano
- Gran Bretaña y posesiones
- Francia y posesiones
- Dinamarca y posesiones
- España y posesiones
- Portugal y posesiones
- Países Bajos y posesiones
- Imperio alemán y posesiones
- Imperio ruso y posesiones
- Japón y posesiones
- Italia y posesiones
- EE UU y posesiones

A finales del siglo XIX las potencias mundiales competían por el control de los territorios de ultramar. Con más países al alcance que nunca, la expansión se centró en África y Asia.

EN SU APOGEO, EN 1922, EL IMPERIO BRITÁNICO CONTROLABA

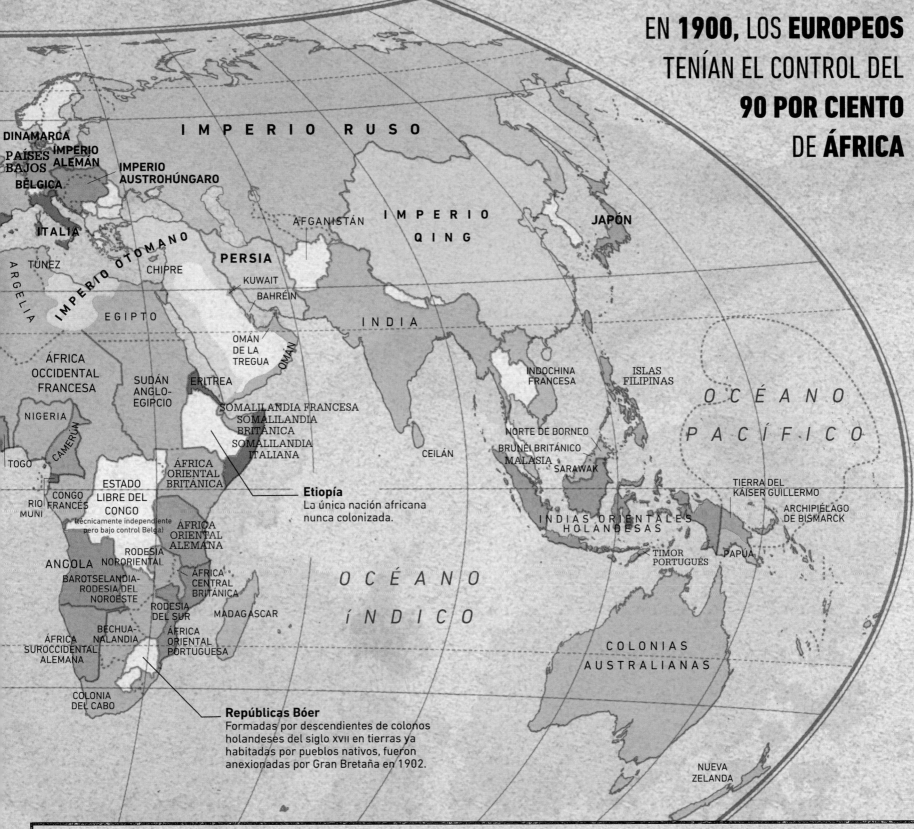

EN **1900**, LOS **EUROPEOS**
TENÍAN EL CONTROL DEL
90 POR CIENTO
DE **ÁFRICA**

IMPERIO RUSO

DINAMARCA
PAÍSES BAJOS
IMPERIO ALEMÁN
BÉLGICA
IMPERIO AUSTROHÚNGARO

ITALIA

TÚNEZ

ARGELIA

IMPERIO OTOMANO

CHIPRE

AFGANISTÁN

IMPERIO QING

JAPÓN

PERSIA

KUWAIT
BAHRÉIN

EGIPTO

INDIA

ÁFRICA OCCIDENTAL FRANCESA

SUDÁN ANGLO-EGIPCIO

ERITREA

OMÁN DE LA TREGUA

OMÁN

SOMALILANDIA FRANCESA
SOMALILANDIA BRITÁNICA
SOMALILANDIA ITALIANA

INDOCHINA FRANCESA

ISLAS FILIPINAS

OCÉANO PACÍFICO

NIGERIA

CAMERÚN

TOGO

CEILÁN

NORTE DE BORNEO
BRUNÉI BRITÁNICO
MALASIA
SARAWAK

ÁFRICA ORIENTAL BRITÁNICA

Etiopía
La única nación africana nunca colonizada.

TIERRA DEL KÁISER GUILLERMO

ARCHIPIÉLAGO DE BISMARCK

RÍO MUNI

CONGO FRANCÉS

ESTADO LIBRE DEL CONGO
(técnicamente independiente pero bajo control Belga)

ÁFRICA ORIENTAL ALEMANA

INDIAS ORIENTALES HOLANDESAS

ANGOLA

RODESIA NORORIENTAL

TIMOR PORTUGUÉS

PAPÚA

BAROTSELANDIA-RODESIA DEL NOROESTE

ÁFRICA CENTRAL BRITÁNICA

OCÉANO ÍNDICO

ÁFRICA SUROCCIDENTAL ALEMANA

BECHUA-NALANDIA

RODESIA DEL SUR

ÁFRICA ORIENTAL PORTUGUESA

MADAGASCAR

COLONIAS AUSTRALIANAS

COLONIA DEL CABO

Repúblicas Bóer
Formadas por descendientes de colonos holandeses del siglo XVII en tierras ya habitadas por pueblos nativos, fueron anexionadas por Gran Bretaña en 1902.

NUEVA ZELANDA

Competir por África

El comercio de esclavos atlántico, con el traslado forzoso de africanos a América para su venta, acabó a mitad del siglo XIX. Las potencias europeas colonizaron África por motivos económicos, políticos y religiosos, y competían por reclamar territorios antes que sus rivales.

- **1871:** Unificación de Alemania e Italia. No queda territorio para la expansión de los imperios en Europa.
- **1884-1885:** Conferencia de Berlín: las potencias europeas acuerdan reglas para repartirse África.
- **1900:** Solo unas pocas regiones son aún estados independientes. Gran Bretaña gobierna el 30 % de África.

El Gran Juego

En la década de 1830, Gran Bretaña temía que Rusia tratara de invadir la India británica mediante el control del vecino Afganistán. El Gran Juego fue la rivalidad por el poder en Asia entre los imperios británico y ruso.

- **1839-1842:** Primera guerra anglo-afgana. Terrible derrota británica en Kabul.
- **1878-1880:** Segunda guerra anglo-afgana. Rusia es derrotada y Gran Bretaña se retira, pero se hace con el control de las relaciones exteriores de Afganistán.
- **1907:** Rusia y Gran Bretaña firman un tratado de paz ante el peligro de la expansión alemana en Oriente Medio.

MÁS DE **1 MILLÓN** DE PERSONAS MURIERON EN LA **REVOLUCIÓN MEXICANA** DE **1910**

Noruega
1905
(de Suecia)

Islandia
1944
(de Dinamarca)

Inglaterra
1642-1651

Irlanda
1922 (de Gran Bretaña)

Bélgica
1830-1831
(de Países Bajos)

Francia
1789-1799

España
1936-1939

Túnez
2011

Portugal
1974

Argelia
1954-1962
(de Francia)

Trece colonias de Norteamérica
1776 (de Gran Bretaña)

Cuba
1953-1959

México
1910-1920

Haití
1791-1804 (de Francia)

Nicaragua
1979-1990

Venezuela
1823 (de España)
1830 (de Gran Colombia)

Panamá
1903 (de Colombia)

Ecuador
1822 (de España) y
1830 (de Gran Colombia)

Colombia
1819 (de España)

Ghana
1957
(de Gran Bretaña)

Perú
1824 (de España)

Angola
1961-75
(de Portugal)

Bolivia
1825 (de España)

Namibia
1968-1988
(de Sudáfrica)

Revolucionarios famosos

A los líderes revolucionarios les animan ideales apasionados que impulsan a los pueblos a rebelarse contra los gobiernos. Estas personas son clave para organizar acciones colectivas frente a la autoridad.

① Che Guevara (1928-1967)
Idealista argentino que ayudó a Fidel Castro a derrocar al dictador cubano Fulgencio Batista. Hoy es un símbolo mundial de la rebelión.

② Kwame Nkrumah (1909-1972)
Promovió la independencia de Ghana de Gran Bretaña. Ghana fue el primero de una serie de países subsaharianos en sacudirse el yugo colonial.

③ Simón Bolívar (1783-1830)
Político y general venezolano que llevó a la independencia a Colombia, Ecuador, Perú y Bolivia. Fue uno de los líderes más influyentes de Sudamérica.

④ Vladímir Lenin (1870-1924)
Tras su exilio en Siberia, volvió a Rusia para apoyar y luego liderar la revolución de 1917.

⑤ Mao Zedong (1893-1976)
Fundador de la República Popular China, fue un líder inflexible a la hora de modernizar el país con el «Gran Salto Adelante» e imponer el comunismo con la revolución cultural.

⑥ Mahatma Gandhi (1869-1948)
Dedicó su vida a llevar la paz a India. Inspiró a movimientos no violentos y de derechos civiles de todo el mundo.

Revoluciones y levantamientos

Las potencias que conquistan otros países topan a menudo con la resistencia de los pueblos dominados. En algunos casos, esto da lugar a revoluciones. A veces, el gobierno del propio país se vuelve tan impopular que se desencadena una revolución.

☐ **Levantamiento interno**
Países que han sufrido revoluciones internas

■ **Levantamiento contra una potencia exterior**
Países que lograron la independencia de una potencia extranjera por medio de una revolución

▨ **Países no implicados en las revoluciones tratadas en estas páginas**

LA INDEPENDENCIA DE EE UU EN 1776 DIO ESPERANZAS A UNA EUROPA

Revoluciones

Pueblos de todo el mundo se han alzado contra líderes opresores. Las revoluciones pueden ser súbitas o largas, sangrientas o pacíficas, pero todas tienen en común la pretensión de cambiar la forma de gobernar un país.

Lituania
1989 (de la URSS)

Finlandia
1917 (de Rusia)

Estonia
1989 (de la URSS)

Letonia
1989 (de la URSS)

Bielorrusia
1989 (de la URSS)

Ucrania
1989 (de la URSS)

Moldavia
1989 (de la URSS)

Turkmenistán
1989 (de la URSS)

Uzbekistán
1989 (de la URSS)

Rusia
1917

4

Kazajistán
1989
(de la URSS)

Georgia
1989 (de la URSS)

Kirguistán
1989
(de la URSS)

Armenia
1989
(de la URSS)

Corea
1945
(dé Japón)

Grecia
1821-1832
(del Imperio otomano)

Irak
2014-17

Irán
1979

Afganistán
1996

Tayikistán
1989 (de la URSS)

5

China
1949

Vietnam
1975 (República Socialista de Vietnam creada tras la guerra entre Vietnam del Norte y del Sur)

Siria
Desde 2011

Azerbaiyán
1989
(de la URSS)

Birmania
1962

Libia
2011

Egipto
2011

Filipinas
1896-1898
(de España)

Eritrea
1961-1991
(de Etiopía)

Yemen
2011

India
1947
(de Gran Bretaña)

6

Laos
1975
(de la URSS)

Camboya
1979 (Jemeres rojos)

Sudán del Sur
2011 (de Sudán)

Somalia
1986-1992

Singapur
1965
(de Malasia)

Papúa-Nueva Guinea
1975 (de Australia)

República Democrática del Congo
1997

Kenia (Mau Mau)
1952-1960
(de Gran Bretaña)

Ruanda
1961
(de Bélgica)

Indonesia
1945-1949
(de Países Bajos)

Madagascar
1960 (de Francia)

Timor Oriental
1975 (de Portugal) y 2002 (de Indonesia)

Sudáfrica
1994

Colapso del comunismo

La URSS fue un estado comunista compuesto por Rusia y otras 14 repúblicas soviéticas (algunas de las áreas en rojo del mapa). Tuvo también gran influencia sobre varios estados europeos conocidos en conjunto como el «bloque comunista» (algunas de las áreas en amarillo del mapa). En 1989 la revolución se propagó por todos estos estados, y en 1991 la URSS se disolvió.

▼ **Caída del comunismo**
El signo indica los países donde cayó el comunismo en 1989-1991.

La primavera árabe

Las revoluciones y protestas que sacudieron el mundo árabe en 2011 se conocen como «primavera árabe». Como indica el mapa, en algunos países los líderes fueron expulsados, y en otros, los levantamientos fracasaron. En muchos casos, las manifestaciones y protestas fueron violentas. No todos los movimientos tuvieron éxito. La revuelta de Túnez permitió mejoras, pero muchos de los otros países siguen marcados por la inestabilidad.

Primavera árabe
El signo indica los países implicados

CLAVE

Grandes
naufragios con
coordenadas
conocidas

Scapa Flow (1919)
Tras la I Guerra Mundial,
la Marina alemana hundió
aquí 52 de sus propias
naves para no rendirlas
a Gran Bretaña.

Islander (1901)
Su cargamento de oro,
estimado en 500 millones
de libras, no se ha hallado.

Sultana (1865)
Este barco de vapor
explotó en el río
Misisipi. Murieron
1700 personas.

Medusa (1816)
Cuando este
barco se hundió,
147 marineros
construyeron una
balsa, pero solo
15 sobrevivieron
hasta su rescate.

Agamemnon (1809)
Antes al mando del
almirante Nelson, esta nave
chocó con arrecifes no
señalados en una bahía
próxima a Uruguay.

Naufragios

Los lechos y las costas de los
mares, los lagos y los ríos del
mundo albergan numerosos
barcos hundidos (o pecios).
Algunos naufragios son famosos
por la pérdida de vidas que
causaron o por el enorme valor
del cargamento del barco.

Naufragios por causas naturales

Los marineros se enfrentan constantemente a las fuerzas
de la naturaleza, y una de las causas más frecuentes de
los naufragios es el mal tiempo. Los temporales y los
huracanes azotan los barcos y los desvían de su rumbo, y
la niebla, la lluvia y la nieve reducen la visibilidad. El hielo
es otro gran riesgo: un iceberg puede incluso hundir un
barco en caso de colisión, y el hielo que se acumula sobre
el casco puede volverlo inestable y hacerlo volcar.

Naufragios famosos

1. Titanic (1912)
El 14 de abril chocó con un iceberg y se hundió en tan solo 2 horas y 40 minutos.
Muertes: 1517

2. Arizona (1942)
Acorazado estadounidense hundido al comienzo del ataque japonés a Pearl Harbor.
Muertes: 1177

3. Lusitania (1915)
Transatlántico británico hundido por un submarino alemán (I Guerra Mundial).
Muertes: 1200

4. Bismarck (1941)
Acorazado alemán hundido tras un combate con la Royal Navy británica.
Muertes: 2085

5. Nuestra Señora de Atocha (1622)
Galeón español, cargado de tesoros, hundido a causa de un huracán.
Muertes: 260

6. Wilhelm Gustloff (1945)
Barco alemán hundido por un submarino ruso.
Muertes: 9100 aprox.

7. Sussex (1694)
Perdido en una tormenta cerca de Gibraltar con más de 10 toneladas de monedas de oro.
Muertes: 500

8. Doña Paz (1987)
Este transbordador filipino colisionó con un petrolero cerca de las islas Filipinas.
Muertes: 4375

9. Birkenhead (1852)
Barco británico hundido tras chocar con arrecifes en Danger Point.
Muertes: 460

10. Batavia (1629)
Barco neerlandés que se hundió cerca de Australia en su primer viaje.
Muertes: naufragio, 40; motín posterior, 233

Batalla de Midway (1942)
Aquí se perdieron el *Yorktown* y el *Hammann* estadounidenses, junto con un crucero y cuatro portaaviones japoneses, en una de las batallas navales más feroces de la Segunda Guerra Mundial.

Eduard Bohlen (1909)
Encalló a causa de la niebla y hoy está 400 m tierra adentro, medio enterrado bajo grandes dunas.

Pandora (1791)
Barco británico hundido durante una misión para encontrar al *Bounty* y su tripulación amotinada.

Naufragios provocados por el hombre

Los humanos pueden ser responsables de naufragios de muchas maneras. La guerra es una de las causas principales: misiles, ataques aéreos, sabotajes y minas han servido para destruir barcos. Otros factores pueden ser el diseño y la construcción defectuosos, las reparaciones y el mantenimiento mal realizados, los errores de navegación y la sobrecarga.

Puente del Gran Belt
Dinamarca, 1997. Comunica las islas de Zelanda y Funen. Se compone de dos puentes y un túnel ferroviario.

Puente de Golden Gate
San Francisco, California (EE UU), 1937. Famoso puente de acero, el más largo puente colgante cuando se construyó.

Fábrica Boeing de Everett
Washington (EE UU), 1968. Edificio de montaje de aviones y mayor edificio del mundo.

Faro de Bell Rock
Inchcape (Escocia), 1810. El faro situado mar adentro más antiguo conservado.

Gasoducto Langeled
2006. Gasoducto submarino que lleva gas natural noruego a Gran Bretaña.

Mina de la Hibbing Taconite Company
Hibbing, Minnesota (EE UU), 1895. Una de las mayores minas a cielo abierto del mundo.

Alcantarillado de Londres
Finales del siglo XIX. Considerado un triunfo de la ingeniería, logró alejar del Támesis las aguas residuales.

Lockheed SR-71 Blackbird
Beale, California (EE UU), 1964. Reactor tripulado más rápido.

Túnel del canal de la Mancha
Folkestone (RU)-Calais (Francia), 1994. Túnel ferroviario submarino internacional.

Presa Hoover
Nevada/Arizona (EE UU), 1936. Mayor estructura de hormigón jamás construida hasta entonces.

Museo Guggenheim
Nueva York (EE UU), 1959. Hazaña arquitectónica y de diseño.

Graf Zeppelin

Museo Guggenheim
Bilbao (España), 1997. Importante obra de arquitectura moderna.

Observatorio WM Keck
Mauna Kea, Hawái (EE UU), 1993 y 1996. Segundos mayores telescopios ópticos del mundo.

Concorde

Sagrada Familia
Barcelona (España), iniciada en 1882. Gran iglesia diseñada por Antoni Gaudí, considerada una obra maestra, aún en construcción.

Very Large Array
Socorro, Nuevo México (EE UU), 1973-1980. Observatorio astronómico con 27 antenas de radio dispuestas en Y.

Canal de Panamá
1914. 77 km de longitud. Uno de los proyectos de ingeniería más difíciles de la historia.

Gran colisionador de hadrones
Ginebra (Suiza), 1998-2008. Gran instrumento científico para experimentar con partículas.

Presa de Itaipú
Brasil/Paraguay, 1984. La segunda mayor presa del mundo.

Avances industriales

La revolución industrial de los siglos XVIII y XIX produjo avances extraordinarios en la tecnología y los materiales. El resultado fueron obras de ingeniería nunca vistas hasta entonces.

Piscina de San Alfonso del Mar
Algarrobo (Chile), 2006. De 1 km de largo y 35 m de profundidad. Segunda mayor piscina del mundo.

Hitos tecnológicos

1 Primer cable transatlántico (Canadá-Irlanda), 1858
El primer cable de comunicaciones tendido en el Atlántico, permitió recibir mensajes en cuestión de minutos.

2 Ferrocarril Transcontinental, California-Nebraska (EE UU), 1869
Conectó la costa este de EE UU y la del Pacífico por primera vez. Fue una de las mayores hazañas tecnológicas del siglo XIX.

3 Home Insurance Building, Chicago, Illinois (EE UU), 1885
Primer edificio en el que se usó acero estructural, y también el primer edificio alto sostenido por una estructura metálica ignífuga. Se considera el primer rascacielos por la tecnología usada en su construcción.

MÁS DE **21 000** PERSONAS CONSTRUYERON LA **PRESA HOOVER**

Submarino soviético K-222
Severodvinsk (Rusia), 1968.
El submarino más rápido del
mundo. Récord de 82,8 km/h.

Castillo de Neuschwanstein
Schwangau (Alemania), 1892.
Fantástico palacio «de cuento de
hadas» del rey Luis II de Baviera.

Puente de la bahía de Jiaozhou
Jiaozhou (China), 2007.
Puente más largo sobre agua,
con 42,5 km de longitud.

Búnker subterráneo de Shanghái
Shanghái (China), 2006.
El *Shanghai Morning Post* informó de la
existencia de un búnker subterráneo con
capacidad para más de 200 000 personas.

Ascensor de Bailong
Zhangjiajie (China), 2002.
Ascensor exterior más elevado
y pesado del mundo, construido
junto a un precipicio.

Presa de las Tres Gargantas
Río Yangtsé (China), 2008. Alimenta la central
hidroeléctrica más potente del mundo, pero la
escasez de agua en los meses secos hace que
produzca menos energía que la de Itaipú en
Sudamérica.

Seawise Giant
Yokosuka (Japón), 1979.
El barco más largo jamás
construido, con 458 m de eslora.

Gran puente Danyang-Kunshan
Jiangsu (China), 2011. Por él circula el
tren de alta velocidad Pekín-Shanghái
a lo largo de 164,8 km; es el puente
más largo del mundo.

Gran Río Artificial
Libia, 1991. Red de
conductos que lleva agua
desde antiguos depósitos
subterráneos del Sáhara
hasta las ciudades de la
costa libia.

**Terminal 3
del Aeropuerto
Internacional
de Dubái**
Emiratos
Árabes Unidos,
2008. Mayor
terminal
aeroportuaria
del mundo.

Istana Nurul Iman
Bandar Seri
Begawan (Brunéi),
1984. Palacio del
sultán de Brunéi
y mayor palacio
nunca construido.

Mina TauTona
Carletonville (Sudáfrica),
1962. A 3,9 km de profundidad,
es la mina de oro más profunda
del mundo. El descenso desde
la superficie puede llevar más
de una hora.

Casa de Culto bahá'i
Nueva Delhi (India), 1986.
Famoso templo con forma
de flor de loto.

Ópera de Sídney
Australia, 1973.
Gran obra arquitectónica
del siglo XX.

**Dirigible Graf Zeppelin,
Friedrichhafen (Alemania),
1928**
Hizo el primer vuelo transatlántico
de pasajeros sin escalas y vuelos
comerciales regulares entre 1932 y
1937 de Alemania a Brasil. Primera
aeronave de la historia en superar
los 1,6 millones de km sin que
pasajeros ni tripulación sufrieran
daño alguno.

**Avión Concorde, Toulouse
(Francia), 1969**
Primer avión comercial de
pasajeros en superar la velocidad
del sonido. Su velocidad media era
de 2140 km/h, más del doble que
la de los aviones convencionales.
Solo se construyeron veinte, y el
último vuelo fue en 2003.

● **Otras obras destacadas**

Cultura tradicional

Los mayores pueden transmitir la cultura a la generación siguiente de modo que se conserve muchos años. El *Ramayana*, poema hindú escrito en los siglos V o IV a.C., narra la historia de Rama y Sita, y su batalla contra el rey-demonio Ravana. A lo largo de muchas generaciones, el *Ramayana* y sus valores se han mantenido vivos en India mediante la escritura, los relatos orales, la pintura, la escultura, las fiestas, la música y la danza.

Literatura
El *Ramayana* fue escrito originalmente en sánscrito, lengua del hinduismo y de los antiguos textos literarios indios.

Escultura
El gran guerrero Rama sostiene su arco junto a su esposa Sita. Ambos alzan la mano derecha en gesto de bendición.

Fiesta
En la fiesta hindú de Diwali se encienden lámparas para conmemorar el regreso de Rama del exilio y su victoria sobre Ravana.

Pintura
En esta escena del *Ramakien*, versión tailandesa del *Ramayana*, el dios mono Hanuman utiliza su cuerpo como puente para que pase Rama.

Música
Músicos de Bali (Indonesia) acompañan a los bailarines de *kecak*, que interpretan partes del *Ramayana*.

Lenguas nórdicas
El noruego, el sueco, el islandés y el danés componen este grupo de lenguas. Muchos hablantes de estas distintas lenguas pueden entenderse entre sí.

California (EE UU)
Hace 200 años, los nativos americanos hablaban hasta 90 lenguas en California. Hoy quedan solo unas 50, y todas ellas están en peligro.

Yuchi (EE UU)
Esta lengua nativa americana se considera aislada, es decir, que los expertos no detectan relación alguna entre ella y ninguna otra lengua existente.

Español (EE UU)
El español es la primera lengua del 13 % de los estadounidenses. Sumado a las personas bilingües, esto hace que EE UU sea el segundo país hispanohablante del mundo.

Chamicuro (Perú)
Hoy inactiva, esta lengua fue hablada por los aborígenes chamicuro.

Neerlandés (Surinam)
El idioma oficial de Surinam es el neerlandés, pero más del 20 % de la población habla un idioma local llamado sranan tongo.

Guaraní (Paraguay)
El español predomina en la mayoría de los países de Sudamérica, pero en Paraguay compite con el guaraní, una lengua nativa americana.

Camerún
En Camerún se hablan más de 260 lenguas distintas; el 7 % están amenazadas y en riesgo de desaparecer.

LENGUAS EN EXPANSIÓN

Estos idiomas no solo se han afianzado como lengua principal de un país, sino que también han pasado a ser la lengua principal de otros. En cada uno de estos países puede haber segundas y terceras lenguas importantes, y a veces muchas más.

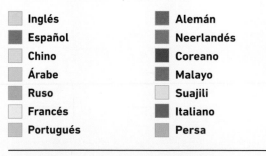

LENGUA CON EL MAYOR NÚMERO DE HABLANTES EN CADA PAÍS

Inglés		Alemán	
Español		Neerlandés	
Chino		Coreano	
Árabe		Malayo	
Ruso		Suajili	
Francés		Italiano	
Portugués		Persa	

Países con una lengua principal única
Estos países tienen una lengua principal que no es la lengua principal de ningún otro país.

Continente a continente
El predominio de las lenguas más influyentes ha afectado más a algunas partes del mundo que a otras. Europa, con unos 740 millones de habitantes, tiene menos de 300 lenguas vivas, mientras que en África, con más de 1000 millones de habitantes, aún se hablan más de 2000.

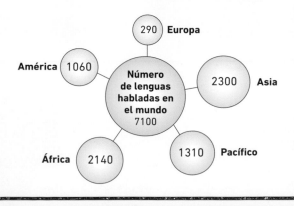

Número de lenguas habladas en el mundo 7100

- 290 Europa
- América 1060
- 2300 Asia
- África 2140
- 1310 Pacífico

Ter sami (Rusia)
Esta es una de las lenguas que hablan los sami, pueblo indígena del Ártico. Según estudios de 2010, quedan solo dos hablantes.

Rusia
Aparte de la lengua principal, el ruso, hay ocho idiomas con un millón o más de hablantes, entre los que están el tártaro, el ucraniano, el bashkir, el checheno y el chuvash. Al menos diez de las lenguas minoritarias de Rusia están casi extintas.

DE MEDIA, DESAPARECEN **DOS LENGUAS** CADA **MES**

Chino
Alrededor de 1300 millones de personas hablan el chino mandarín, que tiene más hablantes nativos que ninguna otra lengua.

Lenguas de India
Hay 22 idiomas oficiales, aunque el gobierno nacional usa solo el hindi y el inglés.

Papúa-Nueva Guinea
Aquí se hablan unas 800 lenguas; es el lugar más variado de la Tierra en este aspecto.

LENGUAS EN PELIGRO
Un idioma desaparece cuando ya no existen hablantes. Factores como la guerra y el crecimiento urbano pueden hacer que las lenguas se extingan, lo cual sucede con rapidez: existen más de 200 lenguas habladas por menos de diez personas.

● **Lenguas con diez hablantes nativos o menos**

Vanuatu
Un total de 18 lenguas de Vanuatu tienen hoy menos de diez hablantes.

Lenguas

Los humanos desarrollaron las lenguas para poder comunicarse entre los distintos grupos. A medida que las comunidades se relacionaron, algunas lenguas se difundieron y ocuparon un ámbito mayor, mientras que otras se usaron menos o desaparecieron.

Lenguas de Australia
Había unas 250 lenguas indígenas australianas. De las 120 que quedan, más de la mitad están en peligro.

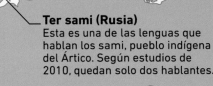

RELIGIONES MAYORITARIAS

Cada país tiene el color correspondiente a la religión que cuenta con más adeptos. Sin embargo, en muchos países millones de personas profesan religiones distintas y muchas otras no son religiosas en absoluto.

- Judaísmo
- Cristianismo ortodoxo
- Cristianismo católico
- Cristianismo protestante
- Islam suní
- Islam chií
- Hinduismo
- Religión tradicional china
- Cristianismo y religiones nativas
- Budismo
- Sintoísmo

Lugares sagrados

Un lugar tenido por «sagrado» puede ser el centro espiritual de una religión. Suele ser el lugar donde comenzó o un lugar importante de peregrinación.

JERUSALÉN

Acoge lugares sagrados para tres grandes religiones mundiales.

Muro de las Lamentaciones
(1) Restos del templo de Jerusalén y lugar sagrado de oración para los judíos.

Iglesia del Santo Sepulcro
(1) Los cristianos consideran que aquí fue enterrado Jesucristo.

Mezquita de Al-Aqsa
(1) El tercer lugar más sagrado del islam, donde se dice que el profeta Mahoma subió al cielo.

NUEVAS FES

En los últimos 200 años han surgido nuevas religiones.

BAHÁ'I (1866)
(30) **Capilla del Bab (Haifa)**
Lugar de reposo del Bab, venerado en la fe bahá'i como mensajero.

RASTAFARI (1930)
(31) **Jamaica**
Cuna del movimiento rastafari, que venera a Haile Selassie I de Etiopía como Dios en la Tierra.

ISKCON (1966)
(32) **Nueva York**
La International Society for Krishna Consciousness, conocida como Hare Krishna, comenzó aquí.

Seguidores religiosos

La mayoría de las personas del mundo se identifican con una religión, participen o no en sus servicios religiosos. Sus creencias y rituales las ligan a su comunidad religiosa.

| Judaísmo 14 millones | Sijismo 30 millones | Budismo 535 millones | Hinduismo 1200 millones | Islam 1800 millones | Cristianismo 2500 millones |

CRISTIANISMO

Sus seguidores veneran a Jesucristo como el Hijo de Dios. El cristianismo se divide en tres ramas principales: ortodoxa, católica y protestante.

(2) **Iglesia de Sta. María de Sión**
Centro de la Iglesia ortodoxa etíope. Se dice que contiene los diez mandamientos en el Arca de la Alianza.

(3) **La Mano de Dios, Nigeria**
Esta megaiglesia en forma de mano puede albergar hasta 120 000 personas.

(4) **Ciudad del Vaticano**
Sede de la Iglesia católica romana.

(5) **Basílica de Nuestra Señora de Guadalupe**
Con la famosa imagen de la Virgen María, en México D.F., lugar de peregrinación católico.

RELIGIONES DE INDIA

Muchas religiones del mundo comenzaron en India o, como el zoroastrismo, se han refugiado allí.

☸ HINDUISMO

18 Benarés
Ciudad más santa hindú. Los fieles bajan por sus escalones hasta el sagrado río Ganges.

19 Dwarka
Lugar de peregrinación, ciudad santa y una de las Char Dam («cuatro moradas») del hinduismo.

20 Ujjain
Uno de los siete lugares (Dwarka y Benarés incluidos) de «tierra sagrada».

☸ BUDISMO

21 Bodh Gaya
Lugar donde Buda, fundador del budismo, alcanzó la iluminación.

22 Jokhang, Lhasa (Tíbet)
El templo más importante y sagrado del budismo tibetano.

23 Pagoda Shwedagon
En Rangún (Myanmar), este gran edificio dorado alberga reliquias de Buda.

SIJISMO

24 Harmandir Sahib
Conocido como templo dorado de Amritsar y sagrado para los sijs.

✋ JAINISMO

25 Pawapuri
Sagrado para la fe jainí; lugar donde un importante sabio halló la iluminación.

⚱ ZOROASTRISMO

26 Iranshah Atash Behram, Udvada (India)
Importante templo de la fe zoroastrista, que nació en Persia (Irán).

RELIGIONES ORIENTALES

En China y Japón coexisten muchos credos. Estos son los más comunes.

☵ CONFUCIANISMO

27 Salón Dacheng (Qufu)
Mayor y más antiguo templo del sabio Confucio.

☯ TAOÍSMO

28 Templo de la Nube Blanca
Sede de los taoístas chinos, en Pekín.

⛩ SINTOÍSMO

29 Izumo Taisha
Capilla familiar del emperador de Japón.

---

6 Nuestra Señora de Aparecida (São Paulo)
Ocho millones de peregrinos al año visitan este santuario dedicado a la Virgen María.

7 Iglesia de San Agustín (Manila)
La iglesia más antigua de las islas Filipinas, de 1607.

8 Iglesia de Todos los Santos
En Wittenberg (Alemania), Martín Lutero clavó en ella sus tesis e inició el protestantismo.

9 Catedral de Canterbury
Lugar de peregrinación y centro mundial de la Iglesia protestante anglicana.

10 Iglesia de San Pedro
Iglesia anglicana más antigua fuera de Gran Bretaña, en las Bermudas.

11 Templo de Salt Lake
Mayor centro de culto de la Iglesia de Jesucristo de los Santos de los Últimos Días, conocida como Iglesia mormona.

☪ ISLAM

Los musulmanes, seguidores del islam, creen en un solo Dios y que Mahoma (570-632 d.C.) es su profeta. Esta religión se dividió pronto en las ramas suní y chií.

12 La Meca
Sagrada para los musulmanes como lugar natal de Mahoma.

13 Medina
Lugar donde fue enterrado Mahoma, profeta del islam.

14 Kairuán (Túnez)
Cuarta ciudad del islam suní y centro de enseñanza islámica.

15 Nayaf (Irak)
Tercera ciudad de los chiíes, donde está la tumba de su primer imán, Alí.

16 Iconio (Turquía)
Hogar del místico sufí Rumi, cuyos seguidores son los derviches danzantes.

17 Gran Mezquita de Demak
Una de las mezquitas más antiguas de Indonesia, erigida en el siglo xv.

Rafting en el río Salmon (Idaho, EE UU)
Descenso de rápidos atravesando cañones espectaculares en el «río sin retorno».

Surf en Mavericks (California, EE UU)
Solo unos pocos se atreven con las grandes olas de Mavericks, que pueden alcanzar los 15 m.

London Eye (RU)
En su punto más alto, a 135 m sobre el suelo, ofrece vistas panorámicas de 40 km a la redonda.

Wiener Riesenrad (Austria)
Construida en 1897, esta estructura de 65 m de alto fue una de las primeras norias del mundo.

Palm Beach (Florida, EE UU)
Frecuentada por millonarios, ofrece aguas cálidas, buen clima y vida social.

Gran Cenote (México)
Los submarinistas pueden maravillarse con las estalactitas y estalagmitas de esta gran formación bajo el mar.

Kauna'oa Bay (Hawái, EE UU)
Además de nadar y tomar el sol, se puede bucear para observar la vida marina local. De noche se pueden ver mantas raya alimentándose en la bahía.

Bonaire (Caribe)
Esta pequeña isla, con tres especies de tortuga marina, cuenta con más de 80 lugares excelentes para bucear.

Islas Galápagos (Ecuador)
Las aisladas Galápagos cuentan con muchas especies únicas, entre ellas tortugas gigantes, iguanas marinas y muchos tipos de pinzón.

Bora Bora (Polinesia Francesa)
De solo 29 km de largo, este pequeño atolón –el resto de un volcán extinto– posee hermosas playas blancas en una laguna turquesa rodeada de palmeras.

Camino inca (Perú)
Ruta por montañas y selvas hasta los impresionantes restos de la ciudad inca de Machu Picchu. Hay un control estricto del número de visitantes, a fin de conservar el asentamiento del siglo XV.

Pantanal (Brasil, Bolivia y Paraguay)
Posee la mayor concentración del mundo de jaguares, más de 1000 especies de aves, entre ellas cigüeñas y guacamayos, y 300 especies de mamíferos como tapires y osos hormigueros.

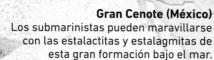

FRANCIA ES EL **DESTINO TURÍSTICO MÁS VISITADO** DEL MUNDO, CON **89 MILLONES** DE VIAJEROS EN 2018

CLAVE

 Destinos de aventura
Si buscas pasar unos días llenos de emociones, puedes probar algunas actividades extremas, desde el *rafting* y el paracaidismo hasta el surf y el senderismo en regiones remotas.

Mayores norias del mundo
¿Por qué no acudir a una ciudad y montar en una de las norias más impresionantes del mundo? Viendo el mundo girar vas a disfrutar de increíbles vistas desde lo alto.

Mejores lugares para el submarinismo
Lánzate y sumérgete en el mundo mágico de los arrecifes coralinos y las cuevas submarinas. Pero ve con mucho cuidado y no toques el coral, pues es muy delicado.

Mejores playas
Relájate y déjate acariciar por el sol en una playa. ¿No sabes a dónde ir? No te preocupes: te hemos preparado una selección de las mejores playas.

 Mejores lugares de safari
Acércate bien a la naturaleza en un safari. Observa animales salvajes en su hábitat natural, vive sus increíbles migraciones y admira especies únicas.

Aqaba (Jordania)
Asombrosos corales y peces de colores en aguas de solo 1,5 m de profundidad.

Senderismo en el Annapurna (Nepal)
Paisajes impactantes en el Himalaya a la sombra de los grandes picos del Annapurna.

Noria Tempozan (Japón)
Inaugurada en Osaka, en 1997, esta noria de 112,5 m tiene luces de colores que predicen el tiempo del día siguiente: el naranja significa sol; el verde, nubes, y el azul, lluvia.

Parque Nacional de Bwindi (Uganda)
La mitad de los gorilas del mundo viven aquí, además de jirafas y leones.

Estrella de Nanchang (China)
Un viaje en esta noria de 160 m de alto en una góndola para 8 personas dura 30 minutos.

Maldivas
Arrecifes, cuevas y abundante vida marina.

Isla Sipadan (Malasia)
Las aguas ricas en nutrientes hacen de este uno de los mejores lugares para observar animales marinos, entre ellos tortugas; tiburones martillo, de arrecife y leopardo; barracudas y peces loro.

Seychelles
Al noreste de Madagascar, este hermoso archipiélago se compone de 155 islas.

 Masái Mara (Kenia)
Observación de leones, leopardos y guepardos, y la espectacular migración en masa de cebras, gacelas y ñus.

Singapore Flyer (Singapur)
La noria más alta del mundo, de 165 m, ofrece vistas de 45 km a la redonda.

Delta del Okavango (Botsuana)
Grandes manadas de búfalos y elefantes, y animales en peligro como los perros salvajes africanos.

Isla Fraser (Australia)
Declarada Patrimonio de la Humanidad, ofrece 1660 km^2 de bellezas naturales.

Turismo

Viajar ofrece aventura, diversión y la posibilidad de ver las maravillas naturales del mundo, pero hay que tener en cuenta el impacto ambiental del turismo. En 2020, el sector se vio gravemente afectado por la pandemia de la COVID-19.

Queenstown (Nueva Zelanda)
Un lugar ideal para practicar el paracaidismo desde una altura de 4500 m, con 60 segundos iniciales de caída libre.

Edward Hopper
(1882-1967), EE UU.
Fue un pintor de estilo realista,
que trata de mostrar las cosas como
son en la vida real. Usaba colores
simples y representaba a menudo
personas de aspecto solitario.

Andy Warhol
(1928-1987), EE UU.
Fue el pionero del pop art («pop»
se refiere a la cultura popular).
En sus obras utilizó imágenes
conocidas de gente famosa y
objetos cotidianos como latas de
sopa. Se inspiró en la publicidad,
la televisión y el cómic.

Edvard Munch
(1863-1944), Noruega.
Fue un pintor expresionista.
Esta escuela quería reflejar
sentimientos, más que retratar a
las personas y los objetos con
precisión. El cuadro más famoso
de Munch es *El grito* (1893), que
muestra a una persona con una
expresión agónica.

Thomas Gainsborough
(1727-1788), Gran Bretaña.
Fundador del paisajismo
británico del siglo XVIII, también
pintó retratos. *El señor y la señora
Andrews* (1750, derecha) es una
obra maestra temprana.

Claude Monet
(1840-1926), Francia.
Los impresionistas
como Monet pintaban
su visión de momentos
fugaces del tiempo, a
menudo con cortas
pinceladas visibles.

Frida Kahlo
(1907-1954),
México.
Comenzó a pintar
después de quedar
gravemente herida
en un accidente.
Influida por el arte
popular mexicano,
utilizaba colores
vivos y es célebre
sobre todo por sus
autorretratos.

Pablo Picasso
(1881-1973), España.
Entre otras muchas
cosas, este artista fue
uno de los fundadores
del cubismo, estilo que
usaba formas geométricas
para retratar personas y
objetos, a menudo desde
múltiples puntos de vista.

Victor Meirelles
(1832-1903), Brasil.
Las pinturas religiosas y de batallas
de Meirelles y sus representaciones
de episodios de la historia brasileña le
valieron fama y aprecio en el siglo XIX.
Su cuadro *La primera misa en Brasil*
(1861; derecha) sigue apareciendo en
los libros escolares de historia en Brasil.

Eugène Delacroix
(1798-1863), Francia.
Pintor romántico que
valoraba la emoción
y la imaginación.
*La Libertad guiando
al pueblo* (1830,
arriba) celebra el
derrocamiento de
Carlos X de Francia
en 1830.

Arte

Personas de todo el mundo valoran el
arte porque les permite expresar sus
emociones y su cultura, registrar la
historia y la vida cotidiana, y explorar
lo que significa ser humano. Las obras
de los grandes artistas se venden a
menudo por grandes sumas de dinero.

Máscara
(siglo XIII-actualidad), Nigeria.
En el reino de Benín, en la
actual Nigeria, se esculpían
cabezas y figuras de bronce.
También se hacían máscaras
de madera, bronce y marfil.
La tradición continúa: esta
máscara de madera (derecha)
es de finales del siglo XX.

Marc Chagall

(1887-1985), Rusia.
Chagall pintó cuadros cubistas y expresionistas, además de crear vidrieras. Es conocido por sus cuadros de escenas rurales y de amantes flotando en el aire.

Yue Minjun

(nacido en 1962), China.
Yue Minjun vive en Pekín y es conocido sobre todo por sus óleos en los que aparece riendo en diversas poses y con distintos fondos. También se ha representado en esculturas, acuarelas y grabados. Expuso por primera vez en 1987; en 2007 había vendido 13 cuadros por más de un millón de dólares cada uno.

Tamara de Lempicka

(1898-1980), Polonia.
En las décadas de 1920 y 1930 fue la pintora más famosa del estilo *art déco*, basado en formas geométricas y colores vivos e intensos. Pintó sobre todo retratos de personajes ricos y famosos.

Caravagglo

(1571-1610), Italia.
Caravaggio fue un artista barroco que revolucionó el arte pintando personas y escenas realistas en lugar de idealizadas. Es uno de los pintores más influyentes de la historia del arte.

Katsushika Hokusai

(1760-1849), Japón.
Hokusai es, quizá, el autor de grabados japonés más famoso. Sus xilografías comprenden paisajes marinos, como *La gran ola de Kanagawa* (1831; arriba), y escenas de la vida cotidiana.

Basawan

(*c.* 1580-1600), India.
El pintor de miniaturas Basawan ilustró el *Akbar Nameh* (derecha), la crónica oficial de Akbar, el tercer emperador mogol.

Willie Bester

(nacido en 1956), Sudáfrica.
Bester emplea material reciclado y objetos encontrados en vertederos y rastros para sus *collages* y esculturas. Su *Homenaje a Biko* (1992; arriba) honra la figura de Stephen Biko, luchador por la igualdad racial en Sudáfrica.

Yannima Tommy Watson

(1935-2017), Australia.
Pese a empezar a pintar en 2001, cumplidos ya los 60 años de edad, se convirtió rápidamente en uno de los artistas aborígenes más destacados de Australia. Su obra se refiere a relatos del tiempo de los sueños, el período de la creación en la mitología aborigen.

SE ESTIMA QUE **PICASSO** PRODUJO UNAS **148 000** **OBRAS DE ARTE** A LO LARGO DE SU VIDA

CLAVE

Las alturas excluyen los pedestales sobre los que se alzan las estatuas.

- Más de 40 m
- 30-40 m
- 20-30 m
- 16-20 m
- 5-16m

Cristo Rey
36 m
Swiebodzin (Polonia)
2010

4. Estatua de la Libertad
Fue un obsequio del pueblo de Francia a EE UU.

Ángel del Norte
20 m de altura,
54 m de envergadura
Gateshead (RU)
1998

LA ENVERGADURA DEL ÁNGEL DEL NORTE ES MAYOR QUE LA DE UN BOEING 767

Moai (estatuas)
Hasta 10 m
Isla de Pascua
c.1000-1650

Esfinge
20 m
Guiza (Egipto)
2500 a.C.

Cristo Redentor
30 m
Río de Janeiro (Brasil)
1931

Estatuas

La tradición de erigir grandes estatuas de reyes, figuras heroicas y dioses se remonta a tiempos muy antiguos y continúa en la actualidad.

Estatuas políticas

Algunas estatuas se erigen para recordar a los pueblos su libertad, promover un sentido de unidad o reforzar ideas políticas.

1. Estatua de la Madre Patria
85 m, Volgogrado (Rusia), 1967.
Homenaje a la victoria de la Unión Soviética sobre Alemania en la batalla de Stalingrado (1942).

2. Estatua de la Madre Patria
62 m, Kiev (Ucrania), 1981.
Representa la fuerza y la victoria de la Unión Soviética en la II Guerra Mundial.

3. Monumento al Renacimiento Africano
49 m, Dakar (Senegal), 2010.
En la estatua más alta de África, un hombre mira al mar y sostiene a una mujer y un niño.

4. Estatua de la Libertad
46 m, Nueva York (EE UU), 1886.
Sostiene una antorcha en una mano y una tablilla de piedra con la fecha de la Declaración de Independencia de EE UU en la otra.

5. Estatuas de la Torre Juche
30 m, Pyongyang (Corea del Norte), 1982.
Tres figuras que representan a un campesino, un obrero industrial y un intelectual.

Monumento al Renacimiento Africano

1. Estatua de la Madre Patria
La estatua llama a los combatientes a defender la nación.

Estatua de la Unidad
182 m
Guyarat (India) 2018.
La estatua más alta del mundo, que representa al primer viceprimer ministro de la India.

Buda del Templo de Primavera
128 m, Lushan (China), 2002.
Situada cerca de las fuentes termales de Tianrui.

Estatuas religiosas

Muchas religiones emplean las estatuas para inspirar fe y propiciar el culto.

Guanyin, Hainan (China)

11. Buda
116 m, Monywa (Myanmar), 2008.
Representa a Buda de pie. Es la tercera estatua más alta del mundo.

12. Guanyin
108 m, Sanya, Hainan (China), 2005.
Representa a la diosa Guanyin bendiciendo al mundo.

13. Virgen de la Paz
47 m, Trujillo (Venezuela), 1983.
La Virgen María, madre de Jesús, sostiene una paloma de la paz en la mano.

14. Shiva
44 m, Chitapol, Katmandú (Nepal), 2012.
Este dios hindú sostiene un tridente en la mano izquierda y bendice con la derecha.

15. Murugan
43 m, cuevas Batu, Gombak (Malasia), 2006.
La estatua de este dios hindú se encuentra junto a una capilla dedicada a él en una cueva.

Estatuas históricas

Las naciones rememoran a menudo con estatuas a las figuras más famosas del pasado. Cuando la figura genera controversia puede ocurrir que sea desfigurada o incluso derribada por la gente.

6. Yan Di y Huang Di
106 m, Zhengzhou (China), 2007.
Un monumento muestra la cabeza de estos reyes legendarios considerados fundadores de China.

7. Pedro I el Grande
96 m, Moscú (Rusia), 1997.
Su estatua se erigió para celebrar los 300 años de la Marina rusa, fundada por él.

8. Guan Yu
61 m, Yucheng, Shanxi (China), 2010.
Estatua de este general (160-219), deificado como dios chino de la guerra.

9. José María Morelos
40 m, Janitzio, Michoacán (México), 1934.
Líder rebelde mexicano de la guerra de Independencia (1810-1821), con el puño cerrado y en alto.

10. Gengis Kan
40 m, Tsonjin Boldog (Mongolia), 2007.
Esta estatua representa al famoso líder mongol (r. 1206-1227) montado a caballo.

Pedro el Grande

Fiesta de los Tulipanes
Michigan (EE UU)
Esta fiesta se celebra en ciudades fundadas por neerlandeses o que tuvieron muchos colonos de Países Bajos. Las calles se llenan de tulipanes y se crean jardines especiales para el evento.

Colonia (Alemania)

Binche (Bélgica)

Notting Hill, Londres (RU)

Fiesta del queso rodante
Gloucestershire (RU)
Los participantes persiguen un gran queso que rueda por una colina empinada y embarrada.

Vancouver, Canadá

Día de Acción de Gracias
EE UU y Canadá
En esta celebración de la cosecha en noviembre (octubre en Canadá) se suele cenar pavo. Celebrada por primera vez para agradecer la cosecha de 1621.

Toronto (Canadá)

Tomatina
Buñol, Valencia (España)
Desde 1944 se ha celebrado el último miércoles de agosto. Cada año se lanzan más de cien toneladas de tomates.

Ovar (Portugal)

Venecia (Italia)

San Francisco, EE UU

Nueva York (EE UU)

Malta

Mardi Gras, Nueva Orleans (EE UU)

Festival del Sáhara
Túnez
Celebra la vida y tradiciones nómadas con carreras de camellos y exhibiciones de canto, baile y poesía beduinos.

Madeira

Santa Cruz (Tenerife)

Noche de Rábanos
Oaxaca (México)
Cuando se trajeron rábanos a América por primera vez en el siglo XVI, los vendedores hacían tallas en forma de rábano para darlos a conocer. Esta fiesta ha celebrado dicha costumbre desde 1897.

Cuba

Haití

Jamaica

Barranquilla, Colombia

Mazatenango, Guatemala

Trinidad

Panamá

Islas de Cabo Verde

Guayana Francesa

Tapati
Isla de Pascua
El Tapati incluye bailes, cantos rituales, exposiciones, competiciones de talla, carreras de caballos y barcos, pintura corporal, un concurso de títeres (*kai-kai*), la elección de una reina, un desfile y el *haka pei*: descenso a gran velocidad por una ladera en un tronco de banano.

Ambato (Ecuador)

Cajamarca (Perú)

Festival-au-Desert
Malí
Tres días de arte, música y danza tradicional tuareg. Todo el mundo acampa en el desierto junto con sus camellos.

Inti Raymi
Cuzco (Perú)
La fiesta del Sol se remonta a los incas. Se celebra el solsticio de invierno, el comienzo del año nuevo.

Oruro (Bolivia)

Ciudades costeras (Brasil)

Fiestas

Las fiestas ofrecen la ocasión de celebrar las tradiciones religiosas y culturales y sobre todo, también, de pasar un rato divertido.

Montevideo (Uruguay)

Carnaval
El carnaval se celebra con desfiles, como el de Río de Janeiro (Brasil; izquierda), justo antes de la Cuaresma, un tiempo de ayuno y abstinencia de carne que acaba con la fiesta cristiana de la Pascua.

Principales fiestas de carnaval

Campeonato mundial de cargar con la esposa
Sonkajärvi (Finlandia)
Los participantes cargan con su esposa en una carrera de obstáculos. El ganador recibe el peso de su mujer en cerveza.

Baltai
Tatarstán (Rusia)
Baltai significa «fiesta de la miel». Marca el inicio de la temporada de la siega y se celebra adornando un oso con hojas de abedul.

Año Nuevo chino
Llamado Fiesta de la Primavera en China, marca el fin del invierno y suele consistir en desfiles callejeros con linternas y dragones. Las familias limpian la casa para alejar la mala suerte y dar la bienvenida al nuevo año. Esta fiesta se celebra en todos los países con comunidades chinas importantes.

Lugares de celebración importantes del Año Nuevo Chino

Rijeka (Croacia)

Patras (Grecia)

Limasol (Chipre)

Pekín

Fiesta de los fantasmas
China
Parte del «mes de los fantasmas», cuando los fantasmas y espíritus de los antepasados fallecidos surgen del inframundo.

Calcuta (India)

Fiesta del barro de Boryeong
Boryeong (Corea del Sur)
En esta fiesta que comenzó en 1998, los participantes se cubren unos a otros de barro. Se dice que este contiene minerales beneficiosos para la piel.

Distrito de Asakusa, Tokio (Japón)

Awa Odori
Tokushima (Japón)
El Awa Odori comenzó en 1586, cuando los habitantes de Tokushima decidieron celebrar el nuevo castillo de su ciudad. Hoy, más de un millón de turistas acude a ver los bailes y trajes típicos en las calles.

Janmashtami
Bombay (India)
Conmemora el nacimiento del dios hindú Krishna. Hombres y niños escalan hasta arriba de un poste para romper un recipiente de barro con requesón. Se cuenta que Krishna robaba requesón de niño.

Goa (India)

Festival de Pascua de Bendigo
Bendigo (Australia)
Celebrado desde 1871, es la fiesta más antigua aún vigente de Australia. Durante el desfile de Pascua, Sun Loong, el dragón imperial chino más largo del mundo, baila por las calles de Bendigo.

Singapur

Filipinas

Indonesia

Esala Maha Perahera
Kandy (Sri Lanka)
Los diez días de la «fiesta del diente» celebran la reliquia del diente del Señor Buda. Hay bailarines, acróbatas y espectáculos con fuego. La última noche, un elefante elegantemente ataviado lleva el diente.

 Mauricio

Incwala
Suazilandia
En la «fiesta de las primeras frutas» el rey come calabazas y otras frutas. La gente canta y baila en su honor y para bendecir la cosecha.

Sídney (Australia)

Fiestas mundiales
Algunas fiestas atraen a gente de todo el mundo. Pueden ser caóticas, como la tomatina (izquierda), o consistir en competiciones originales, como la de cargar con la esposa.

Lugares de fiesta mundial

Fiesta del higo chumbo
Mandela Bay (Sudáfrica)
Este es un día para celebrar (y para comer y beber) alimentos tradicionales como cerveza de jengibre, tortillas, *potjiekos*, *bunnychow* y *braai* de pescado.

Te Matatini
Nueva Zelanda
Festival de danza maorí al que acuden competidores de todo el país para participar en las finales nacionales. Te Matatini significa «muchas caras».

Televisión

La televisión nos informa y entretiene 24 horas al día. Los programas de televisión se ven también en ordenadores portátiles, tabletas y *smartphones*.

España
A lo largo de 65 años de vida, una persona en España puede estar más de 10 años viendo la televisión.

EE UU
El 96 % de los hogares de EE UU tiene al menos un televisor, y el 39 % posee tres o más.

Guayana Francesa
Hay unos 30.000 televisores para una población de 294 000 habitantes.

Ghana
El 60 % de los hogares ghaneses tienen un televisor.

Argentina
Más del 99 % de los hogares argentinos posee un televisor.

Islas Malvinas
La tenencia de televisores es relativamente alta entre la pequeña población de unos 2500 isleños.

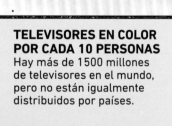

TELEVISORES EN COLOR POR CADA 10 PERSONAS
Hay más de 1500 millones de televisores en el mundo, pero no están igualmente distribuidos por países.

- Menos de 1
- 1-2
- 2-3
- 3-4
- 4-5
- 5-6
- 6-7
- 7 o más
- Sin datos

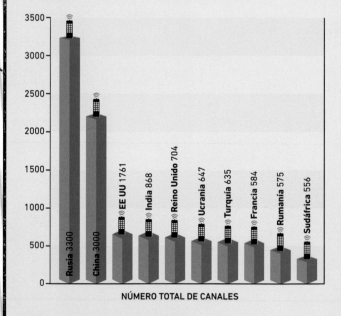

Gráfico de barras — **NÚMERO TOTAL DE CANALES**:
- Rusia 3300
- China 3000
- EE UU 1761
- India 868
- Reino Unido 704
- Ucrania 647
- Turquía 635
- Francia 584
- Rumanía 575
- Sudáfrica 556

Canales de emisión

El número de canales varía enormemente de un lugar del mundo a otro. Rusia tiene más de 3000, un número muy superior al de cualquier otro país. ¡Decidir qué ver debe de dar dolor de cabeza!

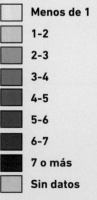

Horas por semana

Los expertos afirman que ver televisión más de 2 horas al día (14 horas a la semana) puede ser perjudicial para la salud, pero en muchos países, como España, se ven más del doble.

Estados Unidos	Polonia	Japón	Brasil	Rusia	Italia	España	Francia	Alemania	Reino Unido
31,5	30,8	30,5	29,6	28,9	28,9	27,2	26	26	24,7

HORAS POR PERSONA Y SEMANA

Japón
Con una proporción de televisores muy alta, los japoneses son los terceros que más televisión ven, con una media de 30,5 horas a la semana.

China
China tiene más de 400 millones de televisores, más que cualquier otro país del mundo.

EL **49 POR CIENTO** DE LOS **ESTADOUNIDENSES** AFIRMA QUE VE **DEMASIADA TELEVISIÓN**

Omán
Los países ricos en petróleo del golfo Pérsico, como Omán, tienen altos porcentajes de tenencia de televisores.

Malasia
Los malayos pasan mucho más tiempo por semana navegando por Internet que viendo la televisión.

Sudáfrica
Más del 85 % de los hogares sudafricanos tiene televisor.

Australia
En 2017, los hogares australianos tenían un promedio de 6,4 pantallas.

Contenidos en *streaming*

Los canales «terrestres» llegan al televisor a través de una antena, pero otros canales se reciben a través de satélite o de conexiones de cable. Pagar una suscripción de televisión por cable cada vez es menos común con el auge de los servicios de *streaming* de televisión, como Netflix, que permiten reproducir contenidos de vídeo a través de una conexión a Internet. Como el contenido no se emite en directo, cada espectador puede elegir qué quiere ver y cuándo. En 2020, el mercado de las suscripciones de *streaming* creció nada menos que un 37 %.

América

1 Los Angeles Memorial Coliseum
California (EE UU). Capacidad: 93 607. Inaugurado en 1921.

2 Rose Bowl
Pasadena, California (EE UU). Capacidad: 92 542. Inaugurado en 1922.

3 Dodgers Stadium
California (EE UU). Capacidad: 56 000. Inaugurado en 1962.

4 Estadio Monumental «U»
Lima (Perú). Capacidad: 80 093. Inaugurado en 2000.

5 Bell Centre
Montreal (Canadá). Capacidad: 21 273. Inaugurado en 1996.

6 Beaver Stadium
Pensilvania (EE UU). Capacidad: 106 572. Inaugurado en 1960.

7 Madison Square Garden
Nueva York (EE UU). Capacidad: 22 292. Inaugurado en 1968.

8 Arthur Ashe Stadium
Nueva York (EE UU). Capacidad: 23 200. Inaugurado en 1997.

9 Ohio Stadium
Ohio (EE UU). Capacidad: 102 329. Inaugurado en 1922.

10 Neyland Stadium
Tennessee (EE UU). Capacidad: 102 455. Inaugurado en 1921.

11 Sanford Stadium
Georgia (EE UU). Capacidad: 92 746. Inaugurado en 1929.

12 Bryant-Denny Stadium
Alabama (EE UU). Capacidad: 101 821. Inaugurado en 1929.

13 Tiger Stadium
Luisiana (EE UU). Capacidad: 92 542. Inaugurado en 1924.

14 Darrell K. Royal-Texas Memorial Stadium
Texas (EE UU). Capacidad: 100 119. Inaugurado en 1924.

Michigan Stadium
Ann Arbor, Michigan (EE UU). Capacidad: 114 804. Inaugurado en 1926. Apodado *The Big House*, es el mayor estadio de EE UU y la sede del equipo de fútbol americano Michigan Wolverines.

Camp Nou
Barcelona (España). Capacidad: 98 772. Inaugurado en 1957. El mayor estadio de Europa y duodécimo del mundo.

CLAVE
Capacidad (número de espectadores)

- 110 000 o más
- 100 000-109 999
- 90 000-99 999
- 80 000-89 999
- Menos de 80 000

Estadio Azteca
México D.F. (México). Capacidad: 105 000. Inaugurado en 1961. El mayor estadio de fútbol del mundo y sede de la selección nacional mexicana. El Estadio Azteca y el Estadio Maracaná son los únicos que han albergado dos finales de los campeonatos del mundo de la FIFA.

Estádio do Maracanã
Río de Janeiro (Brasil). Capacidad: 82 238. Inaugurado en 1950. Construido para la Copa del Mundo de 1950, fue entonces el mayor estadio de fútbol del mundo, con capacidad para casi 200 000 personas. El aforo se redujo mucho en la década de 1990 cuando parte del estadio se vino abajo. Fue la sede de las ceremonias de apertura y clausura de los Juegos Olímpicos y Paralímpicos de 2016.

Estadios

Los estadios están entre los mayores y más impresionantes edificios del planeta. No solo permiten vivir las emociones de la competición entre los mejores deportistas y equipos, sino que además albergan conciertos y otros espectáculos.

Europa

15 Millennium Stadium
Cardiff (RU). Capacidad: 74 500. Inaugurado en 1999.

16 Wembley Stadium
Londres (RU). Capacidad: 90 000. Inaugurado en 2007.

17 Allianz Arena
Múnich (Alemania). Capacidad: 69 901. Inaugurado en 2005.

18 Estadio Santiago Bernabéu
Madrid (España). Capacidad: 85 454. Inaugurado en 1947.

EL MAYOR RUGIDO DE UNA MULTITUD, CON **142,2 DECIBELIOS**, SE REGISTRÓ EN EL **ARROWHEAD STADIUM**, DE KANSAS CITY (EE UU), EN UN PARTIDO DE FÚTBOL AMERICANO EN 2014

Estadio Rungrado May Day
Pyongyang (Corea del Norte).
Capacidad: 150 000. Construido
en 1989. Con forma de flor de
magnolia, se utiliza para deportes
y desfiles militares.

Récords de público

Las multitudes eran mayores antes
de la época actual, más atenta a la
seguridad, y era habitual el exceso
de público, a menudo de pie. Las
mayores multitudes fueron estas:

Fútbol: 199 854. Estadio Maracanã (Brasil). Brasil contra Uruguay, final de la Copa del Mundo, julio de 1950.

Lucha libre: 190 000. Estadio May Day (Corea del Norte). Lucha libre profesional, abril de 1995.

Fútbol: 149 415 (y 20 000 sin entrada). Hampden Park, Glasgow (Escocia). Escocia contra Inglaterra, 1937.

Fútbol: 135 000. Estádio da Luz, Lisboa (Portugal). Benfica contra Oporto, enero de 1987.

FNB Stadium (Ciudad del Fútbol)
Johannesburgo (Sudáfrica). Capacidad: 94 736.
Inaugurado en 1989. Apodado «la Calabaza»
por parecerse al recipiente africano del mismo
nombre, es el mayor estadio de África. Fue
renovado a conciencia para la Copa del Mundo
de fútbol de 2010.

Asia

19 Estadio Azadi
Teherán (Irán). Capacidad:
100 000. Inaugurado en 1971.

20 Salt Lake Stadium
Calcuta (India). Capacidad:
120 000. Construido en 1984.

21 Estadio de boxeo Lumpinee
Bangkok (Tailandia). Capacidad:
9500. Inaugurado en 1956.

22 Estadio Nacional de Pekín («Nido de Pájaro»)
China. Capacidad: 80 000.
Inaugurado en 2008.

23 Velódromo Gwangmyeong
Corea del Sur.
Capacidad: 30 000.
Inaugurado en 2006.

Campo de críquet de Melbourne
Victoria (Australia). Capacidad:
100 018. Inaugurado en 1854.
Este estadio tiene el récord de
las torres de focos más altas de
cualquier campo deportivo. Se
conoce localmente como «el G».

Michigan International Speedway
Brooklyn, Michigan (EE UU)

Chicagoland Speedway
Joliet, Illinois (EE UU)

Indianapolis Motor Speedway
Indianápolis, Indiana (EE UU)

Iowa Speedway
Newton, Iowa (EE UU)

Bristol Motor Speedway
Bristol, Tennessee (EE UU)

Kansas Speedway
Kansas City, Kansas (EE UU)

Las Vegas Speedway
Las Vegas, Nevada (EE UU)

Auto Club Speedway
Fontana, California (EE UU)

Kentucky Speedway
Sparta, Kentucky, (EE UU)

Circuit of the Americas
Austin, Texas (EE UU)

Atlanta Motor Speedway
Hampton, Georgia (EE UU)

Autódromo Hermanos Rodríguez
Ciudad de México

Grandes campeones

La F1 es la cima de las carreras de cabina abierta, y al campeón de cada temporada se le considera el campeón mundial. La NASCAR es la máxima competición de coches de serie o *stock-cars*.

**Dale Earnhardt Snr.
Nacionalidad: estadounidense**
Murió durante una carrera en Daytona en 2001, habiendo ganado ya siete campeonatos.

Red Bull Ring
Spielberg bei Knittelfeld (Austria)

Circuito Zandvoort
Zandvoort, (Países Bajos)

Circuito de Spa-Francorchamps
Spa (Bélgica)

Circuito de Silverstone
Silverstone (Reino Unido)

Circuito de la Sarthe
Le Mans (Francia)

Circuito Paul Ricard
Le Castellet (Francia)

Circuito de Algarve
Portimão (Portugal)

Circuit Gilles Villeneuve Montreal, Quebec (Canadá)

Dover International Speedway
Dover, Delaware (EE UU)

Charlotte Motor Speedway
Concord, Carolina del Norte (EE UU)

Darlington Raceway
Darlington, Carolina del Sur (EE UU)

Circuit de Catalunya
Montmeló (España)

Circuito de Mónaco
Monte Carlo (Mónaco)

Autodromo Nazionale Monza
Monza (Italia)

Autodromo Internazionale Enzo e Dino Ferrari
Imola (Italia)

Daytona International Speedway
Daytona Beach, Florida (EE UU)

Homestead-Miami Speedway
Homestead, Florida (EE UU)

Carreras
de coches

Autódromo José Carlos Pace
São Paulo (Brasil)

Copa NASCAR

La Sprint Cup Series es la mayor competición de *stock-cars*. Consiste en 36 carreras en 10 meses. Como en la F1, los puntos ganados a lo largo de las series deciden el ganador.

Con el rugido de sus motores, la velocidad de los coches de carreras ofrece un emocionante espectáculo. Los coches de Fórmula 1 atraen multitudes en muchos países, aunque en EE UU las carreras de la NASCAR son más populares.

LOS NEUMÁTICOS NORMALES TIENEN UNA VIDA DE 16 000 KM,

Michael Schumacher
Nacionalidad: alemana
Siete veces campeón del mundo de F1 con 91 victorias en Grandes Premios. Sufrió un grave accidente de esquí en 2013 y ha estado en tratamiento desde entonces.

Ayrton Senna
Nacionalidad: brasileña
Tres veces campeón mundial de F1. Quinto piloto de mayor éxito en carreras ganadas en F1 (41). Murió en un accidente en el GP de San Marino de 1994.

Lewis Hamilton
Nacionalidad: británica
Empatado con Shumacher en el mayor número de títulos del Campeonato del Mundo, y tiene el récord absoluto del mayor número de victorias en la F1.

UN **VOLANTE** DE FÓRMULA 1 CUESTA UNOS **32 000 DÓLARES**

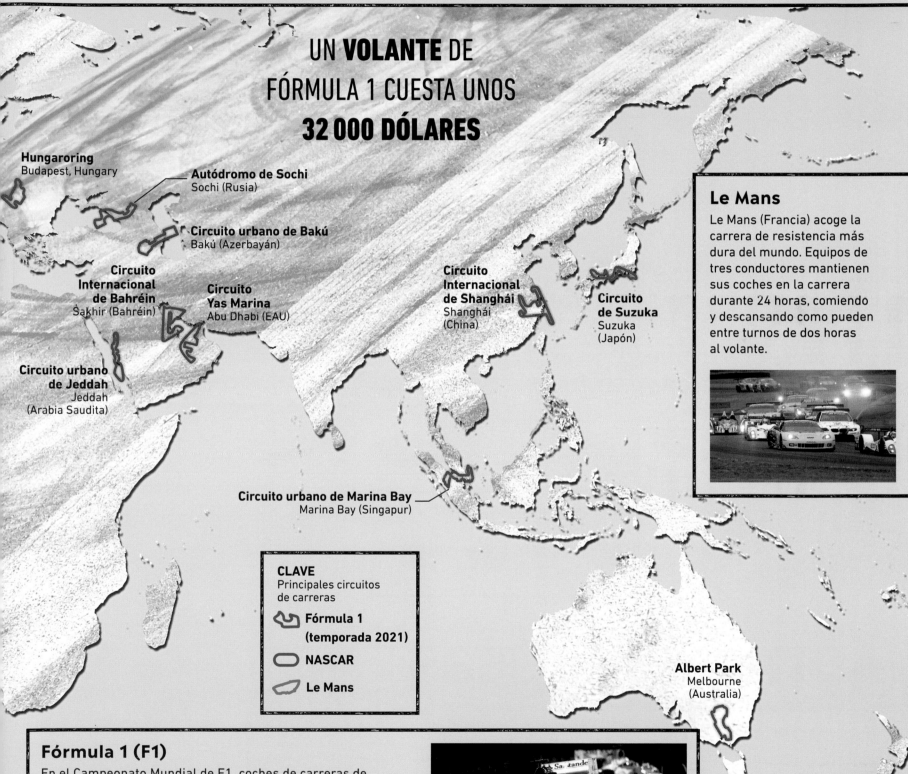

Hungaroring
Budapest, Hungary

Autódromo de Sochi
Sochi (Rusia)

Circuito urbano de Bakú
Bakú (Azerbayán)

Circuito Internacional de Bahréin
Sakhir (Bahréin)

Circuito Yas Marina
Abu Dhabi (EAU)

Circuito Internacional de Shanghái
Shanghái (China)

Circuito de Suzuka
Suzuka (Japón)

Circuito urbano de Jeddah
Jeddah (Arabia Saudita)

Circuito urbano de Marina Bay
Marina Bay (Singapur)

Albert Park
Melbourne (Australia)

Le Mans

Le Mans (Francia) acoge la carrera de resistencia más dura del mundo. Equipos de tres conductores mantienen sus coches en la carrera durante 24 horas, comiendo y descansando como pueden entre turnos de dos horas al volante.

CLAVE
Principales circuitos de carreras

⌇ **Fórmula 1 (temporada 2021)**

◯ **NASCAR**

⌔ **Le Mans**

Fórmula 1 (F1)

En el Campeonato Mundial de F1, coches de carreras de cabina abierta y rendimiento ultraelevado compiten en una serie de carreras de Gran Premio (GP) por todo el mundo. Los diez primeros en cada carrera reciben puntos. Al final de la temporada se entregan trofeos al piloto y al fabricante con más puntos.

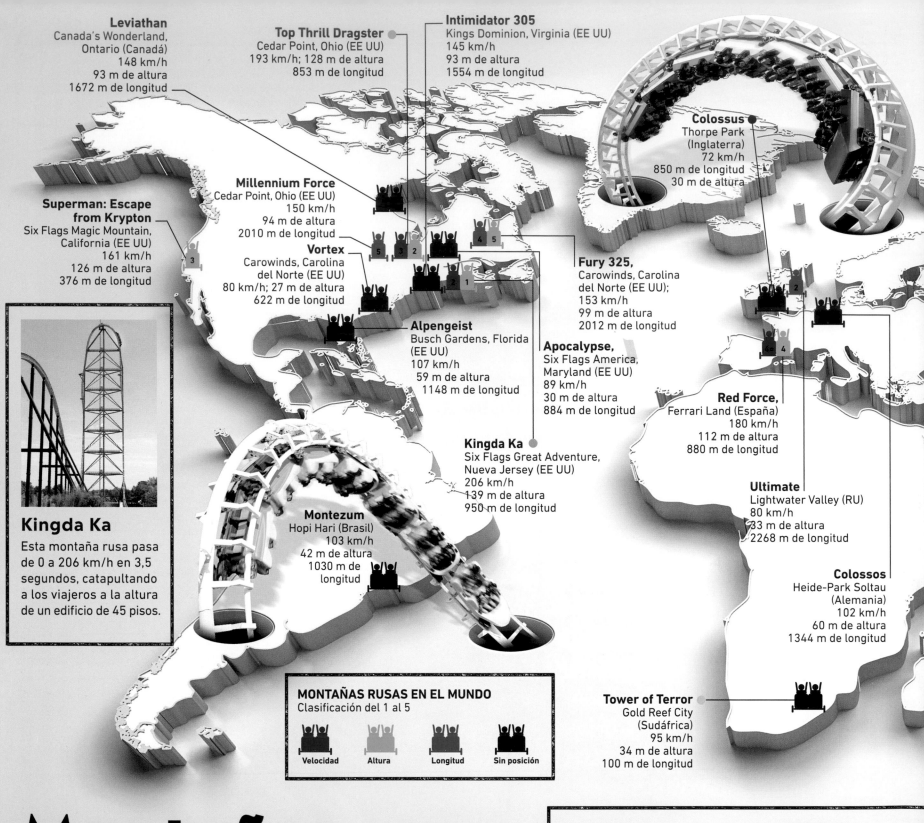

Leviathan
Canada's Wonderland,
Ontario (Canadá)
148 km/h
93 m de altura
1672 m de longitud

Top Thrill Dragster
Cedar Point, Ohio (EE UU)
193 km/h; 128 m de altura
853 m de longitud

Intimidator 305
Kings Dominion, Virginia (EE UU)
145 km/h
93 m de altura
1554 m de longitud

Colossus
Thorpe Park
(Inglaterra)
72 km/h
850 m de longitud
30 m de altura

Millennium Force
Cedar Point, Ohio (EE UU)
150 km/h
94 m de altura
2010 m de longitud

**Superman: Escape
from Krypton**
Six Flags Magic Mountain,
California (EE UU)
161 km/h
126 m de altura
376 m de longitud

Vortex
Carowinds, Carolina
del Norte (EE UU)
80 km/h; 27 m de altura
622 m de longitud

Fury 325,
Carowinds, Carolina
del Norte (EE UU);
153 km/h
99 m de altura
2012 m de longitud

Alpengeist
Busch Gardens, Florida
(EE UU)
107 km/h
59 m de altura
1148 m de longitud

Apocalypse,
Six Flags America,
Maryland (EE UU)
89 km/h
30 m de altura
884 m de longitud

Red Force,
Ferrari Land (España)
180 km/h
112 m de altura
880 m de longitud

Kingda Ka
Six Flags Great Adventure,
Nueva Jersey (EE UU)
206 km/h
139 m de altura
950 m de longitud

Ultimate
Lightwater Valley (RU)
80 km/h
33 m de altura
2268 m de longitud

Montezum
Hopi Hari (Brasil)
103 km/h
42 m de altura
1030 m de
longitud

Colossos
Heide-Park Soltau
(Alemania)
102 km/h
60 m de altura
1344 m de longitud

Tower of Terror
Gold Reef City
(Sudáfrica)
95 km/h
34 m de altura
100 m de longitud

Kingda Ka

Esta montaña rusa pasa
de 0 a 206 km/h en 3,5
segundos, catapultando
a los viajeros a la altura
de un edificio de 45 pisos.

MONTAÑAS RUSAS EN EL MUNDO
Clasificación del 1 al 5

| Velocidad | Altura | Longitud | Sin posición |

Montañas rusas

Velocidades de vértigo, vueltas que ponen
los pelos de punta, caídas que revuelven el
estómago: las montañas rusas pueden
satisfacer a los buscadores de emociones
más curtidos. Este mapa muestra algunas
de las mayores y mejores del mundo.

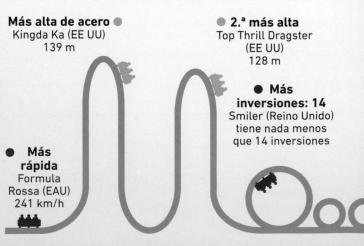

Más alta de acero
Kingda Ka (EE UU)
139 m

2.ª más alta
Top Thrill Dragster
(EE UU)
128 m

**Más
inversiones: 14**
Smiler (Reino Unido)
tiene nada menos
que 14 inversiones

**Más
rápida**
Formula
Rossa (EAU)
241 km/h

Montañas voladoras

Estas montañas rusas -como la Manta del SeaWorld, Florida (EE UU; derecha)- le hacen sentir a uno que vuela. Los viajeros van sentados en coches que, poco después de comenzar el circuito, giran y van por la parte inferior de los raíles.

Steel Dragon 2000
Nagashima Spa Land (Japón)
153 km/h
97 m de altura
2 437 m de longitud

Formula Rossa
Ferrari World (EAU)
241 km/h
52 m de altura
2000 m de longitud

Dodonpa
Fuji-Q Highland (Japón)
172 km/h
52 m de altura
1189 m de longitud

Dinoconda
China Dinosaurs Park (China)
128 km/h
76 m de altura
1058 m de longitud

Montaña rusa con diez inversiones
Chimelong Paradise (China)
72 km/h
30 m de altura
850 m de longitud

Fujiyama
Fuji-Q Highland (Japón)
130 km/h
70 m de altura
2045 m de longitud

Takabisha
Fuji-Q Highland (Japón)
100 km/h
43 m de altura
1000 m de longitud

29 KM/H:
VELOCIDAD DE LA MONTAÑA RUSA MÁS ANTIGUA,
LEAP-THE-DIPS

Montañas rusas 4D

Las montañas 4D, como la Dinoconda de China, añaden a los parques temáticos un plus de emoción. Los asientos pueden rotar hacia delante o hacia atrás, de manera que mientras los viajeros se desplazan también pueden describir un círculo completo. Un ejemplo es la Eejanaika (abajo) del parque temático Fuji-Q Highland, en Japón.

DC Rivals Hypercoaster
Warner Bros. Movie World, Queensland (Australia)
115 km/h; 1400 m de longitud
61,6 m de altura

Montañas de récord

Inaugurada en 1902, la montaña rusa más antigua es la Leap-the-Dips, de madera, en Lakemont Park, Pensilvania (EE UU). Desde entonces se han hecho más altas, largas y rápidas. Las de hoy suelen estar hechas de acero. La madera es menos flexible que el acero, por lo que las montañas rusas de madera suelen ser menos complejas y extremas que las de acero.

Caída más pronunciada
TMNT Shellraiser, (EE UU) 121,5 grados

Mayor fuerza G
Tower of Terror (Sudáfrica)
6,3 G

Banderas nacionales

AMÉRICA DEL NORTE Y AMÉRICA CENTRAL

CANADÁ · ESTADOS UNIDOS DE AMÉRICA · MÉXICO · BELICE · COSTA RICA · EL SALVADOR · GUATEMALA · HONDURAS

AMÉRICA DEL SUR

GRANADA · HAITÍ · JAMAICA · SAN KITTS Y NEVIS · SANTA LUCÍA · SAN VICENTE Y LAS GRANADINAS · TRINIDAD Y TOBAGO · COLOMBIA

ÁFRICA

URUGUAY · CHILE · PARAGUAY · ARGELIA · EGIPTO · LIBIA · MARRUECOS · TÚNEZ

LIBERIA · MALÍ · MAURITANIA · NÍGER · NIGERIA · SENEGAL · SIERRA LEONA · TOGO

BURUNDI · YIBUTI · ERITREA · ETIOPÍA · KENIA · RUANDA · SOMALIA · SUDÁN

NAMIBIA · REPÚBLICA DE SUDÁFRICA · SUAZILANDIA · ZAMBIA · ZIMBABUE · COMORES · MADAGASCAR · MAURICIO

LUXEMBURGO · PAÍSES BAJOS · ALEMANIA · FRANCIA · MÓNACO · ANDORRA · PORTUGAL · ESPAÑA

POLONIA · ESLOVAQUIA · ALBANIA · BOSNIA-HERZEGOVINA · CROACIA · KOSOVO (en disputa) · MACEDONIA DEL NORTE · MONTENEGRO

ASIA

LETONIA · LITUANIA · CHIPRE · MALTA · FEDERACIÓN RUSA · ARMENIA · AZERBAIYÁN · GEORGIA · TURQUÍA

CATAR · ARABIA SAUDITA · EMIRATOS ÁRABES UNIDOS · YEMEN · IRÁN · KAZAJISTÁN · KIRGUISTÁN · TAYIKISTÁN

CHINA · MONGOLIA · COREA DEL NORTE · COREA DEL SUR · TAIWÁN · JAPÓN · MYANMAR · CAMBOYA

OCEANÍA

SINGAPUR · MALDIVAS · AUSTRALIA · NUEVA ZELANDA · PAPÚA-NUEVA GUINEA · FIYI · ISLAS SALOMÓN · VANUATU

UN ESTADO SOBERANO ES UN PAÍS INDEPENDIENTE DE LOS DEMÁS ESTADOS,

EL ÚNICO DE LOS **196 ESTADOS SOBERANOS** DEL MUNDO CUYA BANDERA TIENE MÁS DE **CUATRO LADOS** ES **NEPAL**

NICARAGUA | PANAMÁ | ANTIGUA Y BARBUDA | BAHAMAS | BARBADOS | CUBA | DOMINICA | REPÚBLICA DOMINICANA

GUYANA | SURINAM | VENEZUELA | BOLIVIA | ECUADOR | PERÚ | BRASIL | ARGENTINA

BENÍN | BURKINA FASO | CABO VERDE | GAMBIA | GHANA | GUINEA | GUINEA-BISÁU | COSTA DE MARFIL

CAMERÚN | REPÚBLICA CENTROAFRICANA | CHAD | CONGO | REPÚBLICA DEMOCRÁTICA DEL CONGO | GUINEA ECUATORIAL | GABÓN | SANTO TOMÉ Y PRÍNCIPE

SUDÁN DEL SUR | TANZANIA | UGANDA | ANGOLA | BOTSUANA | LESOTHO | MALAUI | MOZAMBIQUE

EUROPA

SEYCHELLES | DINAMARCA | FINLANDIA | ISLANDIA | NORUEGA | SUECIA | IRLANDA | REINO UNIDO | BÉLGICA

ITALIA | SAN MARINO | CIUDAD DEL VATICANO | AUSTRIA | LIECHTENSTEIN | ESLOVENIA | SUIZA | REPÚBLICA CHECA | HUNGRÍA

SERBIA | BULGARIA | GRECIA | MOLDAVIA | RUMANÍA | UCRANIA | BIELORRUSIA | ESTONIA

IRAK | ISRAEL | JORDANIA | LÍBANO | SIRIA | BAHRÉIN | KUWAIT | OMÁN

TURKMENISTÁN | UZBEKISTÁN | AFGANISTÁN | PAKISTÁN | BANGLADÉS | BUTÁN | INDIA | NEPAL | SRI LANKA

LAOS | FILIPINAS | TAILANDIA | VIETNAM | BRUNÉI | INDONESIA | TIMOR ORIENTAL | MALASIA

ISLAS MARSHALL | MICRONESIA | NAURU | PALAU | KIRIBATI | TUVALU | TONGA | SAMOA

Índice

A

A, gripe 85
abejas 48, 60, 61
abisales, llanuras 16
aborígenes, pueblos 78-79, 111
Abu Simbel 143
Acción de Gracias, día de 176-177
Acrópolis de Atenas 143
adaptación biológica 42-43
aeropuertos con más tráfico 116
Afganistán 83, 97, 142, 143, 155
África 26, 78, 80, 86, 89, 90, 94
    reparto colonial 155
agricultura 75, 92-93, 102
agua
    ciclo 6
    consumo humano 72, 102, 103
    contaminación 98-99
    potable 82, 102-103
agua dulce, animales de 56, 58-59
aire, contaminación del 98-99
Alaska 10, 14, 32, 40-41, 54
Alejandría, faro de 143
Alejandro Magno 135, 141
Alemania 44, 89, 101, 106, 107, 115,
    136, 151, 154-155, 178, 179, 180,
    183
Aleutianas, fosa de las 9, 16
alfabetización 96-97
algas 64
alimentos
    coste 95
    gastronomía 164
    hambrunas 83
    ingesta 94-95
    nutrición 94-95
    producción 92-93
alternativas, energías 74, 106-107
aluminio 100-101
Amarillo, río 20, 21
Amazonas, río 20, 21, 56
amazónica, selva 32, 64, 110
Amoco Cádiz, petrolero 158-159
Amur-Argún 20, 21
Andes 12, 24, 66-67
Ángeles, Los 72-73, 116
Angola 87
animales véase seres vivos
Antártida 7, 26-27, 34-35, 36-37, 55
antiguas, civilizaciones 140-143,
    152-153
Antioquía (Turquía) 11
Año Nuevo chino 177
apartheid, fin del 135
árabe, primavera 134, 157
Arabia Saudita 94, 105, 131
arácnidos 48-49, 64
arapaimas 58
Argelia 24
Argentina 13, 44, 54, 86, 106, 178

Arizona, acorazado 159
armamento 130-131
arquitectura
    castillos 150-151
    edificios más altos 124-125
    medieval 146-147
    moderna 160-161
arroz, producción de 93
arte 164, 165, 172-175
    prehistórico 135, 138-139
Artemisa, templo de (Éfeso) 143
Ártico 7, 31, 36, 64, 65, 74, 75
asedios 153
Asoka, emperador 152-153
asteroides, impacto de 10, 22
Atacama, desierto de 34
Atlanta 116
Atlántico, dorsal central del 8, 14, 16
atmósfera 6, 104, 108
Australia
    cultura 167, 173, 177, 179, 181
    fósiles 45, 67
    población 77, 83, 89, 92, 95, 103, 107
    territorio 22, 24, 27, 29, 33
Australopithecus 136-137
Austria 101
autóctonas, especies véase nativas,
    especies
autopistas 115, 122
avenidas 26
aves 42, 46-53, 68-71
aviación militar 130-131
aviar, gripe 85
avión, viajes en 85, 116-117, 160-161
avispas 60
Axum, obelisco 142-143
azteca, Imperio 135, 146, 148, 149

B

Babilonia, jardines colgantes de 143
Baikal, lago 21
Bali 165
ballenas y otros cetáceos 40-41, 46,
    47, 54-55
Bamiyán, budas de 142, 143
banda ancha 127
banderas 186-187
Bangladés 26, 27, 29, 77
banquisa 36-37
barcos de carga 118-119
Barringer, cráter 23
Basawan 173
basura 100-101
    espacial 128-129
    islas de 19, 100-101
batalla, campos de 152-153
Batavia 159
Bélgica 179
Bester, Willie 173

Bettencourt, Liliane 90
Bezos, Jeff 91
Bhola, ciclón 29
Bielorrusia 32, 83
biocombustibles, biogás y biomasa
    106-107
biodiversidad 64-65
bioluminiscencia 42
biomas 30-31, 67
biosfera 7, 74
Birkenhead, fragata 159
Bismarck, acorazado 159
bizantino, Imperio 135, 149
Bolívar, Simón 156
Bolivia 82, 86, 94, 135, 156
Bombay 76, 77, 117
boreales, bosques 30, 33
Borneo 27, 33, 65
Borobudur (Java) 147
bosques 30, 32-33, 110-111
boxeo 181
Brasil 10, 26, 54, 76, 92, 96, 103, 106,
    107, 130, 172, 176, 180, 181, 183
británico, Imperio 135, 154-155
Brooklyn, puente de 115
bubónica, peste 84, 85
budismo 168, 169
Buena Esperanza, castillo de 151
buques de guerra 130-131
Burghausen 150
Burj Khalifa 112-113, 124, 125
Burundi 87
Bután 83

C

Cabo, Ciudad del 117
cachalotes 55
café 92-93
Cajamarca, batalla de 135, 152
Calcuta 77
calentamiento global 98, 108-109
California 32, 50, 66
calorías diarias, ingesta de 94-95
Camboya 103
Camerún 95, 166
Canadá
    cultura 177, 179, 180
    fósiles 44
    población 80, 88, 92, 94, 96, 98, 104,
        106, 107, 110
    territorio 22, 24
Canarias, islas 66
Caravaggio 173
carbón 104-105, 106, 107
carbono, dióxido de 99, 108
carnavales 176-177
carnívoras, plantas 60-61
carreras de coches 182-183
carreteras 115, 122-123

Cartago, sitio de 153
casquetes glaciares 36, 37, 108, 110
castillos 150-151
Centroafricana, República 97
Chad 96
Chagall, Marc 173
charrán ártico 52-53
Chesapeake, bahía de 23
Chicago 116
Chicxulub 23
Chile 10, 12, 13, 92, 145
Chimborazo 12
chimú, cultura 148, 149
China
    cultura 167, 169, 173, 175, 177, 178,
        179
    ejército 131
    fósiles 44-45
    historia 134, 137, 142, 143, 151, 156
    población 77, 81, 87, 89, 93, 95, 97,
        99, 101, 105, 107
    territorio 11, 12, 25, 26
Chrysler, edificio 124
ciclones 28-29
cigarras 60, 61
Cinturón de Fuego del Pacífico 14, 15
Ciudad Prohibida de Pekín 151
ciudades más grandes 76-77
civilizaciones 134, 140-141, 148-149
climático, cambio 98, 108-109
cocodrilos 49, 58-59
Coliseo 135, 142-143
colisionador de hadrones, gran 134,
    160
Colombia 15, 135, 156
Colón, Cristóbal 146
colonialismo 154-155
Coloso de Rodas 143
combustibles fósiles 74, 104-105, 106,
    107
comercio 118-119
comunismo, caída del 135, 157
Concorde 134, 161
Cóndor, cerro 13
Congo, República Democrática del
    106
Congo-Zambeze 20
conservación de la naturaleza 75,
    110-111
Constantinopla, caída de 135, 153
construcción 115, 124-125
continental, corteza 9
continental, plataforma 17
convección, corrientes de 7
convergentes, límites 8
coral/arrecifes coralinos 30, 42, 111
Corea, guerra de 134, 153
Corea del Norte 131, 174, 181
Corea del Sur 101, 131, 177, 181
corrientes oceánicas 18-19

corteza terrestre 6, 7, 8-9
Costa Rica 130
coste de la vida 86-87
COVID-19 85, 86, 134
Crac de los Caballeros 150
cráteres de impacto 22-23
Crécy, batalla de 152
Cretácico, período 44-45
cristianismo 148, 168-169
crustáceos 64
cruzadas 134, 153
Cuba 66, 83, 94, 152, 156
cuencas oceánicas 16
cultivos 92-93
culturas 162-187
    prehistóricas 138-139

D

Dacca 76, 77
Dallas 116
Dangote, Aliko 91
danza 164-165
Darfur 26
deforestación 32-33
Delacroix, Eugène 172
Delhi 76, 77, 117
deporte 180-183
depredadores 46-47
desechos 100-101
desiertos 4-5, 24, 31, 34-35
    fríos 35
    nómadas 78, 79
    vida 42-43, 64
desigualdad económica 86-87
día y noche 38
Dinamarca 166, 179
dinosaurios 10, 22, 44-45
divergentes, límites 8
Diwali 165
Dominicana, República 26
Doña Paz, transbordador 159
dorsales oceánicas 16-17
drones 130
Dubái 112-113
dunas 35

E

Earnhardt, Dale Snr. 182
Ecuador 12, 135, 156
edad, grupos y medias de 80-81
Edad Media 146-149, 152-153
educación 96-97
efímeras 60
Egipto 24, 53, 92, 130, 131
    antiguo 134, 135, 140, 143, 144-145
ejército de terracota 142, 143
ejércitos 130-131, 152-153
El Cairo 76
Emiratos Árabes Unidos 94, 112-113
Emperador, montes del 17
Empire State, edificio 125
endémicos, puntos calientes 67
energía
    alternativas, energías 74, 106-107

reservas y agotamiento 74, 104-105
ENIAC 114
enjambres 60-61
enterramientos 135, 139, 144-145
eólica, energía 74, 106-107
epidemias 84-85
Eritrea 95
erosión 20
escarabajos 60, 61
esclavos, comercio de 155
escultura 139, 165, 172, 174-175
esfinge de Guiza 134, 174-175
espacios naturales protegidos 110-111
España 106, 107, 154, 166, 172, 176, 177, 180, 183
española, gripe 84, 85
Estación Espacial Internacional 129
estadios 164, 180-181
Estados Unidos
    cultura 166, 172, 176, 178-179, 180, 182
    ejército 130, 131
    fósiles 44-45
    historia 151, 152, 153, 158, 160
    población 76, 80, 86, 88, 89, 91, 92, 94, 95, 96, 98, 99, 101, 102, 103, 104, 105, 106, 107
    territorio 23, 24, 26, 28, 38
estatuas 174-175
estupa de Sanchi, gran 142
Etiopía 67, 155
    imperio 148
Everest, monte 12, 13, 16
extinciones 10, 22, 50-51, 68, 69, 70-71

F

fallas 9
fecha, línea de cambio de 38
ferroviarias, líneas 114-115, 120-121, 160
fiestas 162-163, 165, 176-177
Filipinas 14, 67, 77, 107, 144
Finlandia 177, 179
florísticos, reinos 62
Fondo Monetario Internacional (FMI) 89
Fórmula 1 (F1) 182-183
fosas oceánicas 8, 9, 16-17
fósiles 44-45, 136-137
francesa, Revolución 135
Francia 89, 92, 104, 106, 122, 130, 131, 154-155, 172, 178, 179
Frankfurt del Main 116
Fukuoka 117
fútbol 180-181

G

Gabón 100
Gainsborough, Thomas 172
Galápagos, islas 50, 66
ganado 92-93
Gandhi, Mahatma 156
Gansu, terremoto de 11

gas 104-105, 106, 107
Gates, Bill 90
Gengis Kan 134, 149, 175
Georgia 83, 97
geosíncrona, órbita 128, 129
geotérmica, energía 106-107
Ghana 86, 88, 156, 178
    antigua 148
Gibraltar 53
giros oceánicos 18, 19, 100
glaciares 37, 108-109, 110
Golfo, corriente del 19
Golfo, guerra del 98
gorgojos 64
GPS, satélites 129
Graf Zeppelin, dirigible 161
Gran Muralla china 135, 142, 143
Gran Zimbabue 134, 148, 151
Grandes Lagos 20
Greenwich, horario de 39
griegos, antiguos 142, 143, 153
gripe, virus de la 84-85
Groenlandia 24, 53, 80, 110
    casquete glaciar 34, 108
Guatemala 14, 80, 95
Guayana Francesa 178
guerra 130-131, 152-153
Guerra Mundial (I) 134-135, 152, 153, 158
Guerra Mundial (II) 134, 152, 153, 159
Guevara, Che 156
Guinea-Bisáu 82, 97
Guyana 80, 103

H

hábitats
    de especies únicas 66-67
    destrucción 68-69
    y adaptaciones 42-43
Haití 11, 26, 86, 102
halcón peregrino 46-47
Halicarnaso, mausoleo de 143
Hamilton, Lewis 183
Han, Imperio 135, 141
Harvey, huracán 28
Hawái 13, 14, 28, 38, 66
herbazales 30, 35
herramientas, primeras 134, 138
hidroeléctrica, energía 106-107
hielo 7
    continental 36
    marino 36-37, 109
Himalaya 8, 13, 65, 109
Himeji 151
hinduismo 168, 169
historia 132-161, 174-175
Hokusai, Katsushika 173
Holi, fiesta de 162-163
Homo, género 134, 136-137
Hong Kong 116, 117, 127
Hong Kong, gripe de 85
hongos 64
Hoover, presa 160
Hopper, Edwad 172
horarias, zonas 38-39

hormigas 60
hormigón 115
huari, Imperio 135, 148, 149
Hubble, telescopio espacial 129
huellas de dinosaurio 45
humanos
    impacto en el entorno 74-75
    primeros 136-137
huracanes 28-29

I

icebergs 37, 158
Idai, ciclón 29
impacto humano 74-75
imperios
    antiguos 140-141
    coloniales 154-155
    medievales 148-149
inca, Imperio 148, 149
Incahuasi, nevado 13
India
    cultura 162-63, 164-165, 167, 173, 177, 178, 181
    ejército 131
    historia 134, 142, 151, 152-153, 157
    población 77, 81, 87, 89, 93, 95, 99, 103, 107
    territorio 12, 27, 39
Índico, océano 10
Indochina, guerra de 134, 153
Indonesia 14, 15, 89, 97, 99, 103, 107, 137
indo-pakistaní, guerra 134, 153
industrial, revolución 160
industriales, avances 160-161
industriales, vertidos y accidentes 98-99
infecciosas, enfermedades 84-85
infraestructuras 115, 120-123
Inglaterra, batalla de 152
ingresos por persona 86-87
Iniki, huracán 28
insectos 48-51, 60-61, 64
Internet, conexiones de 126-127, 164
inuit 75, 78
inundaciones 26
invasoras, especies 50-51
invertebrados 64
Irak 25, 103
Irán 26, 131, 181
Irlanda 95, 179
islam 148, 168, 169
Islandia 14, 16, 77, 106-107, 166
Israel 25, 130, 131
Italia 89, 92, 106, 154-155, 173, 179

J

Japón
    cultura 169, 173, 177, 179
    historia 145, 151, 154-155
    población 77, 81, 83, 89, 92, 93, 99, 107
    territorio 10, 15, 27, 29, 33

jaquetones *véase* tiburones
Jeju 117
jemer, Imperio 149
Jerusalén 153, 168
Johannesburgo 117, 181
joyas, primeras 135, 138
Juanita, la doncella de hielo 145
judaísmo 168
Jurásico, período 44

K

K2 12
Kahlo, Frida 172
kakapo 68-69
Kalinga, batalla de 152-153
Kamchatka, terremoto de 10
Kanchenjunga 12
Kanem, Imperio de 134, 149
kathakali, bailarines de 164-165
Katrina, huracán 28, 29
Kazajistán 103
Kenia 92, 95, 103, 107
Kirguistán 103
Kiribati 38
Krakatoa 14, 15
Kuwait 25, 101, 103

L

lagos 6, 20-21, 109
Lalibela 147
langostas (insectos) 60
Lempicka, Tamara de 173
lenguas 164, 166-167
Lenin, Vladímir 156
Lhotse 12
libélulas 60
Liberia 83, 86, 155
Libertad, estatua de la 174-175
Libia 24
Liechtenstein 130
límites de placas 8-9
Lindow, hombre de 144
líquenes 64
Lista Roja de la UICN 68
literatura 165
Llullaillaco 13
lluvia 5, 6, 26-27
lluvia ácida 99
Londres 116
lucha libre 181
Lusitania, transatlántico 159
Luxor 24

M

macedonio, Imperio 135, 141
Machu Picchu 135, 146
Madagascar 67, 97
Makalu 12
Malasia 81, 175, 179
Malaui 83
Malí 134, 148, 176
Malta 53
Malvinas, islas 104, 178

mamíferos 46-51, 68-71
Mancha, túnel del canal de la 160-161
manglar 30
Manila 77
Mans, Le 183
manto terrestre 6, 7
Mao Zedong 134, 156
mar, nivel del 108-109
Mar del Coral, batalla del 152, 153
maravillas del mundo, las siete 142-143
Marble Bar (Australia) 24
Marcus, ciclón 29
Marianas, fosa de las 17
marinos, animales 42, 48-49, 54-57
marinos, biomas 30
mariposas 60, 61, 69, 70
   monarca 60, 61
   nocturnas 60
marítimo, transporte 118-119
Marruecos 80, 86
Marte 12-13
Martinica 15
matorral 31
Mauna Kea 13
Mauritania 96, 102
maurya, Imperio 135, 141, 153
maya, civilización 135, 140, 141, 146
médica, asistencia 82, 83
Mehrangarh, fuerte de (Jodhpur) 151
Meirelles, Victor 172
Melanesia oriental 67
Melbourne 117
mercurio, contaminación por 99
meridiano cero 39
meteoritos 22-23
México 24, 28, 54, 66, 76, 80, 98, 106, 142, 144, 172, 175, 176, 180
México, Ciudad de 76, 180
migración
   aves 52-53
   ballenas 55
   humanos 78-79, 164
   insectos 60, 61
   tiburones 48, 49
militares, efectivos 130-131
millonarios 90-91
minas de oro 88
minerales 74
Ming, dinastía 135, 149
Misisipi-Misuri 20, 26, 56
moda 164
mogol, Imperio 135, 149
moluscos 64
momias 144-145
Mónaco 82, 83
Monet, Claude 172
mongol, Imperio 134, 149
Mongolia 45, 77, 95, 175, 178
montañas 6, 12-13, 16-17, 122
montañas rusas 184-185
montes submarinos 16-17
monzón 27
mosquitos 60-61
Mozambique 83, 97
Munch, Edvard 172-173

música 135, 138, 164, 165
Musk, Elon 91
Myanmar 175

N

Namib, desierto del 4-5, 34
Namibia 4-5, 77, 87
NASCAR, circuitos 182
nativas, especies 50-51
naturales, recursos 74, 102-105
naufragios 158-159
Nauru 94
neandertales 136, 137
negra, peste 84, 85
Nepal 12, 175, 187
Níger 83
Nigeria 100, 104, 172
Nilo, río 20
níquel 99
Nkrumah, Kwame 156
noche y día 38
nómadas 78-79
norias 170-171
Norte, mar del 104
Norte Chico, cultura de 135
Noruega 39, 87, 101, 102, 106, 107, 166, 172, 179
Novarupta 14
nubes 6
nuclear, energía 106-107
nucleares, armas 130-131
nucleares, residuos/accidentes 98-99
núcleo de la Tierra 6, 7
Nuestra Señora de Atocha, galeón 159
Nueva Caledonia 67
Nueva York (ciudad) 76, 115, 174
Nueva Zelanda 27, 33, 55, 81, 93, 97, 177
nutrición 94-95

O

obesidad 94
Obi-Irtysh 20-21
oceánica, corteza 9
oceánico, suelo 6, 16-17
océanos 7
   conservación 110-111
   contaminación 19, 98, 100-101
   corrientes 18-19, 24-25
   vida 42, 47, 48-49, 54-57
   y cambio climático 108-109
Ojos del Salado, nevado 13
Olduvai, garganta de 136
Olimpo, monte (Marte) 12-13
olmeca, civilización 135, 140, 141
Olympus Mons *véase* Olimpo, monte
Omán 179
omeya, Califato 135, 149
órbita terrestre baja 129
ordenadores 114, 126-127
Oriente Medio, petróleo en 105
oro 88-89
Ortega, Amancio 91

Osaka 76, 117
otomano, Imperio 149, 152-155
Ötzi, el hombre del hielo 144
ovejas 93

P

Pacífico oriental, dorsal del 9, 16
Países Bajos 89, 92, 101, 154-155, 179
Pakistán 12, 25, 92, 95, 131
Palermo 145
Panamá 53
Panamá, canal de 118, 160
pandemias 84-85
Papúa-Nueva Guinea 33, 67, 81, 97, 167
Paraguay 166
Paraná, río 20
Paranthropus 136-137
parásitos 50
París 27, 116
parques nacionales 110-111
Patricia, huracán, 28
Pascua, isla de 132-133, 174, 176
pasos de montaña 122
Patagonia, desierto de la 34
peces 46, 47
   de río 58-59
   peligrosos 48-49
Pekín 76, 77, 116, 117, 151, 181
Pelée, volcán 15
persa, primer Imperio 135, 141
Pérsico, golfo 98
Perú 88, 92, 98, 102, 135, 142, 145, 152, 156, 166, 176
Perú-Chile, fosa 9, 16
pesca 92, 93
peso y nutrición 94-95
pestes 84, 85
pesticidas 98-99
Petra 143
petróleo
   reservas 104-105, 106, 109
   vertidos 98, 158-159
Petronas, torres 124, 125
Picasso, Pablo 172, 173
piedra, herramientas de 138-139
Pinatubo, volcán 14
pinturas 139, 165, 172-173
pirámides 142-143, 146
Pisa, torre inclinada de 147
placas tectónicas *véase* tectónicas, placas
plagas 50-51
plantas 6, 7, 62-63
   adaptaciones 42-43
   biodiversidad 64-65
   biomas 30-31
   especies invasoras 50-51
   únicas 66-67
plástico, desechos de 100-101
playas 170-171
plomo, contaminación por 98-99
población
   crecimiento 74-75

distribución 76-77, 110-111
   pirámides de edad 80-81
   y alimentos 93
pobreza 86-87
polares, regiones 7, 36-37
   contaminación 75, 98-99, 104, 108
   desiertos 31, 35
   vida 43
Polinesia 66
Polonia 32, 173, 174
Pont-du-Gard 142, 143
pop, música 164, 180
Portugal 154, 181
prehistoria 136-139
puentes 115, 120, 123, 135, 161
puertos más activos 119
Puffing Billy, locomotora de vapor
   115
pulgas 50, 61

Q, R

química, contaminación 98-99
radiactivos, residuos 98-99
Ramayana 164-165
ranas punta de flecha 48-49, 65
rascacielos 112-113, 115, 124-125, 160
ratas 50
reciclaje 74, 100-101, 103
Reino Unido
   cultura 172, 174-175, 176, 178, 179,
      180, 181
   ejército 130, 131
   historia 135, 152, 154-155
   población 92, 94, 95
   zona horaria 38
religión 168-169, 175, 176-177
reptiles 43, 46-51, 58-59
Reunión, isla 27, 29
revoluciones 152-153, 156-157
Rift, Valle del (África oriental) 9, 15
río, monstruos de 58-59
Río de Janeiro 26, 117, 176, 180
Río de la Plata 20
ríos 6, 20-21
riqueza 75, 86-91
Rocosas, Montañas 12
romanos 115, 135, 141, 153
rorcuales azules 55
Ruiz, nevado del 15
Rumanía 178
Rusia
   cultura 167, 173, 174, 175, 177
   ejército 131
   historia 135, 154-155, 156, 157
   población 87, 89, 91, 92, 97, 99, 103,
      105, 107
   territorio 10, 24, 25, 26, 39
Rwenzori, montes 13

S

sabana 30
Sacro Imperio (Romano Germánico)
   135, 149, 152
safaris 170-171
Sáhara, desierto del 34-35, 64, 110

sal 19
Salomón, islas 101
salud 82-85, 98-99
Salvador, El 106
San Andrés, falla de 9
San Pedro, basílica de 147
Santa María, volcán 14
Santa Sofía 143
São Paulo 76, 117
Sapporo 117
satélites 128-129
Schumacher, Michael 183
Secesión, guerra de 135, 152
semidesiertos 35
Senegal 26, 174
Senna, Ayrton 183
sequías 103
seres vivos
   adaptaciones 42-43
   biodiversidad 64-65
   conservación 110-111
   depredadores 46-47
   desiertos 34-35
   en peligro 66, 68-69
   especies invasoras 50-51
   extinguidos 44-45
   letales 48-49
   marinos 42, 48-49, 54-57
   únicos 66-67
serpientes 43, 46-51
Seúl 117
Shaanxi, terremoto de 11
Shanghái 76, 77, 117, 119
Sicilia 53, 145
sida 85
Sídney 117
Sídney, Ópera de 135, 161
sijismo 168, 169
Singapur 24
sintoísmo 168, 169
Siria 151
sísmicas, ondas 10
sitios *véase* asedios
solar, energía 74, 106-107
solar, radiación 7
Somalia 25, 97
Somme, batalla del 134-135, 152
Sonda, región de la 67
songhai, Imperio 149
speedways 182
Sri Lanka 55, 67, 177
Stonehenge 142, 143
streaming 179
Suazilandia 177, 186
submarinismo 170-171
submarinos 130-131
Sudáfrica 55, 67, 87, 89, 99, 136, 151,
   173, 177, 178, 179, 181
Sudán del Sur 26, 83, 123
Sudbury, cuenca de 23
Suecia 24, 83, 87, 101, 107, 166, 179
Suez, canal de 119
Suiza 89, 99, 100-101, 179
superbacterias 85
Surinam 77, 103, 166
Sussex, galeón 159

T

Tailandia 107, 181
Taipéi 101 117, 124, 125
Tambora 14, 15
Tangshan, terremoto de 11
tanques, batalla con 130-131
Tanzania 25, 136
Tayikistán 103
té, comercio de 92
tectónicas, placas 8-9, 10, 12, 14, 16, 17
telecomunicaciones 115, 126-127, 160
televisión 178-179
temperaturas 24-25, 108-109
templados, biomas 30, 32
termitas 60
terremotos 8, 10-11
Tiahuanaco, Imperio de 148, 149
tiburones 46, 47, 48, 56-57
tiempo universal coordinado (UTC) 38
Tierra
   estructura 6-7
   interior 6
   rotación 7, 38
Tip, tifón 29
Tipas, volcán 13
Titanic, transatlántico 135, 159
Tohoku, terremoto de 10
Tokio 76, 77, 116, 117
Tonga 94
torres no sostenidas 125
transbordador espacial 128
transformantes, límites 8
transporte 114-123
trenes *véase* ferroviarias, líneas
Triásico, período 44
trigo 92
Trinidad y Tobago 98, 104
tróficas, cadenas 47
tropicales, bosques 30, 33, 43, 64, 65
tropicales, ciclones 28-29
tsunamis 8
tundra 31, 35, 78, 110
túneles ferroviarios más largos 121
Túnez 24, 176
turbera, momias de 144
turismo 170-171
Turkmenistán 103
Turquía 11, 178, 181
Tutankamón 144

U

Ucrania 98, 107, 174
Uganda 81
Unión Internacional para la
   Conservación de la Naturaleza
   (UICN) 68
Unzen, volcán 15
URSS 157
Uruguay 80
Uzbekistán 103

V

Valdivia, terremoto de 10
Vanuatu 167

vapor, locomotoras de 115
vasijas de arcilla 139
vegetación
   biomas 30-31
   bosques 32-33
   desiertos 34-35
   tierras silvestres 110-111
velódromo 181
veneno
   animales 48-49, 65
   plantas 62-63
Venezuela 104, 106, 135, 156,
   175
Verjoiánsk, cordillera de 24, 25
vertebrados 64
vertederos 100, 101
Very Large Array 135, 160
vestimenta 164
Victoria, lago 21
vida, esperanza de 82-83
vida en la Tierra 6, 7, 40-71
Viena, batalla de 135, 152
viento, energía del *véase* eólica,
   energía
Vietnam 87, 93, 134
VIH/sida 85
virus 84-85
volcanes 8, 13, 14-15
Vredefort, estructura de impacto
   23

W

Wallacea 67
Warhol, Andy 172
Watson, Yannima Tommy 173
Welwitschia 60-61
Wilhelm Gustloff, transatlántico 159
Willis, torre 124, 125
Windsor, castillo de 151
Winston, ciclón 29

Y

Yangtsé, río 20, 21, 26
Yemen 97
Yeniséi-Angará-Selenga 20, 21
Yue Minjun 173

Z

Zambia 99
Zeus, estatua de (Olimpia) 143
Zhoukoudian, cuevas de 137
Zhucheng 44, 45
Zimbabue 134, 148, 151
Zuckerberg, Mark 91

Agradecimientos

Dorling Kindersley quiere manifestar su agradecimiento a Caitlin Doyle por la corrección de pruebas; a Helen Peters por la indexación; a Haisam Hussein, Anders Kjellberg, Peter Minister, Martin Sanders y Surya Sarangi por la ilustración; a Deeksha Miglani y Surbhi N. Kapoor por la documentación, y a David Roberts por la asesoría cartográfica.

Además, los editores desean agradecer a las siguientes personas e instituciones el permiso para reproducir sus imágenes:

(Clave: a-arriba; b-abajo; c-centro; e-extremo; i-izquierda; d-derecha; s-superior)

2 Andy Biggs: www.andybiggs.com (sc). **Corbis:** Alaska Stock (sd). **3 Corbis:** Floris Leeuwenberg (esd); SOPA / Pietro Canali (si). **Getty Images:** Art Wolfe (sd). **Sebastian Opitz:** (sc). **4-5 Andy Biggs:** www.andybiggs.com. **22 Getty Images:** Mark Garlick (bd). **23 Corbis:** Charles & Josette Lenars (cd). **24-25 Robert J. Hijmans:** Hijmans, R.J, S.E. Cameron, J.L. Parra, P.G. Jones and A. Jarvis, 2005. *Very high resolution interpolated climate surfaces for global land areas.* International Journal of Climatology 25: 1965-1978 (mapa base de datos). **26-27 Robert J. Hijmans:** Hijmans, R.J, S.E. Cameron, J.L. Parra, P.G. Jones and A. Jarvis, 2005. *Very high resolution interpolated climate surfaces for global land areas.* International Journal of Climatology 25: 1965-1978 (mapa base de datos). **28-29 Adam Sparkes:** Data of the tropical cyclones projected by Adam Sparkes. Base image: NASA Goddard Space Flight Center Image by Reto Stöckli (superficie de la Tierra, aguas poco profundas, nubes). Mejoras a cargo de Robert Simmon (color del océano, composición, globos 3D, animación). Datos y apoyo técnico: MODIS Land Group; MODIS Science Data Support Team; MODIS Atmosphere Group; MODIS Ocean Group Additional data: USGS EROS Data Center (topografía); USGS Terrestrial Remote Sensing Flagstaff Field Center (Antártida); Defense Meteorological Satellite Program (luces urbanas). **29 NOAA:** (sc). **30 Dorling Kindersley:** Rough Guides (si, sd). **Shutterstock:** Edwin van Wier (cdb). **31 Dreamstime.com:** (sc). **PunchStock:** Digital Vision / Peter Adams (sd). **35 NASA:** Goddard Space Flight Center, image courtesy the NASA Scientific Visualization Studio (bi). **36 Dorling Kindersley:** Rough Guides / Tim Draper (bi). **Dreamstime.com:** Darryn Schneider (sd). **40-41 Corbis:** Alaska Stock. **42 Alamy Images:** Martin Strmiska (bi). **Getty Images:** Werner Van Steen (c). **43 NHPA / Photoshot:** Ken Griffiths (cd). **45 Corbis:**

Science Faction / Louie Psihoyos (sd). **Dorling Kindersley:** Christian Williams (sc). **48 Alamy Images:** National Geographic Image Collection (bi). **Dorling Kindersley:** Courtesy of the Weymouth Sea Life Centre (bc). **49 Dreamstime.com:** Francesco Pacienza (sd). **53 Corbis:** Roger Tidman (bc). **55 Corbis:** Paul Souders (ca). **56 Corbis:** Minden Pictures / Mike Parry (ci); National Geographic Society / Ben Horton (sc). **60 Dorling Kindersley:** Courtesy of the Natural History Museum, London (cda, c). **Getty Images:** Visuals Unlimited, Inc. / Alex Wild (cd). **61 Alamy Images:** Premaphotos (si). **Corbis:** Visuals Unlimited / Robert & Jean Pollock (sd). **Getty Images:** Mint Images / Frans Lanting (sc). Photoshot: Gerald Cubitt (bd). **62-63 Dreamstime.com:** Jezper. **62 Alamy Images:** Tim Gainey (bc); John Glover (bd). FLPA: Imagebroker / Ulrich Doering (cb). **Getty Images:** Shanna Baker (cib); Alessandra Sarti (bi). **64 Dorling Kindersley:** Courtesy of Oxford University Museum of Natural History (cib). **64-65 Dr. Clinton N. Jenkins:** Data: IUCN Red List of Threatened Species / www.iucnredlist.org / BirdLife International; Processing: Clinton Jenkins / SavingSpecies.org; Design & Render; Félix Pharand-Deschênes / Globaia.org. **66 Dorling Kindersley:** Rough Guides (ci). **67 Corbis:** Ocean (cdb). **Dorling Kindersley:** Roger and Liz Charlwood (cdb/New Caledonia). **72-73 Corbis:** SOPA / Pietro Canali. **74-75 Getty Images:** Doug Allan. **75 Corbis:** Aurora Photos / Bridget Besaw (si); Frank Lukasseck (esi); Minden Pictures / Ch'ien Lee (sc); John Carnemolla (sd). **76-77 Center for International Earth Science Information Network (CIESIN):** Columbia University; International Food Policy Research Institute (IFPRI); The World Bank; and Centro Internacional de Agricultura Tropical (CIAT). **84 Corbis:** Dennis Kunkel Microscopy, Inc. / Visuals Unlimited (sc); Dr. Dennis Kunkel Microscopy / Visuals Unlimited (sd). **85 Getty Images:** Kallista Images (cd). **89 Dreamstime.com:** Cammeraydave (sd). **90 Corbis:** dpa / Horst Ossinger (br); James Leynse (bc). **91 Corbis:** epa / Justin Lane (bi); Kim Kulish (cda); epa / Mario Guzman (bd). **Getty Images:** AFP (cd); (bc). **93 Dreamstime.com:** Kheng Guan Toh (bd). **101 Corbis:** Peter Adams (bi). **105 Corbis:** Shuli Hallak (bc). **107 Dreamstime.com:** Milosluz (bc). **108-109 NASA:** Goddard Space Flight Center Scientific Visualization Studio. **109 NASA:** 1941 foto tomada por Ulysses William O. Field; 2004 foto tomada por Bruce F. Molnia. Cortesía de Glacier Photograph Collection, National Snow and Ice Data Center / World Data Center for

Glaciology (bi). **110-111 UNEP-WCMC:** Dataset derived using the Digital Chart of the World 1993 version and methods based on the Australian National Wilderness Inventory (Lesslie, R. and Maslen, M. 1995. National Wilderness Inventory Handbook. 2nd edn, Australian Heritage Commission. Australian Government Publishing Service, Canberra) (mapa base de datos). **112-113 Sebastian Opitz. 114-115 Dreamstime.com:** Dmitry Mizintsev (c). **114 Corbis:** (bc); Science Faction / Louie Psihoyos (bd). **115 Corbis:** Bettmann (cdb); Cameron Davidson (bd). **Dorling Kindersley:** Courtesy of The Science Museum, London (sc). **Getty Images:** Three Lions (bc). **116-117 Michael Markieta:** www.spatialanalysis.ca. **118-119 Prof. Dr. Bernd Blasius:** Journal of the Royal Society Interface, *The complex network of global cargo ship movements*, p1094, 2010 (mapa base de datos). **122 Getty Images:** Radius Images (bc). **126-127 Chris Harrison** (mapa base). **128-129 ESA. 128 NASA: Columbia Accident Investigation Report, (bc). 129 ESA: (cda). NASA:** Image created by Reto Stockli with the help of Alan Nelson, under the leadership of Fritz Hasle (bd). **130 Corbis:** DoD (bd). **132-133 Getty Images:** Art Wolfe. **134 Corbis:** Radius Images (bi); Peter Turnley (bd). **Getty Images:** (cd). **135 Corbis:** Sodapix / Bernd Schuler (b). **136-137 Corbis:** W. Cody. **137 Science Photo Library:** MSF / Javier Trueba (cdb). **138 akg-images:** Oronoz (cib/Mousterian Tool). **Dorling Kindersley:** The American Museum of Natural History (bi); Natural History Museum, London (ci, cib). **Getty Images:** AFP (sc); De Agostini (sd). **139 akg-images:** Ulmer Museum (bc). **Getty Images:** De Agostini (cdb). **141 Dorling Kindersley:** Courtesy of the University Museum of Archaeology and Anthropology, Cambridge (si); Ancient Art / Judith Miller (bc/Urn); Alan Hills and Barbara Winter / The Trustees of the British Museum (sc); Stephen Dodd / The Trustees of the British Museum (sd). **Getty Images:** De Agostini (bi). **144 Alamy Images:** Ancient Art & Architecture Collection Ltd (sc). **Getty Images:** Copper Age (si). Rex Features: (sd). **148 Dorling Kindersley:** © The Board of Trustees of the Armouries (sd); The Wallace Collection, London (cb). **149 Dorling Kindersley:** © The Board of Trustees of the Armouries (cia); Lennox Gallery Ltd / Judith Miller (cda); William Jamieson Tribal Art / Judith Miller (bi); Courtesy of the Royal Armories (sc); The Trustees of the British Museum (cb); Peter Wilson / CONACULTA-INAH-MEX. Authorized reproduction by the Instituto Nacional de Antropología e Historia (cib). **150 Corbis:** Walter Geiersperger (ci); Robert Harding World Imagery / Michael

Jenner (cib). **151 Alamy Images:** Peter Titmuss (bc). **Corbis:** Design Pics / Keith Levit (cda). **Dreamstime.com:** (bi). **Getty Images:** AFP (cd). **156 Corbis:** Bettmann (cb, cda). **Getty Images:** (c). **157 Corbis:** Bryan Denton (bi); Peter Turnley (cd). **Getty Images:** AFP (ca); (c); (cib). **159 Dreamstime.com:** (bc). **162-163 Corbis:** Floris Leeuwenberg. **164 Dreamstime.com:** Randy Miramontez (c); Constantin Sava (bi). **165 Alamy Images:** Hemis (bd). **Corbis:** Godong / Julian Kumar (sd). **Dreamstime.com:** F9photos (cd); Teptong (cdb). **Getty Images:** Philippe Lissac (sc). **172 Alamy Images:** GL Archive (sd); The Art Archive (cb). **Corbis:** Bettmann (ci, cd); Oscar White (cia); The Gallery Collection (cdb). **Dorling Kindersley:** Philip Keith Private Collection / Judith Miller (bd). **Getty Images:** De Agostini (cda, cda/Gainsborough); Stringer / Powell (sc). **172-173 123RF.com. 173 Corbis:** (ci, cd, cb); Contemporary African Art Collection Limited (cib). **Getty Images:** AFP (bc); (si, sd); (cia). **174 Corbis:** In Pictures / Barry Lewis (bd). **175 Corbis:** JAI / Michele Falzone (cda). **Dorling Kindersley:** Rough Guides (bc); Surya Sankash Sarangi (c). **176 Dorling Kindersley:** Alex Robinson (bd). **177 Corbis:** José Fusté Raga (bc). **178-179 Dreamstime.com:** Luminis (imagen de fondo). **180 Alamy Images:** Aerial Archives (ci). **Getty Images:** (ca). **180-181 Getty Images:** AFP (cb); (ca). **181 Corbis:** Arcaid / John Gollings (bd). **Getty Images:** (ca). **182 Corbis:** GT Images / George Tiedemann (sd); Icon SMI / Jeff Vest (bd). **182-183 Dreamstime.com:** Eugenesergeev (marcas de neumáticos sobre el mapa). **183 Getty Images:** AFP (sd); (si, sc, cd, bc). **184 Alamy Images:** David Wall (sd). **Dreamstime.com:** Anthony Aneese Totah Jr (c). **Getty Images:** AFP (ci). **185 Alamy Images:** G.P.Bowater (sd); Philip Sayer (sc). Getty Images: AFP (bd).

Resto de las imágenes:
© Dorling Kindersley

Para más información:
www.dkimages.com

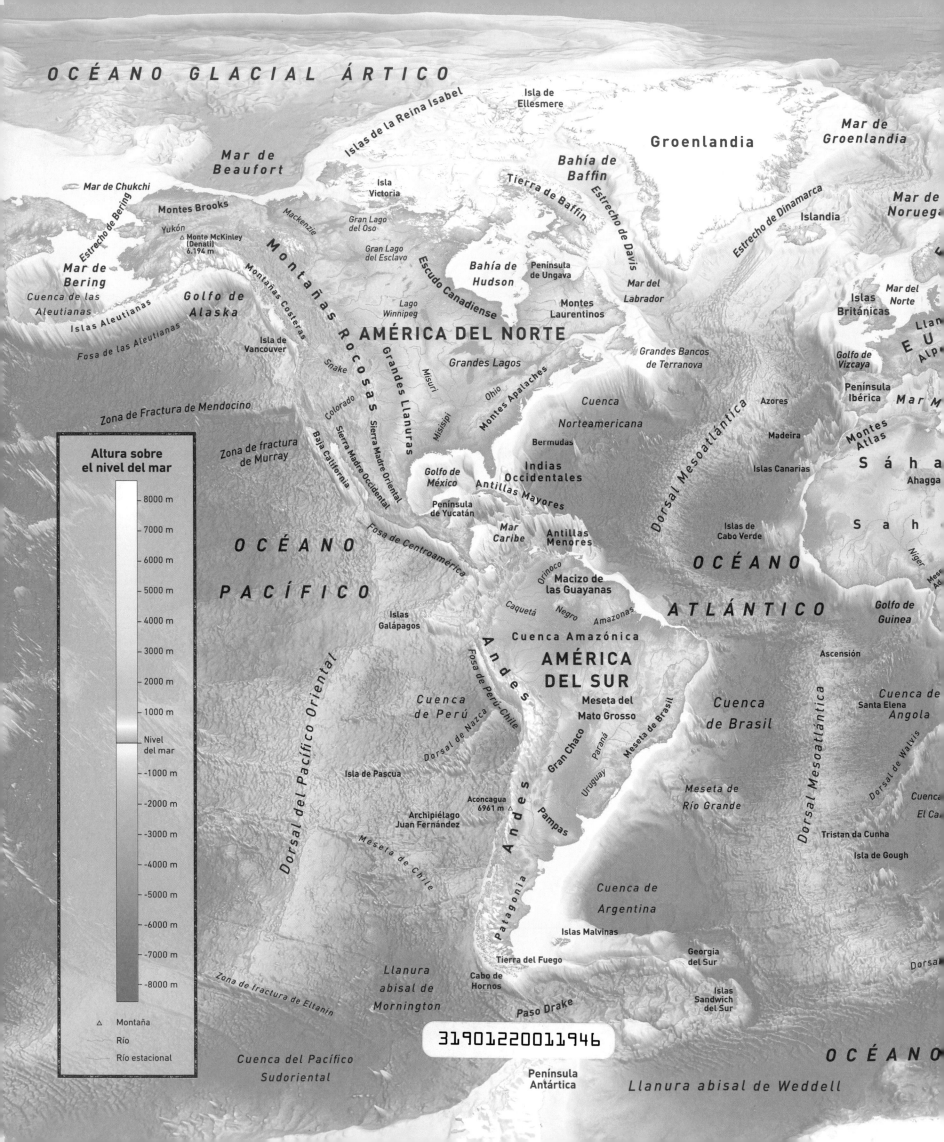